财经类高等院校研究生专业前沿文献导读系列丛书

中央财经大学研究生专业前沿文献导读教材项目

企业管理前沿文献导读

王震　林嵩　主编

中国财经出版传媒集团
中国财政经济出版社

图书在版编目（CIP）数据

企业管理前沿文献导读／王震，林嵩主编．--北京：中国财政经济出版社，2023.7

（财经类高等院校研究生专业前沿文献导读系列丛书）

中央财经大学研究生专业前沿文献导读教材项目

ISBN 978-7-5223-2219-3

Ⅰ.①企…　Ⅱ.①王…②林…　Ⅲ.①企业管理-文献-研究　Ⅳ.①F272

中国国家版本馆CIP数据核字（2023）第092707号

责任编辑：孙　琛　　　　责任校对：张　凡

封面设计：陈宇琰　　　　责任印制：党　辉

企业管理前沿文献导读

QIYE GUANLI QIANYAN WENXIAN DAODU

中国财政经济出版社 出版

URL：http：//www.cfeph.cn

E-mail：cfeph@cfeph.cn

社址：北京市海淀区阜成路甲28号　邮政编码：100142

营销中心电话：010-88191522

天猫网店：中国财政经济出版社旗舰店

网址：https：//zgczjjcbs.tmall.com

北京时捷印刷有限公司印刷　各地新华书店经销

成品尺寸：185mm×260mm　16开　18印张　370 000字

2023年7月第1版　2023年7月北京第1次印刷

定价：78.00元

ISBN 978-7-5223-2219-3

（图书出现印装问题，本社负责调换，电话：010-88190548）

本社质量投诉电话：010-88190744

打击盗版举报热线：010-88191661　QQ：2242791300

总　　序

党的十九大报告指出："建设教育强国是中华民族伟大复兴的基础工程，必须把教育事业放在优先位置"，要"加快一流大学和一流学科建设，实现高等教育内涵式发展。"2020年7月29日，在新中国成立以来的第一次全国研究生教育大会上，习近平总书记强调研究生教育在培养创新人才、提高创新能力、服务经济社会发展、推进国家治理体系和治理能力现代化方面具有重要作用。研究生教育肩负着高层次人才培养和创新创造的重要使命，是国家发展、社会进步的重要基石，是应对全球人才竞争的基础布局。改革开放特别是党的十八大以来，我国研究生教育快速发展，已成为世界研究生教育大国。中国特色社会主义进入新时代，各行各业对高层次创新人才的需求更加迫切，研究生教育的地位和作用更加凸显。

深化研究生教育改革，要重视发挥课程教学在研究生培养中的作用，而高水平教材建设是开展高水平课程教学的基础。2014年教育部发布《关于改进和加强研究生课程建设的意见》；2016年中共中央办公厅、国务院办公厅发布《关于加强和改进新形势下大中小学教材建设的意见》；2017年国务院成立国家教材委员会，进一步明确了教材建设是事关未来的战略工程、基础工程的重要地位；2020年9月，教育部、国家发展和改革委员会、财政部联合发布《关于加快新时代研究生教育改革发展的意见》（教研〔2020〕9号）中明确提出培养单位要紧密结合经济社会发展需要，优化课程体系，加强教材建设，打造精品示范课程，编写遴选优秀教材，推动优质资源共享。

中央财经大学高度重视研究生教材建设工作，坚持"科学规划、突出特色、鼓励创新、择优资助"的原则，围绕立德树人根本任务，以一流学科建设为目标，设立专项资金资助研究生教材建设，推动习近平新时代中国特色社会主义思想和社会主义核心价值观融入教材建设、融入课堂教学，培育学生经世济民、诚信服务、德法兼修的职业素养。从2009年起，先后组织了多批次研究生教材建设工作，瞄准学科前沿，出版各专业研究生前沿文献导读，推进以职业能力训练为导向的案例教学与案例库体系，着力组织建设一批国际化、高水平的专业学位研究生教学案例集，逐步形成了以“研究生精品教材系列、专业学位研究生教学案例集系列、研究生专业前沿文献导读系列”为代表的具有中央财经大学特色的研究生教材体系。

呈现在读者面前的研究生专业前沿文献导读系列丛书由多部文献导读教材组成，涉及经济学、管理学、法学三个学科门类，均由教学经验丰富、学术研究能力突出的一线教师组织编写。编者中既有国家级教学名师等称号的获得者，也不乏在专业领域造诣颇深的中青年学者。本系列丛书以“立足中国，放眼世界”的眼光和格局，本着扎根中国大地办大学的教育理念，致力于打造一批具有中国特色，具有较强思想性、科学性、系统性和时代性的适用于高等院校，尤其是财经类院校研究生教学的专业教材，力求在各个专业领域内产生一定的影响力。

研究生专业前沿文献导读系列丛书的出版得到了“中央高校建设世界一流大学（学科）和特色发展引导专项资金”的支持。我们希望本套丛书的出版能够为相关课程教学提供基本的教学方案和参考资料，能够启发研究生对专业前沿知识的学习和对现实问题的思考，提高研究生运用理论知识解决现实问题的能力，进而培养成为具有良好学术素养、掌握前沿理论、具备国际视野的高层次拔尖创新人才。

在编写研究生专业前沿文献导读系列丛书的过程中，我们虽力求完善，但难免存在不足，恳请广大同行和读者批评指正。

研究生专业前沿文献导读系列丛书编委会

2022年10月于北京

编写和使用说明

一、适用范围

本导读按照企业管理专业博士生前两学年应达到的知识水平编写，可用于了解学科前沿、参与专业课程研讨、准备博士资格考试、进行博士论文开题等培养环节。在企业管理领域的研究人员也可以将本导读作为了解和掌握企业管理最新前沿的工具书和参考资料。

二、编写原则

本导读的总体编写原则是：内容全面，领域前沿，立足商院优势，体现中财特色。

内容全面：本导读涵盖企业管理学科建设和博士培养领域的6个专业方向（战略管理、创业管理、营销管理、财务管理、领导力与人力资源管理、物流与供应链管理）。

领域前沿：项目组通过外部专家访谈和内部讨论，在每个专业方向下确定3个较受学界关注的前沿研究领域（research area）及具体研究方向（research topic），进行细致归纳和梳理。

商院优势：本导读纳入的研究领域和方向大多与当前商学院重点建设的科研方向相契合。商学院在这些方面具有非常鲜明的研究特色和丰富的研究成果，可为博士生的科研提供学术支持。

中财特色：本导读结合中财“双一流”建设方案，在设计导读内容时，依托并试图进一步发挥学校的学科优势和特色，加入了部分特色内容，如供应链金融、创业研究、服务行业人力资源管理等。

三、导读体系

本导读共包括6篇18章。

项目组立足6个专业方向，结合学界专家访谈、高水平期刊和基金近年来的论文和课题接受情况和学校、学院的学科优势和特色，拟定了18个研究领域和45个研究方向。6个专业方向构成了本导读的6篇，18个研究领域构成了本导读的18章。每一章包含2—3个研究方向；每个研究方向的导读包含4部分内容。

第一部分：对该研究方向的简介，包括研究缘起和研究简况。

第二部分：文献梳理和评价，包括该方向的研究主题、主要发现和结论等。

第三部分：对当前研究的评价，包括现有研究的不足及未来研究方向等。

第四部分：针对该研究方向的推荐文献。

四、编写人员

项目负责人：	林　嵩
第一篇　战略管理：	刘小元、于晓东
第二篇　创业管理：	林　嵩
第三篇　营销管理：	孙鲁平
第四篇　财务管理：	张光利
第五篇　领导力与人力资源管理：	王　震
第六篇　物流与供应链管理：	代宏砚、晏妮娜、卢继周

目　录

第一篇　战略管理

第二篇　创业管理

第三篇　营销管理

第四篇　财务管理

第五篇　领导力与人力资源管理

第六篇　物流与供应链管理

第一篇

战略管理

第一章

董事会研究

作为企业战略决策主体的董事会一直是战略管理与公司治理领域的研究热点。20 世纪 90 年代以来，股东积极主义的兴起和中小股东觉醒导致的公众监督呼声持续高涨，促使理论界和实务界重新审视董事会的角色以及董事会与高管层关系与职能分工，这使有关董事会的研究日渐增多（Bammens 等，2011；Pugliese 等，2009；Stiles 和 Taylor，2001；Zahara 和 Pearce，1989）。很多学者已经突破委托代理理论（Jensen 和 Meckling，1976）仅关注董事会结构的局限性，开始聚焦董事会作为精英群体在企业战略管理中角色和作用，认识到董事会是企业战略决策主体。因此，董事会战略参与和董事会资本逐渐成为战略管理领域研究热点话题。

第一节 董事会战略参与

一、方向介绍

全球化和资本市场自由化背景下公司治理丑闻的爆发，以及投资者对受托责任和公司透明性的强烈要求，将董事会职能和责任置于公司治理体系的核心位置。同时，股东积极主义诱导的机构投资者依靠强大的资本实力要求董事会在更大范围内积极参与企业战略管理和重大投资决策，应对企业经营环境的复杂性和动态性，保证企业决策科学化和可持续发展。虽然理论界和实务界已经认可董事会监督和独立性（Jensen 和 Meckling，1976）的重要性，但是对董事会在企业战略管理中的角色和作用缺乏充分认识，关于董事会战略参与（board involvement in strategy）的本质和方式仍缺乏系统性研究。作为企业战略决策主体和公司治理的核心，董事需要介入企业战略管理，以便监督和引导管理层的战略制定和实施行为，促进企业战略决策的科学化。因此，董事会战略参与逐渐成为公司治理和企业战略互动的重要研究问题。哪些因素会影响企业董事会的战略参与？如何认识董事会战略参与的本质？董事会战略参与对企业有哪些影响？本部分将对董事会战略参与进行系统性回顾并对未来研究方向进行展望。

二、文献导读

（一）总体情况

目前，董事会战略参与的研究取得了不错的进展。已有的研究主要探讨董事会战略参与与董事会角色、董事会战略参与的影响因素和经济后果等。

（二）研究主题

1. 董事会战略参与和董事会角色

董事会战略参与是一种连续的行为过程（Golden 和 Zajac，2010；Zahra 和 Pearce，1989）。从企业战略过程来看，董事会在公司目标分析和环境评估、战略决策、战略执行以及战略实施控制与评价等阶段都需要承担责任。为研究方便，理论界对董事会角色进行了区分，但董事会角色之间并不独立，而是相互作用、共同影响企业战略的全过程。如表 1-1 所示，董事会战略参与行为可划分为不同角色（战略角色、控制角色和服务角色）。董事会有责任参与战略决策行为，积极履行董事会角色，保障企业战略决策的科学化以实现企业价值的增长。

表 1－1　　董事会战略参与行为的与董事会角色的匹配

战略过程	董事会战略参与行为	董事会角色	主要文献
公司目标分析与环境评估	1. 设定（起草和讨论）公司政策目标	战略角色 服务角色	Rindova（1999）； NuNullty 和 Pettigrew（1999）
	2. 关注公司外部的竞争、经济、金融和法律环境		Huse（2007）
	3. 分析公司环境		NuNullty 和 Pettigrew（1999）
	4. 分析和评价公司资源（优势和劣势）		
	5. 确定公司的机会和威胁		Huse（2007）；Rindova（1999）
战略决策	6. 在考虑问题/机会的基础上评估方案	战略角色	Lorsch 和 Maclver（1989）
	7. 在考虑问题/机会的基础上分析公司竞争定位		McNulty 和 Pettigrew（1999）
	8. 评价管理层备选方案		Zahra 和 Pearce（1989）
	9. 评价备选方案的财务影响		McNulty 和 Pettigrew（1999）
	10. 讨论和进行最后决策		
战略执行	11. 评估和审批公司执行计划和行为（主要步骤、设定目标）	战略角色 控制角色	Lorsch 和 Maclver（1989）
	12. 跟踪决策执行状况		Huse（2007）
	13. 和外部利益相关者沟通方便计划执行	服务角色	Pfeffer（1972，1973）
	14. 在执行过程中为管理层提供建议和咨询	服务角色 控制角色	Lorsch 和 Maclver（1989）
	15. 为突发事件制定应急预案	服务角色	Pettigrew（1992）
	16. 为资源的获取提供支持		Pfeffer 和 Salancik（1978）
战略实施的控制与评价	17. 监督战略目标的实现状况	战略角色 控制角色	Huse（2007）； Rindova（1999）
	18. 财务监督（通过结果、会计和预算等控制）	控制角色	Zahra 和 Pearce（1989）
	19. 监督公司财务绩效和战略绩效		Fama 和 Jensen（1983）
	20. 评价管理层绩效		Fama 和 Jensen（1983）； Lorsch 和 Maclver（1989）
	21. 任命或解聘 CEO 和控制管理层薪酬		Lorsch 和 Maclver（1989）

2. 董事会战略参与的影响因素

特定情景因素对董事会参与企业战略行为产生重要影响，这些因素可归纳为董事会结构特征、认知特征和企业特征等。其中，董事会结构包括董事会规模、独立董事比例、

CEO 二元性、独立董事比例、董事会资本、连锁董事等；认知特征涉及勤勉准则、认知冲突、知识和技能等。除董事会结构和认知外，企业特征（年龄、规模和多元化等）也会影响董事会战略参与的范围和程度。

3. 董事会战略参与的经济效果

董事会作为企业战略制定和实施控制的制度设计，其属性在于减少不确定性，提供股东间协作与协调的便利，保证企业的正确战略行动。积极的董事会战略参与有助于提高组织绩效。战略参与程度高的董事会能提高战略提议的多样性，增加战略评价过程的客观性和拓展战略视野，帮助高管层在战略决策过程中减少错误，同时监督和约束高管层的行为。

总之，基于已有的研究可以发现，有关董事会战略参与的研究还相对比较零散，特别是董事会战略参与的实证研究还比较薄弱。本导读构建了如图 1－1 所示的未来董事会战略参与的研究框架。

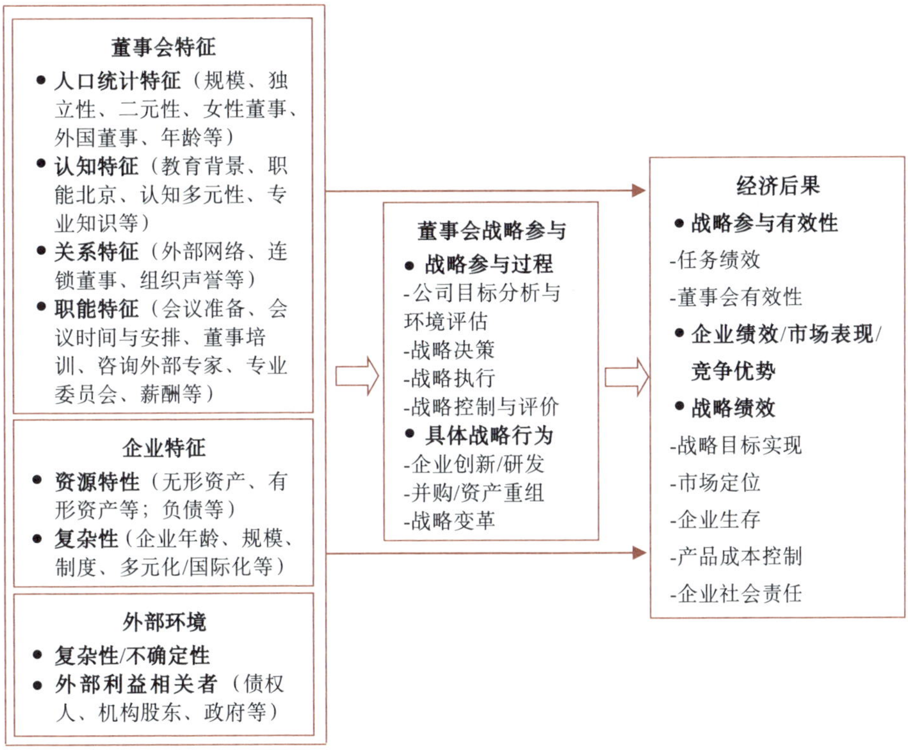

图 1－1　董事会战略参与的研究框架

该框架有以下三个方面需要关注。

（1）该框架将董事会战略参与区分为广义和狭义：广义的战略参与就是董事会参与企业战略管理过程；狭义的战略参与指的是企业具体战略行为。这样能将已有的董事会战略参与研究进行整合。

（2）该框架将影响董事会战略参与的因素划分为董事会特征、企业特征和外部环境三类。具体来说：①目前董事会特征中的人口统计特征对董事会战略参与的影响有实证支持，而认知特征、关系特征和职能特征的研究仍以理论分析或案例研究为主，缺乏大样本实证支持。②以往研究更多的是将企业特征作为控制因素来分析对董事会战略参与程度或具体战略行为的影响。但是，企业复杂性需要董事会在企业战略过程中发挥积极作用，而企业复杂性对董事会战略参与影响并没有引起关注。③快速变化、全球化和超竞争已成为21世纪被普遍认可的企业竞争环境，随着企业进入制度差异较大的市场和竞争者持续改变游戏规则，这种竞争环境中的内容不确定性和程序不确定性将会增加，董事会作为知识源泉的重要性将会增强，董事会战略参与的可能性更大。关于外部环境对董事会战略参与影响的研究，主要是以规范分析为主，实证研究比较薄弱，主要是数据难以获得。

（3）对于董事会战略参与的影响，已有研究主要聚焦于董事会战略参与和组织的关系，特别是检验董事会战略参与对财务绩效的影响。在分析框架中，将董事会战略参与的影响不再局限于企业绩效的范畴，而将企业市场表现、竞争优势以及战略绩效等作为影响的显性变量，对企业表现进行更为全面的考察；同时也考虑到董事会任务绩效和有效性，这两个指标可能是董事会战略参与对企业绩效影响的中介变量，这都有待以后研究的验证。

（三）解释机制

董事会角色和职能定位依托于董事会和高管的权力分配。权力内生于制度，具有动态性和潜在不稳定性；同时，战略决策的本质具有不确定性和模糊性，因此董事会战略参与具有复杂性，复杂性来源于企业制定和实施决策多个行动主体的偏好差异。如表1－2所示，目前并没有共同认可的理论视角充分揭示董事会在企业战略过程中的作用（Hendry和Kiel，2004）。

表1－2　董事会战略参与理论解释的比较

消极观：契约视角的董事会理论		积极观：战略和认知视角的董事会理论	
主要观点：企业是契约的集合，契约基于高管层和股东/利益相关者的代理关系。董事会对企业发展的贡献有限，履行监督角色，不参与起草企业战略。		主要观点：企业是关键技能的技能，知识是企业价值创造过程中的一种重要资本。董事会在企业战略管理过程中发挥重要作用。	
理论	董事会战略参与	理论	董事会战略参与
管理层霸权理论（Mace，1971；Lorsch和Mclver，1989）	“附庸者”：管理层负责公司运营，董事会是消极的，并不参与企业战略的制定和实施，发挥“橡皮图章”作用。	资源依赖理论（Pfeffer，1972，1973；Pfeffer和Salansik，1978）	“支持者”：董事会能减少环境的不确定性；帮助企业获取外部资源；提供合法性支持和保护公司形象。

续表

理论	董事会战略参与	理论	董事会战略参与
代理理论（Jensen 和 Meckling，1976；Fama 和 Jensen，1983；Fama，1983）	"监督者"：董事会保障管理层行为和股东利益保持一致；董事会发挥战略控制作用，监督管理层行为。	管家理论（Donaldson 和 Davis，1991；Davis，1997）	"合作者"：管理者不是机会主义者，他们也是好的公司资产管家。董事会负责看管公司资产，参与企业战略方案的讨论。
利益相关理论（Donaldson 和 Preston，1995；Hill 和 Jones，1992）	"监督者"：董事会提供了管理层和其他利益相关者的连接，保障企业科学决策，维护利益相关者的利益。董事会发挥战略控制作用，监督管理层行为。	认知/战略选择观（Rindova，1999；McNulty 和 Pettigrew，1999；Fobes 和 Milliken，1999）	"决策者"：董事会企业战略决策主体，参与企业战略决策的全部过程。董事的知识和经验对董事会有效性具有关键性影响。

随着理论界对董事会在企业战略过程中作用认识的日益深入，董事会也从管理层霸权理论中的"附庸者"，演变成认知/战略选择观中的"决策者"；董事会在战略参与中的态度也由消极变为积极。董事会战略参与可看成从消极到积极的连续体。消极观假设战略决策过程既分散又连续，认为管理层负责制定和实施决策方案，董事会通过评价战略实施结果履行战略控制职责；积极观假设董事会和管理层是合作关系，认为董事会和管理层协作制定企业战略，管理层负责执行企业战略，二者共同评价战略结果。解释董事会的战略参与的理论并无优劣之分，只是某种理论或多种理论可能对特定企业群体的董事会战略参与行为更具有解释力。企业战略决策通常以复杂、非线性和碎片性的过程演进，有些学者认为需要考虑理论的互补性，建立整合性理论模型来解释董事会战略参与行为（Bammerns 等，2011）。

三、研究评价

总体上看，董事会战略参与的研究经历从单一理论到综合多种理论，从静态到动态、从结构到行为与认知的过程。目前，董事会战略参与研究依然非常薄弱，还存在大量未知领域有待探索，未来研究从以下四个方面展开。

（一）董事会战略参与的评价

这涉及董事会战略参与的量化问题。目前主要的困难是，对于董事会具体参与战略过程的哪些环节并没有取得一致认识。这会直接影响董事会战略参与结构的具体测量维度的界定。在操作层面，可立足于具体制度环境和研究主题的需要，设计该结构的具体测量维度和调查问卷，采用验证性因子分析等方法检验董事会战略参与评价指标的有效性和可靠性。解决董事会战略参与的评价和度量问题，为开展董事会战略参与的相关实证研究工作提供基础。

（二）拓宽研究范围，关注新兴市场经济背景下的董事会战略参与

在当今快速变化、全球化和超竞争环境下，多维度地理解不同情境下的董事会战略参与显得尤为迫切。目前被广泛认可的公司治理准则很多起源于美国大型上市公司，而公司治理准则的适用性则需要考虑不同国家的法律、制度和文化的差异性。然而有关国家情境、企业特征对董事会与企业战略关系的影响问题却并没有得到学术界的充分重视。目前大部分成果都是以委托代理理论为基础，从投入与产出视角研究美国情景的董事会战略参与问题，关于新兴市场经济国家董事会战略参与问题则知之甚少。因此，委托代理理论对不同国家情境下的战略决策过程的适用性检验和反思可能会导致新的理论与实证问题的产生。特别是新兴市场经济的公司治理环境相对较差，公司治理特别是董事会战略参与问题也没有引起足够重视。因此，可探索在我国独特的政治、法律、文化和经济情景下董事会战略参与的影响因素及经济后果，据以探究新兴市场经济体企业董事会战略参与的作用机理。

（三）从分析董事会战略参与过程、行为和认知因素入手，揭示董事会参与企业战略过程的“黑箱”

目前董事会的研究主要还是依据董事的人口统计学特征推断其战略参与行为。一些学者强调未来需要超越董事会结构的边界，研究董事会战略参与过程、董事会行为和董事认知，通过深入董事会运作过程和调查董事会及董事在企业战略决策过程中实际所想和所做，揭示董事会参与企业战略过程的“黑箱”。虽然董事会行为和认知开始引起学者的关注，但是该领域的研究仍然薄弱。董事会战略决策涉及大股东、董事会和高管层等利益主体的多方博弈和利益冲突，因此未来研究应调查大股东、董事和高管团队在企业战略过程中如何互动，通过调查问卷、案例研究以及实验研究等多维方法，多角度收集董事会参与企业战略过程的原始数据，揭示董事会运作的“黑箱”。

（四）董事会资本、能力对董事会战略参与影响的内部机理

现有的研究主要侧重于董事会结构（规模、构成以及董事激励等），难以解释董事会如何影响企业价值创造的问题。董事会异质性，特别是嵌入董事会结构中的以技能、经验、社会关系网络，以及信息和知识获取能力为表现形式的董事会资本的异质性开始成为企业价值创造的新源泉。董事会资本用于衡量董事会为公司提供资源的能力。董事会战略参与分为三个层次：监督管理层的战略决策制定和实施；修正管理层的战略决策；与管理层共同制定和实施战略决策。由于董事会战略参与的有效性以与董事履行战略参与职责相

关的专业知识、技能和任职经验为前提条件，因此董事会的人力资本是影响董事会战略参与的重要前置变量。未来研究需要突破以下两个方面：首先，是董事会资本的测量问题，需突破董事资本简单加和的思路，从董事层面升华到董事会整体层面；其次，需要探究哪些因素会影响到董事会资本与董事会战略参与的关系。事实上，即使董事会人力资本非常雄厚，也可能出现董事在企业战略决策过程中出现“磨洋工”和“搭便车”的现象。董事会有效履行战略职责也受制于很多因素，如董事薪酬水平、企业信息获取难易程度、以 CEO 为首的高管层对企业的控制程度等。这些因素的考察有助于更好地解释董事会人力资本对董事会战略参与影响的作用机制，也能为提高董事会战略参与有效性提供借鉴。

参考文献

[1] Anderson, D. W., Melanson, S. J., Maly J. (2007). The evolution of corporate governance: Power redistribution brings boards to life. *Corporate Governance: An International Review*, 15(5), 780 - 797.

[2] Bammerns, Y., Voordeckers, W., Gils, A. V. (2011). Boards of directors in family businesses: A literature review and research agenda. *International Journal of Management Reviews*, 13(2), 134 - 152.

[3] Carpenter M. A., Westphal J. D. (2001). The strategic context of external networks ties: Examining the impact of director appointments on board involvement in strategic decision making. *Academy of Management Journal*, 44(4), 639 - 660.

[4] Davis J. H., Schoorman F. D., Donaldson L. (1997). Toward a stewardship theory of management. *Academy of Management Review*, 22(1), 20 - 47.

[5] Donaldson, T. and Preston, L. E. (1995). The stakeholder theory of the corporation: Concepts, evidence, and implications. *Academy of Management Review*, 20(4), 65 - 91.

[6] Fama E. F., Jensen M. C. (1983). Separation of ownership and control. *Journal of Law and Economics*, 26(2), 301 - 325.

[7] Forbes, D. P., Milliken, F. J. (1999). Cognition and corporate governance: Understanding boards of directors as strategic decision-making groups. *Academy of Management Review*, 24(3), 489 - 505.

[8] Ghaya, H. A. (2011). Literature review on board of directors' involvement in strategic decision-making process. ENEF Meeting, France.

[9] Golden B. R., Zajac E. J. (2010) When will boards influence strategy? Inclination × power = strategic change. *Strategic Management Journal*, 22(12), 1087 - 1111.

[10] Hendry, K., Kiel, G. C. (2004). The role of the board in firm strategy: Integrating agency and organizational control perspectives. *Corporate Governance: An International Review*, 12(4), 500 - 520.

[11] Hill, C. W. and Jones, T. M. (1992). Stakeholder-agency theory. *Journal of Management Studies*, 29(2), 131 - 154.

[12] Hillman A. J., Dalziel T. (2003). Boards of directors and firm performance: Integrating agency and resource dependence perspectives. *Academy of Management Review*, 28(3), 383 - 396.

[13] Ingley, C. B. and Van der Walt, N. T. (2001). The strategic board: The changing role of directors in developing and maintaining corporate capability. *Corporate Governance: An International Review*, 9(3), 174 - 185.

[14] Jensen, M. C., Meckling, W. H. (1976). Theory of the firm: Managerial behavior, agency costs and ownership structure. *Journal of Financial Economics*, 3(4), 305 - 360.

[15] Johnson, J. L., Daily, C. M., Ellstrand, A. E. (1996). Boards of directors: A review and research agenda. *Journal of Management*, 22(3), 409 - 438.

[16] Judge, W. Q. J., Zeithaml, C. P. (1992). Institutional and strategic choice perspectives on board involvement in the strategic decision process. *Academy of Management Journal*, 35(4), 766 - 794.

[17] Machold S., Huse M., Minichilli A., Nordqvist M. (2011). Board leadership and strategy involvement in small firms: A team production approach. *Corporate Governance: An International Review*, 19(4), 368 - 383.

[18] McNulty T., Pettigrew A. (1999). Strategists on the board. *Organization Studies*, 20(1), 47 - 74.

[19] Pfeffer J. (1972). Size and composition of corporate boards of directors: The organization and its environment. *Administrative Science Quarterly*, 17(2), 218 - 228.

[20] Pugliese, A., Bezemer, P., Zattoni, A., Huse, M., Van den Bosch, F. A. J., Volberda, H. W. (2009). Board of director's contribution to strategy: A literature review and research agenda. *Corporate Governance: An International Review*, 17(3), 292 - 306.

[21] Rindova, V. P. (1999). What corporate boards have to do with strategy: A cognitive perspective. *Journal of Management Studies*, 36(7), 953 - 975.

[22] Ruigrok W., Peck, S. I., Keller, H. (2006). Board characteristics and involvement in strategic decision making: Evidence from Swiss companies. *Journal of Management Studies*, 43(5), 1201 - 1226.

[23] Stiles, P. (2001). The Impact of the board on strategy: An empirical examination. *Journal of Management Studies*, 38(5), 627 - 650.

[24] Zahra, S. A., Pearce, J. A. (1989). Boards of directors and corporate financial performance: A review and integrative model. *Journal of Management*, 15(2), 291 – 334.

[25] Zhang, P. (2010). Board information and strategic tasks performance. *Corporate Governance: An International Review*, 18(5), 473 – 487.

第二节　董事会资本

一、方向介绍

董事会的战略角色逐渐得到管理学界和企业界的重视。董事会作为战略决策的重要主体参与公司战略的制定，并监督公司战略的实施。近年来，有关董事会的研究日益增多，有关董事会与公司价值创造之间关系的问题引起了学者们的广泛关注。现有研究主要关注董事会规模、董事会构成、两职分离、董事会成员持股比例、董事会独立性等因素对公司价值创造的影响。然而，这些董事会的研究并没有回答董事会如何影响公司价值创造的问题。例如，两家公司即使董事会规模和独立董事比例相同，并且实施相似的激励机制，也可能会因董事会技能和社会关系网络不同而具有不同的价值表现。因此，理论界开始突破董事会结构的边界，关注以技能、经验、社会关系网络以及信息和知识获取能力为主要内容的董事会资本（board capital）问题（Hillman 和 Dalziel，2003）。董事会资本的研究对打开董事会如何影响公司价值创造的“黑箱”提供了新的研究视角。董事会资本包括哪些构成要素？如何评价和测量董事会资本？董事会资本如何影响企业战略决策行为？董事会会给企业带来哪些影响？本部分将针对这些问题对已有研究进行述评，并指出未来研究方向。

二、文献导读

（一）总体情况

总的来看，董事会资本的研究已经取得了较大的进展。目前，董事会资本的研究主要涉及董事会资本的构成、董事会资本对企业战略决策或企业行为的影响、董事会资本企业绩效或企业价值的影响等。

（二）研究主题

董事会资本的研究框架如图 1－2 所示。

董事会资本的构成。当前，关于董事会资本构成有两种不同的观点：（1）董事会资本包括人力资本和社会资本，可用来衡量董事会为公司提供资源的能力（Hillman 和 Dalziel，2003）。董事的人力资本是董事个体为董事会决策带来经验和技能的总和，涉及董事的行

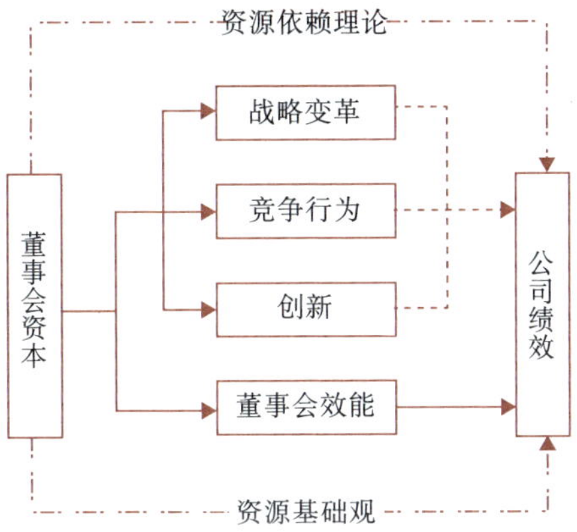

图 1－2　董事会资本的研究框架

业经验、担任企业 CEO 的经验、财务或风险投资的经验以及董事任期。董事的社会资本是董事所拥有的公司内、外部的人际关系和由这些人际关系所带来的潜在资源（Kim 和 Cannella，2008）。董事的社会资本可细分为四类：董事与其他企业的联系、政治关联、内部人际关系和社会地位。但有学者认为人力资本和社会资本密不可分，互相依存。（2）董事会资本包括广度和深度两个维度（Haynes 和 Hillman，2010）。董事会资本广度是指董事受教育程度、任职背景、职业背景、年龄和任期、通过连锁董事身份和在其他行业任职建立的行业关系等方面的异质性；而董事会资本深度则主要包括董事会通过其成员的连锁董事身份和职业背景等嵌入公司所在行业的程度。这两种不同的董事会资本构成，为董事会资本的测量提供不同的思路，也为后续董事会资本的研究提供了重要线索。

基于投入—过程—产出的视角，董事会资本可以被视为一种投入，会影响公司的战略管理和运营过程，进而影响公司绩效。董事会资本对公司战略管理和运营过程的影响，实质上是董事会资本对公司价值创造过程的影响，目前的研究主要集中在董事会资本对公司的战略变革、竞争行为、企业创新和投资效率等方面的影响。

董事会资本对公司价值创造结果的影响，反映为董事会资本与公司绩效的关系。已有研究探讨董事会资本与公司绩效之间关系时，通常将董事会效能（board effectiveness）作为中介变量，甚至有时把董事会效能视为公司绩效的代理变量（Hillman 和 Dalziel，2003）。董事会效能就是指董事会履行资源提供职能和监督与控制职能的能力。董事会资本与董事会提供的四种资源——咨询和建议、合法性、交流途径以及获取资源与支持正相关。董事会资本与董事会的建议和咨询提供能力正相关，进而与公司绩效正相关；董事会资本有助于增强公司的合法性，提高公司声誉；董事会资本能够提供公司与外部组织交流和沟通的途径。总之，董事会资本通过影响董事会的资源提供能力进而影响公司绩效；董事会资本还可以通过作用于董事会的监督与控制能力进而影响公司绩效。

（三）解释机制

理论界将董事会的职能分为监督高管层、提供咨询和提供资源三种。但大部分研究采用资源依赖理论从董事会提供资源的角度来解读董事会资本问题。资源依赖理论（Resource Dependence Theory，RDT）认为，资源能够降低企业对外部环境的依赖、面临的不确定性和交易成本，从而有利于企业的存续和发展（Pfeffer，1972；Pfeffer 和 Salancik，1978）。董事会提供的资源能够为公司提供合法性保障、树立良好的公共形象、获取匹配的专业知识、帮助公司管理层与重要股东和重要伙伴建立和保持良好的关系、增加公司获取有价值资源的机会，有利于公司构建外部联系、推广创新成果 和正确制定重大的战略决策等。董事会实施这些资源提供行为的前提是将自身看作资源的提供者，而不是管理层的监督者，而董事会提供资源的前提在于拥有董事会资本。

也有研究运用资源基础观（Resource-based View，RBV）来研究董事会资本问题。资源基础观把企业看成是资源的集合体，聚焦于资源的特性和战略要素市场，认为特异的资源和能力是企业竞争优势的来源（Wernerfelt，1984，1995；Barney，1991）。董事会通常由律师、债权人代表、其他企业董事或高管、公共关系专家或市场专家、前政府官员或社区领导以及其他拥有重要专业知识、经验和技能的个体构成，董事的专业知识、技能、任职经验等往往胜人一筹，同时他们还拥有丰富的社会关系，董事会的人力资本和社会资本可视为一种特异的资源和能力。因此，从团队层面来看，董事会资本本身就是公司的重要资源，对于公司获取和维持竞争优势至关重要。

三、研究评价

当前，关于董事会资本的研究对揭示董事会如何影响公司价值创造的“黑箱”具有重要作用，但目前董事会资本的研究还相对比较薄弱，考虑的因素也不够全面。未来的研究可以从以下几个方面展开。

（一）董事会的独立性与董事会资本的权衡研究

基于委托代理理论的观点，强化董事会监督职能应构建由独立董事主导的董事会，因为独立性较弱的董事会是效能较低的监督者，不利于公司绩效的提升。但是，Dalton 等（1998）的研究发现董事会独立性和公司绩效之间并不存在显著的统计关系。一方面，独立性低的董事会可能会妨碍其监督和控制能力，降低董事会的效能，进而损害公司绩效的提升；另一方面，董事会通过独立董事构建的外部联系有利于企业吸引外部资源，反而有利于公司绩效的提高。这种矛盾导致有关董事会独立性和公司绩效之间的关系的研究无法取得一致性。因此，董事会的研究有必要重新评估董事会独立性和董事会社会资本之间的相互影响，从而正确评价董事会的治理效率。基于连锁董事形成的董事会社会资本是否真正影响董事会作出透明、独立的决策？董事会独立性和董事会社会资本之间的平衡是否会随着公司所处的外部环境的改变而变化？

（二）董事的优化配置问题

当前，董事的选聘大多是为了满足公司治理准则的要求，主要考虑董事会规模、独立董事的比例、专业委员会的设置等因素，而很少从董事会资本的角度来考虑什么样的人员构成更能提高董事会效能的问题，对于董事选任带有一定行政色彩的中国，情况更是如此，从而导致董事会构成与公司价值创造之间的关系不甚明朗。因此，未来的研究可以从董事会资本的角度考虑如何设计一个有效的董事会。需要强调的是，虽然公司希望尽可能多地利用董事会资本增强发展潜力，但是并不意味着某种类型的董事会资本越多越好，而应关注组合效应，因为不同的董事会人力资本和社会资本属性的组合可以为公司带来利益，也可能引起弊端（Kor 和 Sundaramurthy，2009），一个优化的董事组合可以成为公司重要的无形资产。

（三）董事会资本与管理层资本之间的互动对公司决策的影响

未来的研究可以从董事会资本与管理层资本互动的视角来关注董事会资本对公司战略决策和资源分配决策的影响。首先，董事会资本对公司战略决策的影响。在战略决策的制定与实施过程中，管理层与董事会之间具有既竞争又合作的关系，二者相对权力的大小受到各自的人力资本与社会资本的影响。显然，公司性质不同，管理层与董事会之间的互动机制也迥异。因此，有必要对董事会资本和管理层资本的互动如何影响公司战略决策的制定和实施过程进行深入研究。其次，董事会资本对公司资源分配决策的影响。以公司研发投资决策为例，研发是公司创新的重要来源，构成公司重要的无形资产，从而可能为公司带来竞争优势。然而，研发周期往往较长，沉没成本高，短时间内很难取得明显收益，因此管理层容易基于自身利益考虑而降低研发投资，这对公司的长期发展而言是相当不利的，最终会损害股东价值。董事会可以削弱这种委托代理问题，但削弱程度可能会受到自身人力资本与社会资本的影响，因为资本通常影响到权力的分配。未来有必要深入探讨董事会资本与管理层资本之间的互动对公司资源配置决策的影响，使公司资源配置达到最优。

（四）董事会资本的测量仍需要深入研究

董事会资本是一个新的概念，当前的研究主要将其分解为人力资本和社会资本，即使进行测量也是采用几个简单的指标，如采用受教育程度与知识和技能的异质性衡量董事会人力资本，采用政治关联衡量董事会社会资本，这样的测量方法并不能全面反映董事会资本的内涵。未来的研究需要关注董事会资本的有效测量问题。可以基于董事会治理的实践，分析哪些因素适用于衡量董事会资本，并对这些因素进行归纳，形成董事会资本的测量指标体系，为董事会资本的实证研究奠定基础。

参考文献

[1] 许为宾，周建．(2017)．董事会资本影响企业投资效率的机制——监督效应还是资源效应？经济管理，39 (5)，69－84.

[2] 张维今，李凯，王淑梅．(2018)．CEO 权力的调节作用下董事会资本对公司创新的内资机制影响研究．管理评论，30 (4)，70－82.

[3] Barney, J. (1991). Firm Resources and Sustained Competitive Advantage. *Journal of Management*, 17(1), 99－120.

[4] Carpenter, M. A., Geletkanycz, M. A., Sanders, W. G. (2004). Upper echelons research revisited: Antecedents, elements, and consequences of top management team composition. *Journal of Management*, 30(6), 749－778.

[5] Dalton, D. R., Daily, C. M., Ellstrand, A. E., Johnson, J. L. (1998). Meta-analytic review s of board com position, leadership structure, and financial performance. *Strategic Management Journal*, 19(3), 269－290.

[6] Dalziel, T., Gentry, R. J., Bowerman, M. (2011). An integrated agency-resource dependence view of the influence of directors' human and relational capital on firms' R&D spending. *Journal of Management Studies*, 48(6), 1217－1242.

[7] Haynes, K. T., Hillman. A. (2010). The effect of board capital and CEO power on strategic change. *Strategic Management Journal*, 21(11), 1145－1163.

[8] Hillman, A. J., Dalziel, T. (2003). Boards of directors and firm performance: Integrating agency and resource dependence perspectives. *Academy of Management Review*, 28(3), 383－396.

[9] Johnson J. L., Daily C. M., Ellstrand A. E. (1996). Boards of directors: A review and research agenda. *Journal of Management*, 22(3), 409－438.

[10] Johnson, S. G., Schnatterly, K., Bolton, J. F., Tuggle, C. (2011). Antecedents of new firector docial capital. *Journal of Management Studies*, 48(8), 1782－1803.

[11] Johnson, S. G., Schnatterly, K., Hill, A. D. (2013). Board composition beyond Independence: Social capital, human capital, and demographics. *Journal of Management*, 39(1), 232－262.

[12] Kim, Y., Cannella, A. A. Jr. (2008). Toward a social capital theory of director selection. *Corporate Governance: An International Review*, 16(4), 282－293.

[13] Kor, Y, Y., Sundaramurthy, C. (2009). Experience-based human capital and social cap-

ital of outside directors. *Journal of Management*,35(4),981 - 1006.

[14] Kor, Y. Y. (2006). Direct and interaction effects of top management team and board composition s on R&D investment strategy. *Strategic Management Journal*,27(11),1081 - 1099.

[15] Lin, C. Y. Y., Wei, Y. C. (2006). The role of board chair in the relationship between board human capital and firm performance. *International Journal of Business Governance and Ethics*,2(3/4),329 - 340.

[16] Macus, M. (2008). Board capability: An interactions perspective on boards of directors and firm performance. *International Studies of Management and Organization*,38(3),98 - 116.

[17] Pfeffer J. (1972). Size and composition of corporate boards of directors: The organization and its environment. *Administrative Science Quarterly*,17(2),218 - 228.

[18] Pfeffer J., Salancik G. R. (1978). *The external control of organizations: A resource dependency perspective*. Harper and Row, New York.

[19] Stevenson, W. B., Radin, R. F. (2009). Social capital and social influence on the board of directors. *Journal of Management Studies*,46(1),16 - 44.

[20] Tuggle, C. S., Schnatterly, K., Johnson, R. A. (2010). Attention patterns in the boardroom: How board composition and processes affect discussion of entrepreneurial issues. *Academy of Management Journal*,53(3),550 - 571.

[21] Wernerfelt, B. (1984). A resource-based view of the firm. *Strategic Management Journal*,5(2),171 - 180.

[22] Wernerfelt, B. (1995). The resource-based view of the firm: Ten years after. *Strategic Management Journal*,16(3),171 - 175.

[23] Wincent, J., Anokhin, S., Ortqvist, D. (2010). Does network board capital matter? A study of innovative performance in strategic SME networks. *Journal of Business Research*,63(3), 265 - 275.

第二章

制度因素对企业战略决策/行为影响的研究

随着中国等新兴市场经济的发展，宏观层面的制度因素开始引起企业战略管理领域学者的关注。制度是社会中的游戏规则或人类设计的正式规范人类交往的约束条件（North，1990）。对“为什么不同国家和地区企业的战略存在差异”这一战略管理基本问题的回答，使制度因素成为新的解读工具，并逐步形成具有较强解释能力的，其重要性堪比产业组织理论（Industrial Organization，I/O）和资源基础观（Resource-Based View，RBV）的制度基础观（Institution-Based View，IBV）。制度基础观将制度作为解释变量，关注制度和组织的交互作用，并将企业战略选择看成这种交互作用的结果（Peng，2002；2008）。制度框架由正式制度和非正式制度组成，分别通过法律法规、内部章程甚至价值观和企业文化等管制、规范和认知体系，约束作为社会经济活动参与者的企业的战略决策和经营行为。目前，企业战略管理领域的制度因素的研究热点主要包括制度距离和政治关联等。

第一节　制度距离

一、方向介绍

制度距离（Institutional Distance）是以制度理论为依据考虑国家间差异提出的一个理论构念，用来解释跨国公司的外来者劣势（Liability of Foreignness）和跨国公司的战略决策。制度距离指国家之间在管制、规范和认知制度环境上的差异性或相似程度（Kostova，1999）。因为制度距离的存在，具有外来者劣势的跨国公司面临着在东道国难以获取合法性和组织惯例难以跨国转移的困境（Kostova 和 Roth，2002；Xu 和 Shenkar，2002；Xu 等，2004；潘镇等，2008）。制度距离的研究沿着跨国企业跨国经营中的东道国选择、国外分支机构的战略决策、分支机构绩效或并购成功率与并购绩效的脉络展开。虽然制度距离是考察国家或地区的之间制度差异的一个构念，但国家内部不同地区间也存在制度距离的问题（宋渊洋和黄礼成，2014），国家内部制度距离的问题也开始引起理论界的关注，展现出新的研究机会。制度距离如何测量？制度距离如何影响企业的国际化战略或跨国经营行为？针对这些问题，本部分将对制度距离的研究进行回顾和述评，并讨论未来研究方向。

二、文献导读

（一）总体情况

制度距离在国际商务和跨国公司领域得到了高度关注并取得了非常丰硕的成果。从现有的研究进展看：（1）研究者探讨了制度距离的概念演化与测量；（2）制度距离对跨国公司国际化战略/跨国经营行为的影响。

（二）研究主题

如图 2 - 1 所示的研究框架揭示了制度距离的研究主题和具体研究内容（严若森和钱晶晶，2016）。根据跨国公司国际化进程，可将制度距离的研究内容划分为制度距离对东道国选择战略的研究（国际化准备阶段）、制度距离对东道国进入战略的影响研究（国际化实施阶段）和制度距离对分支机构的生存几率和经营绩效的影响研究（国际化经营结果）；而且这些影响与制度距离所导致的外来者劣势密切相关。跨国公司在跨国经营过程中面临外来者劣势的挑战，制度距离的存在要求其建立组织合法性：国际化准备阶段，跨国公司需要进行东道国甄别，分析竞争优势如何保持以及组织实践能否成功转移，以克服制度的束缚；国际化实施阶段，需要选择进入模式、所有权战略和人员外派，以适应制度的变化；国际化运营阶段，需要提高公司生存概率和经营绩效。

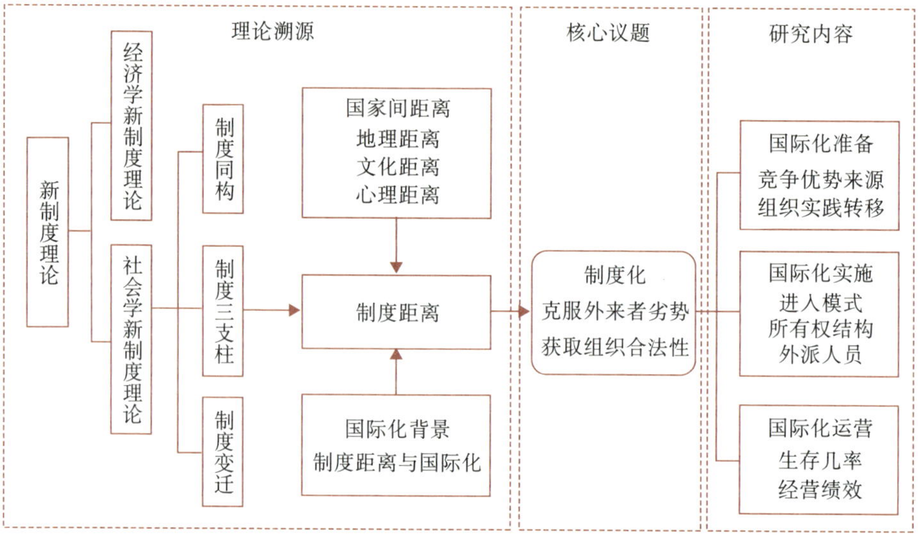

图 2－1　制度距离的研究框架

为克服外来者劣势的影响，跨国公司可以：（1）将母国的竞争优势转移到东道国子公司；（2）利用公司在东道国的竞争优势，缓解制度距离造成的子公司难以继续维持母公司竞争优势的问题（严若森和钱晶晶，2016）。跨国公司可以通过组织惯例的转移建立超越当地企业的竞争优势（这类企业更倾向于进入制度距离小的国家），也可以通过适应当地制度环境和商业实践而建立新的竞争优势（这类企业更倾向于进入制度距离较大的国家）（Xu 和 Shenkar，2002）。

组织实践受到制度环境的影响，而东道国与母国之间的制度距离是组织实践成功转移至子公司的关键因素，制度距离越大则越难转移（Kostova，1999）。

进入战略的选择取决于跨国公司在多大程度上将海外运营内部化，即内部控制和持续性的程度（严若森和钱晶晶，2016）。进入模式战略包括并购和绿地投资两种基本形式。当母国与东道国之间存在较大制度距离时，跨国公司倾向于建立新公司，而非选择并购进入（Kogut 和 Singh，1988）。

在进入东道国市场时，跨国公司需要制定分支机构的所有权战略，涉及两方面的决策：（1）选择独资还是合资；（2）如果选择合资，合资企业股权的配置比例（吴晓云和陈怀超，2011）。一般而言，随着管制距离的增加，跨国公司更偏好于选择合资形式（相对于独资）进入东道国市场；随着制度距离的增加，跨国公司更倾向于配置少数股权（Xu 和 Shenkar，2002）。

跨国公司在选择海外子公司董事和高级管理者时，通常有三种选择：母公司国籍员工、东道国国际员工和除此之外的第三国国际的员工（Gaur 等，2007）。由于国家间制度距离的存在，跨国公司对子公司的控制、协调和知识转移的成败受到母国和东道国制度相似程度的影响（Kostova，1999）。当制度距离大时，跨国公司倾向于选派母公司国籍员工来弥补两国之间制度环境的差异；当制度距离较小时，跨国公司则可以通过招募东道国国籍员工，并且东道国国籍员工可以学习和吸收跨国公司管理实践的转移。

跨国公司在国际化进程中面临的两国之间制度的差距，会因为外来者劣势及组织合法性而影响海外子公司的生存几率和经营绩效（严若森和钱晶晶，2016）。跨国公司海外子公司的生存率受到母公司的核心能力、竞争优势、跨国经营经验、控股比例等多种因素影响，制度距离更多的是发挥调节作用。也有研究表明，制度距离较大时，母公司持股比例与子公司生存率正相关，但也发现制度距离与生存几率存在倒 U 型关系：当两国制度距离近似，生存几率伴随制度距离增大而增加；当两国制度距离差别很大时，生存率伴随制度距离增大而减少（Gaura 和 Lu，2007）。此外，有研究发现制度距离会对海外分支机构的经营绩效产生负面影响（Gaur 等，2007）。

（三）解释机制

外来者劣势是跨国企业研究的基本假设之一，自提出就受到理论界的高度关注。外来者劣势指的是跨国企业海外经营所遭受到的各种当地企业所没有的外部性成本，可归纳为四种成本，即地理距离导致的成本、对当地环境不熟悉导致的成本、来自东道国环境的成本和来自母国环境的成本（Zaheer，1995）。

制度距离的存在，使处于外来者劣势的跨国公司在国外运营时主要面临两种障碍：（1）难于在东道国获取合法性；（2）组织惯例跨国界转移的困难。首先，制度距离会影响东道国的分支机构与当地企业的交流和合作，使分支机构被当地制度环境认为不具备合法性（Kostova 和 Zaheer，1999）；其次，制度距离会阻碍内部的协同和整合，使母公司与国外分支机构之间的联系受到限制，使组织惯例的跨国界转移存在困难（Kostova，1999）。

因此，从制度距离视角研究跨国公司的海外经营问题，需要考虑其造成的外来者劣势的困境，并通过哪些制度安排获取东道国的合法性和组织惯例的跨国界有效转移。

三、研究评价

制度距离是以制度理论为依据考虑国家间差异提出的一个理论构念，用来解释跨国公司的外来者劣势和跨国公司的战略决策。制度距离概念的提出为研究跨国公司的跨国经营行为、经营绩效和公司治理等问题提供了一个崭新的视角（严若森和钱晶晶，2016）。当前，制度距离的研究仍然存在一些有待拓展的地方和研究机会。

（一）拓展制度距离的研究边界

制度距离虽然是以制度理论为依据考虑国家间差异提出的一个理论构念，但是不可否认地区之间也存在制度距离的问题，这展现出新的研究机会。现有研究多针对母国与东道国之间在管制、规范和认知方面的制度差距。然而，制度距离研究的对象不局限于两个国家之间，应进一步研究一个国家内部地区之间的制度距离的问题。例如，中国地域辽阔，各地区之间经济发展水平差异明显，财税政策以及民族文化等正式制度和非正式制度存在较大的差别。国家内部地区之间的制度距离对企业的跨区域扩展的战略以及进入模式与股权战略等具有重要影响，这些问题都有待结合中国情境和中国企业开展研究。另外，未来研究应关注制度距离概念的动态特征。目前研究大多将制度距离看成既定的、静止的，对制度距离的认识和测度都是基于某一个时间点。但是，国家或地区间的制度距离并不是固定不变的，因为一个国家或区域的制度环境会随着时间而发生改变，如政策法规的重新制定、规范和认知的更新都会引起制度的改变。

（二）拓展制度距离的研究领域

首先，除了关注制度距离对跨国公司的进入模式、股权配置、董事会治理以及高管层配置等影响外，还应关注制度距离对跨国子公司的战略定位、治理结构和治理机制及对利益相关者权责利分配的影响。其次，基于制度的分类，制度距离可划分为正式制度距离和非正式制度距离两类。目前的研究更多地将制度距离作为一个整体构念进行研究，对正式制度距离和非正式制度距离的差异性作用的研究非常薄弱，这为研究跨国公司的经营行为、公司治理机制以及管理层配置等提供了机会。最后，制度距离的概念也可以运用到国际创业领域，讨论异地创业问题以及制度距离与跨国风险投资行为的关系问题。随着制度距离的增加，异地创业的风险随之也变大。国际创业中国家间管制、规范和认知制度的差异在很大程度上影响国际风险资本的投资流向和投资决策。因此，寻求外部风投资本的国家和组织应设法降低制度距离，减少风险资本进入的制度壁垒。

（三）开展中国情境的研究

随着国家“一带一路”倡议的实施，越来越多的中国企业开展跨国经营行为，遵循着“走出去、走进去、走上去”的发展路径。未来研究可多从组织外部合法性视角探究制度距离对中国企业国际化战略实施以及国际化战略运营绩效水平的影响。随着我国制度环境改善和企业国际化经验的增加，中国跨国企业应不断优化海外组织形式，进入模式适时地从合资模式过渡到独资新建，并将投资地逐渐从发展中国家转向发达国家。采用制度距离的视角，研究中国企业“走出去、走进去、走上去”的现实阻碍，不仅要考虑进入模式和股权配置的选择，还要进一步利用制度距离来解释海外子公司和管理跨国经营行为，除了利用制度套利行为从制度差距中获取利益外，还应注重海外子公司和当地环境的适应。另外，随着中国改革开放程度的增加，越来越多的跨国公司在中国投资寻求发展机会。现阶段吸引外商投资与开展对外投资合作仍是中国对外开放政策的重要组成部分。中国是跨国公司全球布局必争的新兴市场国家，运用制度理论分析制度距离对中国市场中的跨国企业在华子公司的战略布局和经营行为仍然具有很大的拓展空间。因此，应把握好制度距离，从关注制度距离到利用制度距离，继而整合制度距离，从而实现企业与东道国和母国的互利共赢的局面。

参考文献

[1] 陈怀超，范建红，牛冲槐．(2013)．基于制度距离的中国跨国公司进入战略选择：合资还是独资？管理评论，25 (12)，98 - 110.

[2] 潘镇，殷华方，鲁明泓．(2008)．制度距离对于外资企业绩效的影响——一项基于生存分析的实证研究．管理世界，(7)，103 - 115.

[3] 宋渊洋，黄礼成．(2014)．为什么中国企业难以国内跨地区经营？管理世界，(12)，115 - 133.

[4] 吴晓云，陈怀超．(2013)．制度距离在国际商务中的应用：研究脉络梳理与未来展望．管理评论，25 (4)，12 - 22.

[5] 阎大颖．(2011)．制度距离、国际经验与中国企业海外并购的成败问题研究．南开经济研究，(5)，75 - 97.

[6] 张建红，周朝鸿．(2010)．中国企业走出去的制度障碍研究——以海外收购为例．经济研究，(6)，80 - 91.

[7] Gaura S., Lu, J. W. (2007). Ownership strateygies and survival of foreign subsidiaries: Impacts of institutianl distance and experience. *Journal of Management*, 33(1), 84 - 110.

[8] Gaura, S., Delios, A., Singh K. (2007). Institutional environment, staffing strategies and subsidiary performance. *Journal of Management*, 33(4), 611 - 636.

[9] Hutzschenreuter, T., Kleindienst I., Lang S. (2016). The concept of distance in international business research: A review and research agenda. *International Journal of Management Reviews*, 18(2), 160 - 179.

[10] Kogut, B., Singh, H. (1988). The effect of national culture on the choice of entry mode. *Journal of International Business Studies*, 19(3): 411 - 432.

[11] Kostova, T. (1999). Transnational transfer of strategic organizational practices: A contextual perspective. *Academy of Management Review*, 24(2), 308 - 324.

[12] Kostova, T., Zaheer, S. (1999). Organizaitonal legitimacy under conditions of complexi-

ty:The case of the Multinational enterprises. *Academy of Management Journal*,24(1),64 -81.

[13]Luo,Y.,Shenkar,O.,Nyaw,M. -K. (2002). Mitigating liabilities of foreignness:Defensive versus offensive approaches. *Journal of International Management*,8(3),283 -300.

[14]North,C. D. (1990). *Institutions,institutional change and economic performance.* Cambridge,UK:Cambridge University Press.

[15] Oliver, C. (1997). Sustainable competitive advantage: Combining institutional and resource-based views. *Strategic Management Journal*,18(9),697 -713.

[16]Peng,M. W. (2002). Towards an institutional-based view of business strategy. *Asia Pacific Journal of Management*,19(2 -3),251 -267.

[17]Peng,M. W. (2003). Institutional transitions and strategic choices. *Academy of Management Review*,28(2),275 -296.

[18]Peng,M. W.,Sun,W.,Vlas,C. Minichilli A.,Corbetta,G. (2018). An institution-based view of large family firms:A recap and overview. *Entrepreneurship Theory and Practice*,42(2),187 -205.

[19]Schwens,C.,Eiche,J.,Kabst,R. (2011). The moderating impact of informal institutional distance and formal institutional risk on SME entry mode choice. *Journal of International Business Studies*,48(2),330 -351.

[20]Scott,W. R. (2008). *Institutions and organizations.* Thousand Oaks:Sage.

[21]Shenkar,O. (2001). Cultural distance revisited:Towards a more rigorous conceptualization and measurement of cultural differences. *Journal of International Business Studies*,32(3),519 -535.

[22]Xu,D.,Pan,Y.,Beamish,P. W. (2004) The effect of regulative and normative distances on MNE ownership and expatriate strategies. *Management International Review*,4(3),285 -307.

[23] Xu, D., Shenkar, O. (2002). Institutional distance and the multinational enterprise. *Academy of Management Review*,27(4),608 -618.

[24]Zaheer, S. (1995). Overcoming the liability of foreignness. *Academy of Management Journal*,38(2),341 -363.

[25]Zaheer,S.,Schomaker M. S.,Nachum L. (2012). Distance without direction:restoring credibility to a much-loved construct. *Journal of International Business Studies*,43(1),18 -27.

第二节　政治关联

一、方向介绍

政治关联（political ties）已成为近些年财务金融、制度经济学、公司治理、法与经济学和战略管理等领域的热点问题，并形成一个较新的研究领域。政治关联是企业和政府所建立的基于组织或个人层面的跨边界联系（Sun 等，2012），已经成为企业获取政府资源和合法性支持的重要制度安排。政治关联是企业和政府所建立的基于组织或个人层面的跨边界联系，是发达国家和新兴市场经济发展过程中的普遍现象（Faccio，2006）。政治关联体现为公司对其政治环境的战略性管理，事关公司的整体战略，因此，受到战略管理领域学者的广泛关注。理论界对企业政治关联开展了大量的理论与实证研究，推动了政治关联研究的快速发展。政治关联已成为解释新兴市场经济国家的企业战略决策和企业行为的重要理论视角和变量。

二、文献导读

（一）总体情况

政治关联得到了理论界的高度关注并取得了非常丰硕的成果。从现有的研究进展来看：（1）研究者探讨了政治关联的类型和特征；（2）实证研究政治关联的形成机制；（3）探讨政治关联的影响及其情境条件或中间机制。

（二）研究主题

对政治关联的研究进展进行了回顾，构建如图 2－2 所示的政治关联的整合模型，试图揭示政治关联的形成、作用效果和发挥作用的情境条件与中间机制。

政治关联的研究视角已经从关注普遍性发展到聚焦异质性，揭示政治关联的层次和具体类型。政治关联具有异质性（heterogeneity），不同类型的政治关联的本质、功能和对企业战略决策的影响存在差异（Sun 等，2015）。基于企业和政府两个维度，可以将企业的政治关联划分成四种类型：企业个体—政府个体层面（A 型）；企业个体—政府组织层面（B 型）；企业组织—政府个体层面（C 型）；企业组织—政府组织层面（D 型）。A 型指企业和政府的个体成员间所建立的私人社会关系；B 型指企业董事、监事或高管在政府及其

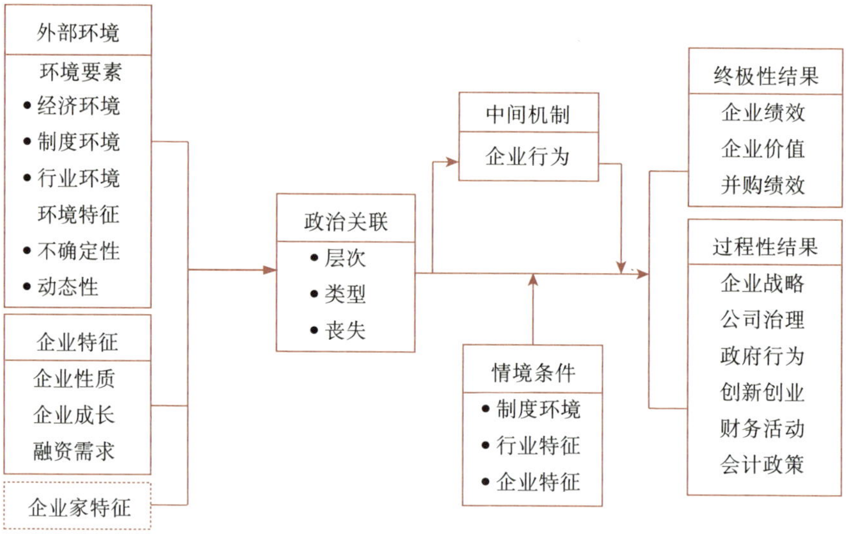

图 2－2　政治关联的整合模型

相关机构任职，通过参政议政建立政治联系；C 型指企业组织和政府官员个体所建立的政治联系；D 型指政府与企业在组织层面建构的政治联系，包括国有股权和联盟性质的合作关系。基于研究需要虽可将政治关联划分为四种类型，但处于真实商业世界的企业可能同时建立和维持多种类型的政治关联（Zhang 等，2016）。政治关联具有异质性（heterogeneity），不同类型的政治关联的本质、功能和对企业战略决策的影响存在差异（Sun 等，2015），而多种政治关联也会相互作用共同影响企业战略决策和企业绩效。有研究表明，含有国有股权（D 型）的民营企业，企业家参政（B 型）对公司经济资源获取以及企业绩效提升的影响程度会减弱，暗示不同类型的政治关联之间存在替代效应。总体上看，政治关联的研究比较笼统，更多地将 B 型和 C 型政治关联简单地划分为一类进行研究，缺乏对 A 类和 D 类的政治关联的研究；同时，对政治关联的异质性和不同类型政治关联的相互作用的关注度不够。

已经从关注政治关联的构建拓展到探索政治关联的丧失，基本涵盖政治关联“形成→维持→丧失”的全过程。然而，当前的研究主要关注政治关联的某阶段（主要是形成和维持），如政治关联的形成、政治关联构建后的经济后果等，没有揭示政治关联的动态演化对企业行为的影响，这可能会导致政治关联和企业行为（或企业绩效）之间的因果关系的模糊性。

政治关联的形成受到外部环境和企业特征的影响，外部环境涉及经济环境、制度环境和行业环境等要素以及环境的不确定，而企业特征则包括企业性质、成长以及融资需求。当前，相比较政治关联的作用效果，政治关联形成的研究非常薄弱，主要聚焦在外部环境和企业特征，忽略了企业家特征的影响，这也为未来的研究提供给了机会。

政治关联的作用已经渗透到企业的“基因”，不仅会影响企业绩效、企业价值和并购绩效等终极性结果变量，还作用于企业战略、公司治理、政府行为、创新创业、财务活动以及会计政策等过程性结果变量。

政治关联的作用受到制度环境和企业特征等情境条件的影响；政治关联主要通过企业战略和企业行为等中间机制发挥作用。与政治关联对企业绩效等终极性结果变量影响类似，政治关联对创新等过程性结果变量的影响也是混合的，这表明进一步研究政治关联发挥作用的情境条件和中间机制非常重要，这也是未来需要重点进行研究的地方。

（三）解释机制

政治关联对企业的影响是复杂的，存在多种不同的观点（潘红波等，2008；Sun 等，2012；Sun 等，2015；田利辉和张伟，2013）。

首先，政治关联存在“产权保护效应”。政治关联是较差制度环境的一种替代机制。制度理论认为，制度分为正式制度与非正式制度，其中正式制度主要包括宪法、契约制度和产权制度等，非正式制度主要包括习俗、社会价值取向、伦理道德和文化等；正式制度与非正式制度之间相互依赖，当正式制度不完善或无法有效实施时，非正式制度能弥补正式制度的不足，成为正式制度的有效替代（North，1990）。在尚不健全的制度环境中，政治关联可以作为法治的替代机制来保护私有产权免受侵害（田利辉和张伟，2013）。相对于国有企业而言，民营控股公司的政治关联可以保护其免遭“政府之手”的盘剥，提供公平的竞争环境。

其次，政治关联存在“资源获取效应”（余明桂和潘红波，2008；余明桂等，2010）。资源依赖理论认为，任何一个组织都必须从外部环境中获取资源，这些资源既包括原材料、资金、人力等要素，也包括信息、社会支持、政府支持（如合法性认可）等；资源的稀缺和重要程度决定了企业对资源的依赖程度，企业会通过各种途径来改变这种依赖程度；企业的生存能力在很大程度上取决于其与外部环境的交往和谈判能力。因此，在法制不健全以及执法不严格的情况下，政治关联可能有助于企业（特别是民营企业）获取更多诸如土地资源、银行贷款、税收减免、直接补贴、政府采购、行业准入等各类政府所控制的资源。

再次，政治关联存在“利益交换效应”。交换理论则强调企业与政府之间的相互依赖。交换理论认为，政府和企业拥有彼此所需的资源，希望通过相互交换来促使各方利益达到最大。例如，为了在区域经济竞争中占据主动地位，地方政府可能会利用自身拥有的管制权等资源扶持本地企业，甚至帮助本地企业突破中央的管制性壁垒，最终在满足企业获利需求的同时也提高了自身政绩。因此，政治关联行为可以为企业带来利益，但企业也需要帮助政府实现某些目标（如解决地方就业、社会捐赠等）或有政治关联的高管获取私人利益。

最后，政治关联存在“社会负担效应”。寻租理论认为，政府运用行政权力来干预和管制企业和个人的经济活动，妨碍了市场机制正常发挥作用，为有特权者获取超额收入创造了机会，从而形成了权力寻租。存在政治关联的国有企业倾向将上市公司的部分财富转移给政府或社会，这种转移可以称之为政治关联的“社会负担效应”。

三、研究评价

整体来看，虽然既有研究已经对政治关联的内涵、类型、形成、作用、情境条件和中间机制进行了积极探索，但是仍存在较多局限。基于政治关联研究现状和局限，结合当前中国经济与制度背景，对未来研究方向进行展望。

（一）开展政治关联的分类研究，并进一步探索具体类型的作用机理

忽略政治关联的异质性和类型直接导致在理论构建和实证分析中无法清晰识别不同类型政治关联对企业的差异化影响机制，有可能得出错误的观点和相互矛盾的论断，这给未来研究提供了机会。首先，深入开展政治关联的分类研究。相比较而言，B 型和 C 型政治关联的研究成果较为丰硕，而对 A 型和 D 型政治关联则缺乏关注。因此，A 型和 D 型的政治关联的形成和作用都是未来可突破的地方。其次，探索不同政治关联的作用机理。B、C、D 型政治关联可以划分为正式的政治关联，具有公开性、透明性和稳定性，会导致企业的长期战略导向；A 型政治关联是企业高管和政府官员通过亲属、校友、同学、同乡、战友关系等构建的私人社会关系，属于非正式的政治关联，具有隐蔽性和脆弱性，则导致企业具有短期寻租动机。对于不同类型政治关联的作用机理，基于上市公司二手数据的大样本统计分析难以进行诠释，需要采用案例研究，对政治关联的建立、维护和作用机制进行深入跟踪和归纳。最后，需要关注不同类型政治关联的相互作用对企业的影响。企业可能同时采取多种途径构建多种类型的政治关联。多种类型的政治关联如何影响企业，是互补效应还是替代效应？

（二）拓展政治关联的研究情境，关注家族企业和新创企业等其他组织的政治关联

当前，政治关联的更多研究聚焦国有和民营的上市企业等研究情境，而对家族企业、新创企业和社会企业等其他情境政治关联的关注非常有限。家族企业这种组织形式在中国私营经济中大量存在，是家族系统和企业系统的结合体。社会情感财富理论认为家族社会情感财富的得失是家族企业战略决策的首要参照点，而非经济利益目标的最大化。家族企业战略决策参照点的特殊性会影响家族企业政治关联的形成、作用、中间机制和情境条件的差异。因此，家族企业给政治关联的研究提供了独特而具有重要实践价值的研究情境。另外，国家双创战略的实施催生了大量的新创企业，但多数新创企业受到资源约束而举步维艰。而政治关联则是创业者或新创企业缓解资源约束获取政府支持的重要途径，但维持

政治关联也需要承担额外的负担，也可能新创企业无法承受。因此，新创企业是否有新的、低成本的政治关联构建途径？如果存在，那么新形式的政治关联对新创企业会产生哪些影响？这些问题都值得深入研究。此外，社会企业也为政治关联的研究提供了独特情境。社会企业已经在中国出现并得到较快发展，它们尝试构建商业模式解决教育、环境、贫困以及医疗等多个领域的社会问题。但是，社会企业的政治关联问题当前并没有研究涉及。

（三）搜寻政治关联的前因变量，突破仅关注外部环境和企业特征的局限，也需要探讨企业家特征的影响

当前，相比较政治关联的作用效果，政治关联形成的研究非常薄弱，主要聚焦在外部环境和企业特征，忽略了企业家特征的影响。首先，对行业特征变量有待进行深入研究。政治关联的“帮助之手”有助于企业获取政府所控制的资源或跨越行政障碍进入管制行业。那么，处于市场化程度高、竞争激烈、非管制行业的企业是否具有更强的动机构建政治关联获得政府支持呢？对于该问题，需要提供进一步的证据。其次，探索企业家特征的影响，既要研究先天“基因”，也要考察后天经历。企业家的政治关联可能是内生变量，也可能是外生变量，这和政治关联的类型相关。因此，从企业家特征视角研究政治关联的前因变量，也需要进一步区分政治关联的类型。企业家的特征既包括先天“基因”，也涉及后天经历。先天“基因”则需要考察家族政治背景，比如“红色家族”或“政治家族”等，这类企业家血液里具有天然的政治“基因”；而后天经历除传统的人口统计特征之外，特殊历史印记，比如贫困经历、自然灾害经历等也可能会影响企业政治关联的建立。

（四）探索政治关联发挥作用的情境条件和中间机制，揭示政治关联作用的“黑箱”

和政治关联对企业绩效等终极性结果变量影响类似，政治关联对创新等过程性结果变量的影响也是混合的。这说明进一步研究政治关联发挥作用的情境条件和中间机制非常重要，不考虑情境条件或中间机制去简单检验政治关联的作用效果的结论其适用性也值得怀疑。首先，搜寻新的调节变量，揭示政治关联发挥作用的适用条件。当前研究发现制度环境、企业性质和规模等因素是影响政治关联发挥作用的重要变量，但对并没有关注行业特征的影响，对制度环境特征关注也不够。例如，制度环境的不确定性和复杂性是否也会影响政治关联的作用效果？处于管制行业和非管制行业的企业政治关联的作用效果是否存在差异？除企业性质和规模外，还有哪些企业特征变量也会影响政治关联的作用效果？这些问题都有待进一步探索。其次，寻找新的中介变量，探索政治关联发挥作用的中间过程。和情景条件的研究相比，既有研究对政治关联作用的中间机制的探索不够。目前研究已发现企业战略、融资以及政府补贴等是政治关联发挥作用的重要中间机制。那么，是否还存在其他的中间变量成为政治关联发挥作用的“桥梁”？

（五）聚焦企业政治关联的动态演化过程，描绘政治关联“形成→维持→丧失”的全景图

当前的研究主要关注政治关联的某阶段（主要是形成和维持），如政治关联的形成、政治关联构建后的经济后果等，没有揭示政治关联的动态演化对企业行为的影响，这可能会导致政治关联和企业行为（或企业绩效）之间的因果关系的模糊性。因此，未来的研究需要在以下两个方面进行突破。首先，拓展政治关联丧失的经济后果的研究。与政治关联建立后的经济后果研究比较，政治关联丧失的经济后果的研究非常有限。已有研究仅检验了独立董事政治关联丧失对企业价值的负面冲击，没有研究检验企业政治关联丧失的其他经济后果。政治关联的丧失是否会导致企业在获取政府所控制资源处于劣势地位，进而损害企业绩效？其次，探索政治关联“形成→维持→丧失”的动态演化和企业战略响应之间的关系，揭示政治关联“形成→维持→丧失”不同阶段和企业行为间的互动过程，克服静态视角对政治关联研究的局限性。这类研究需要采用单案例的纵深追踪或多案例的横向比较，克服大样本统计分析揭示普遍性联系而忽略机制的理论诠释的不足。

参考文献

[1] 邓晓飞，辛宇，滕飞．（2016）．官员独立董事强制辞职与政治关联丧失．中国工业经济，（2），130－145.

[2] 潘红波，夏新平，余明贵．（2008）．政府干预、政治关联与地方国有企业并购．经济研究，（4），41－52.

[3] 田利辉，张伟．（2013）．政治关联对我国上市公司长期绩效的三大效应．经济研究，（11），71－86.

[4] 吴文锋，吴冲锋，（2009）．芮萌．中国上市公司高管的政府背景与税收优惠．管理世界，（3），134－142.

[5] 余明桂，潘红波．（2008）．政治关联、制度环境与民营企业银行贷款．管理世界，（8），9－21；39.

[6] 余明桂，回雅甫，潘红波．（2010）．政治联系、寻租与地方政府财政补贴有效性．经济研究，（3），65－77.

[7] Bonardi, J. P. (2004). Global and political strategies in deregulated industries: The asymmetric behaviors of former monopolies. *Strategic Management Journal*, 25(2), 101－120.

[8] Bonardi, J. P., Hillman, A. J., Keim, G. D., et al. (2005). The attractiveness of political markets: Implications for firm strategy. *Academy of Management Review*, 30(2), 397－413.

[9] Bonardi, J. P., Keim, G. D. (2005). Corporate political strategies for widely salient

issues. *Academy of Management Review*,30(3),555 -576.

[10]Claessens,S.,Feijen,E.,Laeven,L.,et al. (2008). Political connections and preferential access to finance: The role of campaign contributions. *Journal of Financial Economics*, 88 (3), 554 -580.

[11] Faccio, M. (2006). Politically connected firms. *American Economic Review*, 96 (1), 369 -386.

[12]Fan,J. P. H.,Wong,T. J.,Zhang,T. (2007). Politically connected CEOs,corporate governance and post-IPO performance of China's newly partially privatized firms. *Journal of Financial Economics*,84(2),330 -357.

[13] Goldman, E., Rocholl, J., So, J., et al. (2009). Do politically connected boards affect firm value. *The Review of Financial Studies*,22(6),2331 -2360.

[14]Hillman, A. J., Keim, G. D., Schuler D. (2004). Corporate political activity: A review and research agenda. *Journal of Management*,30(6),837 -857.

[15]Holburn,G. L. F.,Zelner,A. (2010). Political capabilities,policy risk,and international investment strategy:Evidence from the global electric power generation industry. *Strategic Management Journal*,31(12),1290 -1315.

[16]Li,H.,Zhang,Y. (2007). The role of managers' political networking and functional experience in new venture performance:evidence from China's transition economy. *Strategic Management Journal*,28(8),791 -804.

[17]Mellahi,K.,Frynas,J. G.,Sun,P.,et al. (2016). A review of nonmarket strategy literature: Toward a multi-theoretical integration. *Journal of Management*,42(1),143 -173.

[18]Oliver,C., Holzinger, I. (2008). The effectiveness of strategic political management: A dynamic capabilities framework. *Academy of Management Review*,33(2),496 -520.

[19]Schuler,D. A., Rehbein, K., Cramer, R. D., et al. (2002). Pursuing strategic advantage through political means: A multivariate approach. *Academy of Management Journal*, 45 (4), 659 -672.

[20]Sun P.,Mellahi K.,Wright M.,et al. (2015). Political tie heterogeneity and the impact of adverse shocks on firm value. *Journal of Management Studies*,52(8),1036 -1063.

[21] Sun, P., Mellahi, K., Wright, M. (2012). The contingent value of corporate political ties. *Academy of Management Perspectives*,26(3),68 -82.

[22]Zhang J.,Marquis C.,Qiao K. (2016). Do political connections buffer firms from or bind firms to the government? A study of corporate charitable donations of Chinese firms. *Organization Science*,27(5),1307 -1324.

第三章

家族企业研究

作为一种兼具古老与现代双元特征的企业组织形式，家族企业已经成为各国经济发展的重要动力。鉴于家族企业的悠久历史和在经济发展中的重要地位，国内外学者聚焦家族企业开展了大量开拓性的研究（Bird 等，2002；Casillas 和 Acedo，2007；Debicki 等，2009；Benavides-Velasco 等，2013；魏志华等，2013；Miller 等，2017；Holt 等，2017；Fattoum-Guedri 等，2018；Peng 等，2018），并推动家族企业逐步成为一个新的学术研究领域。而中国等新兴经济体的崛起正在挑战以美国为首的西方国家在全球工业体系中的领导地位和传统的西方管理理论，中国情境的独特性和中国“家文化”丰富内涵呼吁家族企业研究结合中国情境进行理论创新，加强家族企业理论研究与实践发展的对话。近些年，随着家族企业的发展，涌现了一些新的研究主题，包括社会情感财富、家族亲属关系等。

第一节　社会情感财富

一、方向介绍

社会情感财富（Socio-emotional Wealth，SEW）框架为家族企业理论研究提供了一个新的视角，更加贴近家族企业本质的解释逻辑，从而迅速引起了众多学者的关注和重视，近年来逐渐成为家族企业研究中的主要解释视角，并相继被用来对家族企业的战略决策和行为进行解释和检验。社会情感财富指的是家族企业提供给家族成员、满足他们情感需求的非经济利益。社会情感财富理论的观点认为，由于家族成员的组织身份与个人身份高度重叠，企业在很大程度上成为家族的一种延伸，因此，家族成员能够从对企业施加控制的能力、良好的组织声誉、代际传承的实现等中获得效用。家族企业的首要参照点是社会情感财富的留存，并且愿意为了留存社会情感财富牺牲部分经济利益（Gomez-Mejia 等，2007）。

二、文献导读

（一）概念介绍与理论内涵

社会情感财富理论是 Gomez-Mejia 等（2007）基于行为代理理论提出的。社会情感财富指的是家族企业满足家族成员情感需求的非经济利益，如身份认同、行使家族影响力的能力（Schulze 等，2003），归属感、亲密感等心理需求的满足（Westhead 等，2001）；家族价值观的延续（Handler，1990），家族遗产和朝代的保留（Casson，1999），家族企业社会资本的保护（Arregle 等，2007），基于血亲关系的家族义务的履行、将值得信赖的家族成员安排在关键岗位上获得的效用（Athanassiou 等，2002），对家人表现利他和无私的机会（Schulze 等，2003），良好家族声誉与形象的塑造和保持（Westhead 等，2001；Sharma 和 Manikutty，2005）等。因此，社会情感财富损失意味着亲密感的损失、社会地位降低、不符合家族期望（Gomez-Mejia 等，2007）。

在家族企业中，家族成员的个人身份与组织身份高度重叠，企业在很大程度上成为家族的一种延伸，家族成员能够从家族控制、良好的组织声誉、对组织的归属感等中获得非经济效用（Schulze 等，2003）。因此，家族企业不仅追求经济目标，还追求社会情感财富等非经济目标，并将社会情感财富的留存作为首要参照点（Gomez-Mejia 等，2007），愿意为了留存社会情感财富牺牲部分经济利益（Gómez-Mejía 等，2007，2011；Chrisman 和 Patel，2012）。从行为代理理论延伸出来，由于家族企业的首要参照点是社会情感财富的留存，因而当社会情感财富处于损失状态时，家族企业将表现出风险偏好，当社会情感财富处于收获状态时，家族企业将表现出风险规避（Wiseman 和 Gomez-Mejia，1998；Gomez-Mejia 等，2007）。

（二）结构维度

Gomez-Mejia 等（2007）将社会情感财富包含的非经济因素概括为情感、价值观和利他主义三个方面。Berrone 等（2012）也认为社会情感财富是一个多维度的概念，提出之前的文章以所有权分布、家庭董事比例等单变量来衡量社会情感财富重要性主要源于社会情感财富概念结构的不清晰。他们在总结 Gómez-Mejía 及前人研究基础上提出社会情感财富应包含五个方面：家族控制与影响（F）、家族成员的组织认同（I）、紧密的社会关系（B）、情感依托（E）、通过代际传承实现家族纽带更新（R）。这一维度划分受到一些学者的认可（Cennamo 等，2012；Perry 等，2014；Strike 等，2015），并认为家族控制与影响和代际传承是社会情感财富最重要的两个方面（Strike 等，2015）。

家族企业区别于非家族企业的一个重要特点在于家族成员能对企业战略决策施加绝对影响（F）（Schulze 等，2003），因此家族控制权与影响是家族成员普遍追求的、家族企业社会情感财富的重要方面，也是家族企业留存社会情感财富其他维度的基础。以家族控制与影响的损失为参照点，家族企业不仅避免控制权的直接损失（Gómez-Mejía 等，2007），还在战略决策中规避那些可能间接导致控制权与家族影响损失的风险，如更低的多样化程度（Jones 等，2008；Gomez-Mejia 等，2010），更高的 IPO 抑价程度（Leitterstorf 和 Rau，2014）。

社会情感财富还体现在家族企业满足家族成员身份认同（I）的需求上。家族企业中的个人、组织和家族认同存在高度重叠，这种认同的一致性、成员与组织间的紧密联系对组织效率产生正面影响，为家族企业提供了独一无二的竞争来源（Milton 和 Laurie，2008），也为家族成员带来归属感等非经济利益。另外，由于企业被利益相关者视作家族的延伸，因此企业声誉与地位和个人息息相关，从而影响家族企业对待内部利益相关者如员工（Danny 等，2008）、股东（Pazzaglia 等，2013）的态度，以及对与外部利益相关者相关的产品与服务质量（Teal 等，2003；Carrigan 和 Buckley，2008）、环境污染（Berrone 和 Larraza-Kintana，2010）等问题的重视。

学者们关于紧密的社会关系维度（B）的论证主要基于嵌入性的观点。Cruz、Justo 和 Castro（2012）认为家族企业受益于血亲关系带来的亲密网络与强烈联系，这些益处包括集体社会资本、信任、亲密与团结的感受等，这种强烈的社会关系能带来竞争对手难以模仿的高组织承诺与组织奉献（Miller 和 Le Breton-Miller，2005）。同时，家族成员还将这种互助亲密的网络扩展到非家族员工和社区中，将非家族员工“家族化”、承担更多的社会责任等。

情感依托维度（E）指的是组织中的家族关系使家族成员的归属感、情感和亲密感等心理需求得到满足。因家族涉入使得情感因素与商业因素交织在一起是家族企业的重要特征（Eddleston 和 Kellermanns，2007），积极和消极情绪渗透于企业组织中，对决策产生影响（Baron，2008）。目前学者们对这一维度的关注较少，且主要基于特定情境，如 Milton 等（2008）提出家族成员要关注卸任者可能的沮丧情绪，帮助其完成身份转换、建立新的身份认同；Hauswald 等（2015）发现经济就业环境差时家族成员可能由于自身财富存在较大风险、在家族企业内任职压力大而更不愿意到家族企业工作。

通过代际传承实现家族纽带更新（R）是家族企业社会情感财富的重要方面。基于代际传承，家族企业的资产、社会资本、价值观、家族声誉与形象等得以延续。因此，代际传承涵盖了社会情感财富的多项内容，是家族企业的关键目标之一（Zellweger 等，2012），使家族企业更关注长期发展（Strike 等，2015）和非经济目标（Zellweger 等，2013），并影响员工选聘（Fang 等，2015）。

在 Berrone 等（2012）的工作基础上，一些学者进一步将社会情感财富分为限制型社会情感财富和延伸型社会情感财富，以及内部型社会情感财富和外部型社会情感财富（Miller 和 Breton-Miller，2014；Cruz 等，2014）。限制型社会情感财富指的是家族企业注重追求家族控制、注重当前的利益，延伸型社会情感财富指的是家族企业注重追求企业的长远利益和发展，如实现代际传承等（Miller 和 Breton-Miller，2014）。内部型社会情感财富指的是针对内部利益相关者的社会情感财富，如员工、股东等，外部型社会情感财富指的是针对外部利益相关者的社会情感财富，如社区等（Cruz 等，2014）。

（三）理论基础

1. 管家理论

许多组织和管理理论受到委托—代理理论的影响，认为经理人是机会主义和自私自利的，目标是最大化自我效用。这一理论主要从经济角度出发考虑经理人的代理成本问题。而从社会和心理角度看，委托—代理理论并不总是成立。管家理论认为当组织成就与个体效用高度一致时，经理人更倾向于表现出集体主义、亲组织行为和值得信赖，其通过最大化利益相关者的利益也使自身效用最大化。Davis 等（1997）提出，基于管家理论，受更高层次需求与内在因素驱动、拥有高度组织认同与价值承诺、依靠个人权威而非制度上的权力对他人施加影响的经理人更倾向于管家行为。一方面，由于家族财富高度集中于企业内部，家族利益与企业利益高度一致，家族企业更倾向于做出最大化组织利益的行为；另一方面，更重要的是，由于社会情感财富是家族企业追求的主要目标，因此其行为更多地受到情感和社会等非经济因素的驱动，从而更倾向于管家行为。如 Danny 等（2008）的实证研究证明了家族企业更注重对声誉与市场份额、员工管理与客户关系的投资，即更关注企业的长远发展，表现出管家行为。

2. 行为代理理论

行为代理理论是从委托—代理理论和行为理论（前景理论）中衍生出来的（Gomez-Mejia 等，2011），包含四方面的内容：激励与绩效、风险与不确定性、时间贴现、公平和不公正规避（Pepper 和 Gore，2015）。社会情感财富理论涉及的主要是风险与不确定性方面。这一维度的行为代理理论认为代理人首先是要规避损失、其次才是要规避风险，风险偏好因收获和损失情境而异，而收获与损失的判断与所选取的参照点有关：当处于选定参照点下方时为损失，代理人会规避损失，倾向于冒短期风险；当处于参照点上方时为收获，代理人会规避风险。决策权重受主观概率估计的影响，容易高估小概率事件概率、低估大概率事件概率（Pepper 等，2015）。行为代理理论拒绝管家理论关于个人不追求自私目标的假设，认为关键的是参照点的选取。对家族企业而言，社会情感财富的损失是首要参照点，因而家族企业愿意冒绩效降低的短期风险，避免可能造成社会情感财富损失的战略选择，如不加入合作社（Gómez-Mejía 等，2007）、履行更多的环境责任（Berrone 等，2010）、更多地为利益相关者考虑（Cennamo 等，2012）、对研发投入更少（Patel 和 Fiet，2011；Gomez-Mejia 等，2013）、不接受私募股权投资（Croce 和 Martí，2014），还体现在当非家族 CEO 由家族 CEO 监督时其对企业绩效的提升作用降低（Miller 等，2013），当家族由所有者创立而非市场交易取得时有更高的盈余质量（Pazzaglia 等，2013）等。

3. 身份认同

组织身份是组织内最重要、独特和持久的核心价值观和信仰（Albert 和 Whetten，1985），组织通过沟通、行为和象征向利益相关者展示其身份。组织身份的持续性和连贯性满足组织成员对作为特定团体并保持身份一致性的内在需求（Dyer 和 Whetten，2006）。家族身份则是家族成员在自我确认的内在过程中赋予家庭的意义。可见，组织身份与家族身份都是二者核心价值观和特征的体现。在家族企业中，组织身份与家族身份存在一定程度的重叠，但并不总是高度一致的。组织身份与家族身份越一致，家族成员越关注非家族利益相关者对企业的看法，即企业声誉（Fombrun 和 Shanley，1990），对企业声誉的关注使家族企业倾向于追求使非家族利益相关者如员工等受益的非经济目标（Zellweger 等，2013）。因此，当组织认同与家族认同或个人认同高度一致时，家族企业对社会情感财富的重视程度应越高。如 Pazzaglia 等（2013）发现，由于家族认同与组织认同高度一致，家族 CEO 在由家族创立的家族企业比由交易取得的家族企业中更不倾向于进行盈余管理，以保护家族社会情感财富。此外，Milton 等（2008）提出家族企业身份认同的一致性能够调节多样化与组织效率间的关系、使其更能发挥多样化的优势，对组织绩效产生正向影响。Cannella 等（2015）发现由于强烈的组织认同和相互信任，家族企业和创立者企业的独立董事任期更长、更不倾向于离开企业。

4. 嵌入性观点

嵌入性指的是组织或个人与外部环境的交互关系，学者们对嵌入性的研究集中于分析个体或机构在社会网络的文化、认知、政治和结构四个层次上的嵌入性（Granovetter，1973；Zukin 和 Dimaggio，1990；Krackhardt，1995；Uzzi，1996）。家族企业的特点是家族嵌入于企业中，家族对企业的嵌入性质越强、对企业的影响越大，家族企业对社会情感财富的重视程度应越高。如 Breton-Miller 等（2009）提出家族企业与管理人员均嵌入于家族中，家族对企业和管理人员的影响取决于嵌入的性质和程度。当管理人员与家族联系紧密更倾向于采取代理行为；反之，若管理人员与家族企业及其利益相关者产生广泛联系则更倾向于管家行为。Cruz 等（2012）证实了家庭嵌入的性质如所有者的性别、家族与企业间的资金流动方向等影响家族和企业目标产生冲突的可能性和程度。此外，Patel 等（2011）提出家族成员间的嵌入性使得知识联合的成本更低，在有限成本下能够发现更多机会，实现规模经济。

三、研究评价

目前，社会情感财富理论是家族企业领域研究中最受关注的理论之一，自其提出之后，就被学者们广泛应用到家族企业多元化战略、家族企业风险偏好以及家族企业社会责任等主题的研究中。而该理论也很好地解释了家族企业中一些现象产生的机理。但即便如此，学者们讨论的话题以及对社会情感财富理论应用的范围都较为单一，主要集中于与企业财务绩效相关的企业行为（多元化战略、创新行为）以及一些非经济活动（环境保护）中，而对于那些具有一定“自由裁量权”的企业战略行为的研究则数量有限，例如企业的慈善捐赠以及部分前摄性战略等。因此，要想真正并进一步检验社会情感财富理论在解释家族企业现象中应用的普适性，就需要学术界对以上话题进行进一步的关注和探讨。

另外，根据现有研究我们发现，社会情感财富理论是一个多维的概念，且不同维度之间的关系比较复杂，可能会存在一定的因果关系，因而其不同维度之间的关系需要厘清。如 Chrisman（2012）等学者就曾发现，家族本质（指家族代际传承问题以及家族对企业的承诺）对家族涉入和以家族为中心的非经济目标（如家族内和谐、社会地位以及认可等）之间的关系起到了部分中介作用。基于这一发现，我们认为，在未来的研究中需要先对社会情感财富的各个维度进行划分，并分别对其各维度与企业行为之间的影响关系进行测量和检验；如要同时检验，就需要进一步考虑各维度之间的相互关系。

参考文献

[1] 陈凌，陈华丽.（2014）. 家族涉入、社会情感财富与企业慈善捐赠行为——基

于全国私营企业调查的实证研究．管理世界，（8），90－101；188.

［2］连燕玲，高皓，王东晓．（2016）．家族控制、社会情感财富与 IPO 折价决策——基于中国家族上市公司的实证研究．经济管理，38（8），120－134.

［3］朱沆，Eric Kushins，周影辉．（2016）．社会情感财富抑制了中国家族企业的创新投入吗？管理世界，（3），99－114.

[4] Arregle, J. L., Naldi, L., Nordqvist, M., Hitt, M. A. (2012). Internationalization of family-controlled firms: A study of the effects of external involvement in governance. *Entrepreneurship Theory and Practice*, 36(6), 1115－1143.

[5] Berrone, P., Cruz, C., Gomez-Mejia, L. R. (2012). Socioemotional wealth in family firms: Theoretical dimensions, assessment approaches, and agenda for future research. *Family Business Review*, 25(3), 258－279.

[6] Berrone, P., Cruz, C., Gomez-Mejia, L. R., Larraza-Kintana, M. (2010). Socioemotional wealth and corporate responses to institutional pressures: Do family-controlled firms pollute less? *Administrative Science Quarterly*, 55(1), 82－113.

[7] Cennamo, C., Berrone, P., Cruz, C., Gomez-Mejia, L. R. (2012). Socioemotional wealth and proactive stakeholder engagement: Why family-controlled firms care more about their stakeholders. *Entrepreneurship Theory and Practice*, 36(6), 1153－1173.

[8] Chrisman, J. J., Chua, J. H., Pearson, A. W., Barnett, T. (2012). Family involvement, family influence, and family-centered non-economic goals in small firms. *Entrepreneurship Theory and Practice*, 36(2), 267－293.

[9] Chrisman, J. J., Memili, E., Misra, K. (2014). Nonfamily managers, family firms, and the winner's curse: The influence of noneconomic goals and bounded rationality. *Entrepreneurship Theory and Practice*, 38(5), 1103－1127.

[10] Chua, J. H., Chrisman, J. J., De Massis, A. (2015). A closer look at socioemotional wealth: Its flows, stocks, and prospects for moving forward. *Entrepreneurship Theory and Practice*, 39(2), 173－182.

[11] Cruz, C., Justo, R., De Castro, J. O. (2012). Does family employment enhance MSEs performance? Integrating socioemotional wealth and family embeddedness perspectives. *Journal of Business Venturing*, 27(1), 62－76.

[12] Deephouse, D. L., Jaskiewicz, P. (2013). Do family firms have better reputations than non-family firms? An integration of socioemotional wealth and social identity theories. *Journal of Management Studies*, 50(3), 337－360.

[13] Gomez-Mejia, L. R., Campbell, J. T., Martin, G., Hoskisson, R. E., Makri, M., Sirmon, D. G. (2014). Socioemotional wealth as a mixed gamble: Revisiting family firm R D investments

with the behavioral agency model. *Entrepreneurship Theory and Practice*, 38(6), 1351-1374.

[14] Gómez-Mejía, L. R., Haynes, K. T., Núñez-Nickel, M., Jacobson, K. J., Moyano - Fuentes, J. (2007). Socioemotional wealth and business risks in family-controlled firms: Evidence from Spanish olive oil mills. *Administrative Science Quarterly*, 52(1), 106-137.

[15] Kellermanns, F. W., Eddleston, K. A., Zellweger, T. M. (2012). Article Commentary: Extending the Socioemotional Wealth Perspective: A Look at the Dark Side. *Entrepreneurship Theory and Practice*, 36(6), 1175-1182.

[16] Le Breton-Miller, I., Miller, D. (2009). Agency vs. stewardship in public family firms: A social embeddedness reconciliation. *Entrepreneurship Theory and Practice*, 33(6), 1169-1191.

[17] Miller, D., Le Breton-Miller, I. (2014). Deconstructing socioemotional wealth. *Entrepreneurship Theory and Practice*, 38(4), 713-720.

第二节 家族亲属关系

一、方向介绍

家族企业领域的研究往往关注于家族企业与非家族企业之间的差别。与非家族企业相比，家族企业不论是在经营目标的确定、治理结构的设计还是经理人员的选择等，都会优先考虑家族利益。然而，家族企业也并非完全同质化的群体，家族企业之间同样可能存在着差别。家族企业之所以不同于非家族企业，是因为具有亲属关系的家族成员参与了企业管理。但不容忽视的是，家族企业内部的亲属关系多种多样。如果亲属关系的存在与否是导致家族企业与非家族企业之间差别的根本原因，那么，包含不同类型亲属关系的家族企业之间是否同样有所不同？换言之，家族企业中的“夫妻店”“父子兵”“兄弟连”是否因为包含不同类型的亲属关系而具有不同的特点呢？因此，理论界开始关注不同类型亲属关系对家族企业治理和行为的差异化影响，成为家族企业异质性研究的新视角。

二、文献导读

（一）总体情况

基于亲属关系视角的家族企业领域内的已有文章，本节关注了亲属关系对于家族企业经营绩效的影响。在此基础上，开始逐渐关注亲属关系对家族企业经营的各个领域所造成的影响，从而形成一个系统、完整、有机的理论结构。

（二）分类维度

亲属关系通常包括子女关系、配偶关系、兄弟姐妹关系、同代姻亲关系、异代姻亲关系、叔（姑、舅）侄（甥）关系、堂（表）兄弟姐妹关系以及其他类型的亲属关系等八种。为了更好地解读亲属关系对于家族企业的影响，需要对上述亲属关系进行分类。常见的分类维度如下所示。

1. 近亲关系 vs. 远亲关系

根据亲属关系的远近亲疏的差别，可以将亲属关系分为近亲关系与远亲关系两类。《中华人民共和国刑法》明确地规定，近亲关系包括“父母、子女、配偶、同胞兄弟姐妹”，而社会学领域的研究也同样认为，上述八种关系中，子女关系、配偶关系和兄弟姐妹关系对于一个人产生的影响更为深远，属于“近亲关系”；而包括同代姻亲关系、异代姻亲关系、叔（姑、舅）侄（甥）关系、堂（表）兄弟姐妹关系以及其他亲属关系在内的其他几种亲属关系属于“远亲关系”。

2. 血亲关系 vs. 姻亲关系

根据亲属关系的纽带基础，上述八种关系可以被分解为血亲关系和姻亲关系两种。血亲关系是以具有共同祖先为特征的亲属关系，双方通过血缘关系直接或间接连接，这一关系“先天”形成，无法通过“后天”因素人为地进行干预；而姻亲关系指的是原本与家族不存在亲属关系的个体，在本人或其血亲与家族成员缔结婚姻关系后，加入家族、成为家族一分子的亲属关系，包括血亲的配偶、配偶的血亲以及配偶血亲的配偶等三种形式。在本研究中，子女关系、兄弟姐妹关系、叔（姑、舅）侄（甥）关系和堂（表）兄弟姐妹关系符合血亲关系的定义；而配偶关系、同代姻亲关系和异代姻亲关系符合姻亲关系的定义。

（三）理论视角

已有研究（于晓东和刘小元，2017）对亲属关系影响家族企业治理的效果进行了系统的归纳和总结，并将其置于基于相关理论之下，如表 3－1 所示。各类亲属关系对家族企业治理的影响可以分为六种，即引发内部冲突、强化沟通协作、助长裙带风气、留存社会情感、增加代理成本以及提供经营资源。其中，引发内部冲突和强化沟通协作可以被置于高层梯队理论的理论框架下进行分析；助长裙带风气和留存社会情感可以被置于社会情感财富理论的理论框架下进行分析；增加代理成本与委托代理理论直接相关；而提供经营资源则与资源基础观的视角有着密切的联系。

表 3－1　亲属关系对于家族企业的影响路径汇总表

理论基础	高层梯队理论		社会情感财富理论		委托代理理论	资源基础观
影响路径	引发内部冲突	强化沟通协作	助长裙带风气	留存社会情感	增加代理成本	提供经营资源
父母子女关系	+	+				
夫妻关系	−	+	+	+	−	
兄弟姐妹关系	+	+		+		
同代姻亲关系	△		+			+
异代姻亲关系			+		+	+
堂表兄弟姐妹关系	+			−	+	+

注：“＋”表示此类亲属关系的存在能够强化该影响效果；“－”表示此类亲属关系的存在能够弱化该影响效果；空白表示类型亲属关系不会基于该角度对家族企业治理产生影响；“△”表示此类亲属关系能够基于该角度对家族企业治理产生影响，但影响的方向存在争议。

三、研究评价

第一，未来研究可以借鉴西方研究成果，开展中国文化情境下的亲属关系研究，推动中西研究的对比与融合。亲属关系影响家族企业治理的问题需要放到特定的文化环境和社会环境中进行分析和思考，相同的问题在不同的情境中可能会有不同的结果或结论。然而，已有研究成果大多是基于西方情境展开，所得出的结论不可避免地带有西方情境的烙印。在中国情境中，各类亲属关系对家族企业治理的影响是否有不同之处？如果有，导致这种不同的内在机理是什么？如何设计适用于中国情境的研究，如何建立中国化的理论体系？能否进行家族企业研究成果的中西对比？这一系列问题还需要未来研究给出明确的答案。同时，中国情境下的研究成果也是丰富世界家族企业研究的重要来源，如何促进中国研究成果的普适化同样值得我们关注。例如，依据费孝通所著《乡土中国》一书的观点，在中国情境中，亲属关系的紧密程度存在着差别和次序，"（亲属关系）像石子投入水中所形成的波纹一样，一圈一圈推出去，愈推愈远，也愈推愈薄"。目前，已有国内学者开始关注亲属关系的远近亲疏对于家族企业治理的影响，但这种"差序化格局理论"的影响力仅限于中国情境之中。因此，如何推动中国学者的研究成果与西方理论体系接轨，是未来研究可以继续深入的方向之一。

第二，未来研究可进一步关注亲属关系的组合，而非单一的某一种亲属关系对于家族企业治理的影响。之前的研究往往关注某一种亲属关系在家族企业中的作用，但实际上，家族企业往往包括多种亲属关系，在不同的组合中，同样的亲属关系也可能对家族企业治理产生不同的影响。换言之，亲属关系之间可能存在交互效应，而这种交互效应是否也是影响家族企业治理的重要原因，需要得到进一步的探索和验证。在此基础上，未来研究还可以进一步关注亲属关系与治理结构的交互效应，即在不同的治理结构下，亲属关系对于公司治理的影响是否存在着差异。例如：当家族成员掌握的股权比例不同时，相同的亲属关系是否会对家族企业治理产生不同影响；或者当 CEO 的家族成员身份不同时，同一种亲属关系是否会产生不同的治理效果。这一系列问题需要未来研究进行进一步探究。

第三，在分析亲属关系对于家族企业治理的影响时，之前的研究多是采用质性研究方法，而未来的研究可以更多地进行定量分析。已有研究往往采用案例研究等质性研究方法，原因主要有以下两个方面：一是相关研究数据不易获取，在西方，为了严守内部秘密，家族企业往往不愿意对外披露企业信息，使得家族企业领域的研究，尤其是亲属关系方面的研究缺乏必要的数据支持；二是缺乏专门化的理论，如前文所述，家族企业领域的已有研究往往采用社会情感财富理论或者委托代理理论作为理论基础，但这两种理论更适用于分析家族企业与非家族企业之间的差别，对于不同类型亲属关系对家族企业治理的影响有何不同，上述两种理论的解释力度有限。但在中国，上市企业中的家族企业比例不断增加，截至2016年年底，有超过30%的上市公司属于家族企业。在招股说明书和董事会决议等材料中，上市公司需要详尽地披露包括亲属关系构成等情况，从而为该领域的研究提供数据支持。同时，国内学者开始逐步关注于包含不同类型亲属关系的家族企业之间的差异，包括本文在内的相关研究成果的丰富有助于推动亲属关系领域理论的发展。因此，未来的研究可以尝试定量研究方法。

参考文献

[1] 贺小刚，连燕玲，李婧，梅琳．(2010)．家族控制中的亲缘效应分析与检验．中国工业经济，(1)，135－146.

[2] 李婧，贺小刚，茆键．(2010)．亲缘关系、创新能力与企业绩效．南开管理评论，13 (3)，117－124.

[3] 王明琳，徐萌娜，王河森．(2014)．利他行为能够降低代理成本吗？——基于家族企业中亲缘利他行为的实证研究．经济研究，(3)，144－157.

[4] 于晓东，刘小元．(2017)．不同类型亲属关系如何影响家族企业治理——基于中外研究的文献回顾与理论归纳．经济管理，(4)，197－210.

[5] 于晓东，刘刚，梁晗．(2018)．家族企业亲属关系组合与高效治理模式研究——基于中国家族上市公司的定性比较分析．中国软科学，(3)，153－165.

[6] 于晓东，李宇萍，王瑞华．(2019)．家族企业为何解雇家族CEO？——基于亲属关系与管理角色视角的定性比较．经济管理，(5)，55－71.

[7] Cadieux, L., Lorrain, J., Hugron, P. (2010). Succession in women-owned family businesses: A case study. *Family Business Review*, 15(1), 17－30.

[8] Danes, S. M., Olson, P. D. (2010). Women's role involvement in family businesses, business tensions, and business success. *Family Business Review*, 16(1), 53－68.

[9] Dyer, W. G., Dyer, W. J., Gardner, R. G. (2013). Should my spouse be my partner? Preliminary evidence from the panel study of income dynamics. *Family Business Review*, 26(1), 68－80.

[10] Farrington, S. M., Venter, E., Boshoff, C. (2012). The role of selected team design elements in successful sibling teams. *Family Business Review*, 25(2), 191－205.

[11] Fitzgerald, M. A., Muske, G. (2010). A panel study of copreneurs in business: Who enters, continues, and exits? *Family Business Review*, 19(3), 193－205.

[12] Gillisdonovan, J., Moynihanbradt, C. (2010). The power of invisible women in the family business. *Family Business Review*, 3(2), 153－167.

[13] Maguire, H. J. (2010). Father-daughter and father-son family business management

transfer comparison: Family FIRO model application. *Family Business Review*, 20(2), 163 – 184.

[14] Santiago, A. L. (2011). The family in family business: case of the in-laws in Philippine businesses research question: Are in-laws working in a family business held to the same standards as blood relatives? *Family Business Review*, 24(4), 343 – 361.

[15] Van Auken, H., Werbel, J. (2010). Family dynamic and family business financial performance: Spousal commitment. *Family Business Review*, 19(1), 49 – 63.

[16] Vera, C. F., Dean, M. A. (2010). An examination of the challenges daughters face in family business succession. *Family Business Review*, 18(4), 321 – 345.

[17] Yu, X., Stanley, L., Li, Y., Eddleston, K. A., Kellermanns, F. W. (2019). The invisible hand of evolutionary psychology: The importance of kinship in first-generation family firms. *Entrepreneurship Theory and Practice*, 1042258719838256.

第二篇

创业管理

第四章

创业情境与创业行为

在过去的几十年里，创业活动在全世界范围内获得了迅猛的发展，但在不同国家和地区之间又存在非常大的差距，而且这种差距随着时间的推进还在不断扩大。显然，创业活动的发展与特定区域的支持性或限制性条件密切相关。针对区域创业活动的既有研究是以创业环境等概念为核心的理论和实证研究，其中有很多研究是在大量的实地调查的基础上完成的。近年来，在这一领域出现了以创业情境为研究对象的全新方向，并且迅速引发了学界的关注。本章内容将对创业本文将对创业情境的概念设定进行回顾，并且着重关注个体创业倾向和企业的战略导向两个主题。

第一节 创业情境

一、方向介绍

创业情境（context）是一个全新的概念，它是指特定区域或范畴的外部条件特征，是与创业活动的产生和发展具有密切关系的系列要素组合。创业情境的概念是来自于组织情境化（contextualizing）的研究潮流的。情境化就是把与研究对象相关的事实、事件、观点整合在一起，形成一个系统的整体（Rousseau 和 Fried，2001）。基于这一出发点，近年来，在创业研究中，针对情境与创业行动的关系，形成了一系列的研究。相比传统的创业环境研究，它提供了一个探究创业行动发生、发展的独特视角。

截至2019年年初，有关创业情境的研究已经非常丰富，且还在不断涌现。

二、文献导读

（一）创业情境的概念与构成

在创业研究领域，“情境”最早是出现在Spiling（1996）以及Aldrich和Martinez（2001）的研究中。不过，他们仍然把创业情境大致等同于创业环境，并没有阐明二者之间的区别。直到2011年，Welter在已有创业情境研究的基础上重新定义了与创业相关的情境概念，并且指出情境是在独立于现象的外部具有促进或制约作用的情形、条件、状况或者环境（circumstances，conditions，situations or environments）。在其界定的情境内涵的基础上，Welter首次系统阐述了情境对于创业活动的重要影响，并且提出了创业情境大概分为商业、社会、空间、制度四个维度。

除了总体性创业情境概念以外，很多学者考察了创业活动所涉及的不同具体情境，如组织情境（organizational context）、伦理情境（ethical context）、商业情境（business context）、社会情境（social context）、（institutional context）、社区情境（community context）等。

（二）创业情境与创业行动

总体来看，虽然创业情境的重要性已经得到了太多数研究的确定，但是在创业情境与创业行动的关系上，仍然没有太多规范的实证研究，大多数是以定性的案例研究作为主要的论证手段。在Spiling（1996）的研究中，他构建了一个创业情境作用于创业活动的分析框架，并且认为创业过程产生于既有的经济社会结构。在这个分框架中，商业结构、社会文化结构、经济周期等共同作用并形成影响创业互动的气候，它们不仅会对潜在的创业者产生影响，而且还会对市场上可能出现的创业机会产生影响，进而最终影响创业行为。

Welter（2011）的研究同样是以定性分析为主，他认为情境在为个人提供创业机会的同时也设定了他们的行为边界。基于文献分析，Welter 所论证的创业情境对于创业活动的影响大致反映在如下几个方面：其一，旧制度解体之后，新的社会文化和传统价值观念的交互作用会鼓励或限制某些类型的创业活动；其二，新的制度规范的建立过程中某些领域可能会制度真空，这种制度真空也可能造就一些新的创业机会；其三，不同层级的创业情境之间会发生交互。如果把政治和经济制度看成较高层级的创业情境，把创业者所面对的商机看作是较低层级的创业情境，那么，高层级与低层级的创业情境之间会产生交互影响，并且对个体行为界定具体的活动空间，正面的交互影响有利于创业机会的发现和创造，而负面的交互影响则会限制创业机会的发现和创造。因此，综合上述不同方面，创业情境对于了解创业何时、如何和为何发生以及谁会实施创业有着重要的意义。

不过，有关具体的制度情境、地理情境、商业情境、社会情境等方面的研究对于创业情境如何作用于创业行动也有充分的借鉴意义。这些研究中既有结合具体的区域进行创业案例研究的，也有针对某一类型情境开展定量分析的，这些都可以进一步深入探讨。

三、研究评价

从现有研究来看，创业情境还是一个全新的概念，相关研究仍有大量的基础性工作要做。

首先，创业情境脱胎于组织研究中的情境概念，但又有自己的特殊性，而且这种特殊性在概念边界和内在构成方面尤其明显。这一方面的现有研究还远远不够。创业活动具有独特的运行规律和成长特征。在其发生、成长的过程中，区域的政治、经济、社会、商业等方面因素的作用不尽相同，创业情境理论的发展还有赖于未来在基础概念层面的积极探索和研究。

其次，正是由于不同元素之间存在复杂的作用关系，因此，创业情境在支持或限制区域创业方面并不是简单、单向、静态、线性的，而是复杂、多向、动态、非线性的。在这一方面，还缺少深入的原理性研究来揭示区域创业活动的发生和成长规律。

最后，创业情境研究总体上还处在理论探索阶段，缺乏充分的实证数据支持。应当注意到，伴随着世界范围内高新技术的不断发展以及经济全球化浪潮的冲击，各国创业活动都呈现出蓬勃发展的趋势，创业情境研究应当善于捕捉来自于创业实践最前沿阵地的信息、数据、案例，用以佐证相关的理论研究成果。从这一点来看，考虑到我国是转型经济和新兴市场经济国家的代表，因此，针对我国的创业情境理论研究和实证分析具有非常重要的意义。

参考文献

[1] 刘小元，林嵩．(2015)．社会情境、职业地位与社会个体的创业倾向．管理评论，27（10），138－149.

[2] 杨俊，张玉利，刘依冉．(2015)．创业认知研究综述与开展中国情境化研究的建议．管理世界，(9)，158－169.

[3] Aldrich, H. E., Martinez, M. A. (2001). Many are called, but few are chosen: An evolutionary perspective for the study of entrepreneurship. *Entrepreneurship Theory and Practice*, 25(4), 41－56.

[4] Autio, E., Kenney, M., Mustar, P., Siegel, D., Wright, M. (2014). Entrepreneurial innovation: The importance of context. *Research Policy*, 43(7), 1097－1108.

[5] Edelman, L., Ylirenko, H. (2010). The impact of environment and entrepreneurial perceptions on venture-creation efforts: Bridging the discovery and creation views of entrepreneurship. *Entrepreneurship Theory & Practice*, 34(5), 833－856.

[6] Gnyawali, D. R., Fogel, D. S. (1994). Environments for entrepreneurship development: Key dimensions and research implications. *Entrepreneurship Theory & Practice*, 18(4), 43－62.

[7] Griffin, M. A. (2007). Specifying organizational contexts: Systematic links between contexts and processes in organizational behavior. *Journal of Organizational Behavior*, 28(7), 859－863.

[8] Hindle, Kevin. (2010). How community context affects entrepreneurial process: A diagnostic framework. *Entrepreneurship & Regional Development*, 22(7－8), 599－647.

[9] Jacobides, M. G., Cennamo, C., Gawer, A. (2018). Towards a theory of ecosystems. *Strategic Management Journal*, 39(1), 2255－2276.

[10] Johns, G. (2006). The essential impact of context on organizational behavior. *Academy of Management Review*, 31(2), 386－408.

[11] Kiss, A. N., Barr, P. S. (2015). New venture strategic adaptation: The interplay of belief structures and industry context. *Strategic Management Journal*, 36(8), 1245－1263.

[12] Morris, M. H., Schindehutte, M., Walton, J., Allen, J. (2002). The ethical context of entrepreneurship: Proposing and testing a developmental framework. *Journal of Business Ethics*, 40(4), 331－361.

[13] Porfírio, J. A., Carrilho, T., Mónico, L. S. (2016). Entrepreneurship in different contexts

in cultural and creative industries. *Journal of Business Research*, 69(11), 5117 - 5123.

[14] Rousseau, D. M., Fried, Y. (2010). Location, location, location: Contextualizing organizational research. *Journal of Organizational Behavior*, 22(1), 1 - 13.

[15] Spigel, B., Harrison, R. (2018). Toward a process theory of entrepreneurial ecosystems. *Strategic Entrepreneurship Journal*, 12(1), 151 - 168.

[16] Spilling, O. R. (1996). The entrepreneurial system: on entrepreneurship in the context of a mega-event. *Journal of Business Research*, 36(1), 91 - 103.

[17] Welter, F. (2011). Contextualizing entrepreneurship-conceptual challenges and ways forward. *Entrepreneurship Theory & Practice*, 35(1), 165 - 184.

[18] Yeganegi, S., Laplume, A. O., Dass, P., Huynh, C. L. (2016). Where do spinouts come from? The role of technology relatedness and institutional context. *Research Policy*, 45(5), 1103 - 1112.

[19] Zahra, S. A. (2007). Contextualizing theory building in entrepreneurship research. *Journal of Business Venturing*, 22(3), 443 - 452.

第二节 创业倾向

一、方向介绍

个体为何选择创业而不是其他职业选择？在过去的研究中，在微观层面对于这一问题的回答主要是以个体的创业倾向核心的研究。自 20 世纪 80 年代开始，有关创业倾向的研究发展非常迅速，并且产生了系列经典的分析模型用于描述个体创业倾向的生成过程。创业倾向是一种能够指引个体对于创业行为的态度、体验和行为，它进而引导个体的目标设定，交流、承诺、组织等工作的意识。创业倾向反映了创业者对于创业行动以及创业情境的基本假设。截至 2019 年年初，有关创业倾向的研究已经非常丰富，其中有代表性的研究如下。

二、文献导读

（一）创业倾向的概念内涵

创业倾向（entrepreneurial intention）是一类特定的倾向。倾向是心理学认知层面的重要概念，反映了个体将要执行某一特定行为的信仰（Krueger，2000）。倾向能够指引个体关注与特定行为有关的目标、路径及方法，并且导致后续行动的发生（Bird，1988）。倾向也可用于分析影响某一行为发生的动机因素，即显示个体在多大程度上愿意开展该行为。因此，已有研究普遍指出倾向是用于预测行为的最佳工具。

创业倾向是有关创办新企业或者在已有的企业内部创造新价值、开发和实施新的商业概念、推进企业高速成长的倾向。创业倾向是创业过程的第一个环节。有关创业的决策非常复杂，是一个错综的心理过程（intricate mental processes）的结果。创业倾向是一种能够指引个体对于创业行为的态度、体验和行为（attention，experience and behavior），进而引导个体的目标设定，交流、承诺、组织等工作的意识。创业倾向反映了创业者对于创业行动以及创业情境的基本假设。

（二）创业倾向的经典模型与延伸研究

自创业倾向研究产生以来，围绕着不同要素对于创业倾向的作用，形成了系列具有代表性的理论模型。

Shapero 和 Sokol（1982）的创业事件模型：Shapero 和 Sokol（1982）的创业事件（entrepreneurial event）模型是创业倾向研究公认的一个理论源头。在 Shapero 和 Sokol（1982）所构建的模型中，个体生活中的一些变化将是创业事件之所以发生的主要原因。其中，这主要包括负面的因素（negative displacement）、离开某处（between things）、正面的鼓励（positive pull）三个方面，三者将会对个体对于创业行为的感知愿望（perception of the desirability）以及感知可行性（perception of feasibility）产生影响，并且最终影响企业创立行为。

Ajzen（1991）的计划行为理论模型：Ajzen（1991）所开发的计划行为理论（theory of planned behavior）模型是创业倾向研究公认的另一个理论源头。Ajzen（1991）确定了在影响创业倾向方面三个最重要的因素，包括：个体对于目标行为的态度（attitudes toward the behavior），即个体在多大程度上认同或反对该行为；个体的主观规范（subjective norms），即个体所感知到的社会对于是否执行该行为的鼓励或反对的压力；个体感知到的对于该行为的控制力（perception of behavioral control），即个体所感知到的对于执行该行为的难易程度。

后续的大量研究已经开始针对不同的社会人群开展创业倾向研究。虽然这些研究总体上都将经典的计划行为理论模型或行为事件模型作为理论源头，但是他们所开发的理论模型或理论框架中，已经加入了很多不同于传统模型的要素，因此其呈现出来的各要素之间的结构性关系与传统模型差异很大。

三、研究评价

从现有创业倾向研究的回顾可以看出，这一领域的研究始终处于创业研究的前沿位置，在其不断发展成熟的同时，也在孕育新的发展方向。尽管如此，从现有研究进展来看，还存在如下几个方面的不足之处。

首先，创业倾向研究的研究线索还未能统一，总体趋于分散。绝大部分研究在承认创业倾向事件模型和计划行为理论模型作为理论根源的同时，其研究边界在不断扩展。越来越多的元素被纳入到以创业倾向为核心的模型中，这在很大程度上丰富了创业倾向研究的内核。与此同时，创业倾向研究的核心线索也趋于分散。可以说，作为未来的研究中，能否找到一个既保留传统创业事件模型和计划行为理论模型的核心要素和建构思想，又能容纳更多要素、过程、机理的模型和理论至关重要。

其次，绝大部分研究所设定的影响创业倾向的因素还是以个体层面的因素为主，缺乏在更大范围内以及更宏观视角上的要素和影响机制。实施创业活动是个人层面的决策。个体层面的因素当然起到了重要的支持或限制作用。尽管如此，考虑到创业活动需要多元化的资源，与创业活动相关的各类组织、各类人员都会对创业活动产生影响，他们的正面或负面的作用将会显著提升或阻碍创业活动的进程。因此，这一方面应当是将来的创业倾向研究所重点开发的方向。

最后，绝大部分实证研究所使用的样本都是高校学生，缺乏对更大范围内的不同人群的实证研究。目前，在最新的一些文献中已经开始针对学生以外的人群进行实证研究，但数量还远远不足，还不能够支撑一个较有普遍性的创业倾向理论的开发。

参考文献

[1] 林嵩，刘青，李培馨．(2016)．拆迁事件会提升农民的创业倾向吗？基于289个样本的实证研究．管理评论，28 (12)，63 – 74.

[2] Ajzen, I. (1991). Theory of planned behavior. *Organizational Behavior and Human Decision Processes*, 50(2), 179 – 211.

[3] Bird, B. (1988). Implementing entrepreneurial ideas: The case for intention. *Academy of Management Review*, 13(3), 442 – 453.

[4] Bird, B., Jelinek, M. (1988). The operation of entrepreneurial intentions. *Entrepreneurship Theory & Practice*, 13(2), 21 – 29.

[5] Bogatyreva, K., Edelman, L. F., Manolova, T. S., Osiyevskyy, O., Shirokova, G. (2019). When do entrepreneurial intentions lead to actions? The role of national culture. *Journal of Business Research*, 96(2), 309 – 321.

[6] Hsu, D. K., Burmeister-Lamp, K., Simmons, S. A., Maw-Der Foo., Hong, M. C., Pipes, J. D. (2019). "I know I can, but I don't fit": Perceived fit, self-efficacy, and entrepreneurial intention. *Journal of Business Venturing*, 34(2), 311 – 326.

[7] Krueger, N. F. (2000). The cognitive infrastructure of opportunity emergence. *Entrepreneurship Theory & Practice*, 25(3), 185 – 206.

[8] Kruegerjr, N. F., Reilly, M. D., Carsrud, A. L. (2000). Competing models of entrepreneurial intentions. *Journal of Business Venturing*, 15(5), 411 – 432.

[9] Lee, L., Wong, P. K., Foo, M. D., Leung, A. (2011). Entrepreneurial intentions: The influence of organizational and individual factors. *Journal of Business Venturing*, 26(1), 124 – 136.

[10] Lee, S. H., Wong, P. K. (2004). An exploratory study of technopreneurial intentions: A career anchor perspective. *Journal of Business Venturing*, 19(1), 7 – 28.

[11] Liáán, F., Chen, Y. W. (2010). Development and cross-cultural application of a specific instrument to measure entrepreneurial intentions. *Entrepreneurship Theory & Practice*, 33 (3), 593 – 617.

[12] Mcmullen, J. S., Shepherd, D. A. (2006). Entrepreneurial action and the role of uncer-

tainty in the theory of the entrepreneur. *Academy of Management Review*, 31(1), 132 - 152.

[13] Nowiński, W., Haddoud, M. Y. (2019). The role of inspiring role models in enhancing entrepreneurial intention. *Journal of Business Research*, 96(March), 183 - 193.

[14] Obschonka, M., Silbereisen, R. K., Schmitt-Rodermund, E. (2010). Entrepreneurial intention as developmental outcome. *Journal of Vocational Behavior*, 77(1), 63 - 72.

[15] Shapero, A., Sokol, L. (1982). The social dimensions of entrepreneurship. In C. A. Kent, D. L. Sexton & K. H. Vesper, (Eds.), *The Encyclopedia of Entrepreneurship*. Englewood Cliffs, NJ: Prentice-Hall.

[16] Souitaris, V., Zerbinati, S., Al-Laham, A. (2007). Do entrepreneurship programmes raise entrepreneurial intention of science and engineering students? The effect of learning, inspiration and resources. *Journal of Business Venturing*, 22(4), 566 - 591.

[17] Zhao, H., Seibert, S. E., Hills, G. E. (2005). The mediating role of self-efficacy in the development of entrepreneurial intentions. *Journal of Applied Psychology*, 90(1), 267 - 296.

第三节 企业战略导向

一、方向介绍

战略导向决定了企业资源和能力的配置方向及使用方式，影响企业的整体行动，被广泛认为是企业绩效的一个强有力的预测因素。因此战略导向成为战略、营销、创业等研究领域的一个热点。在创业行动的推进中，战略导向是研究组织层面的行动特征和绩效的重要窗口。战略导向的产生和发展，同样受到了创业情境的影响。因此，在本节我们将重点介绍创业行动的战略导向和创业情境的关系。虽然战略导向的概念本身发展历史已经比较长，但是这一领域始终在产生新的研究话题，在国内外顶级的战略或创业期刊上，也常常能够看到战略导向的研究文献。目前，代表性的战略导向文献如下所示。

二、文献导读

（一）战略导向的概念构成

战略导向是指导和影响企业活动、产生能确保企业生存和绩效的行为的原则，是企业能力的一种独特配置，也是企业获得持续绩效所采取的战略行动，它反映了管理者对环境的感知，可帮助企业适应和塑造环境。现有文献中不同的学者对战略导向的认识不一，这一战略的维度设计也出现了很多不同的说法。例如，Venireman（1989）提出战略导向的六个维度，即积极进取、分析、防御性、未来方向、前摄性和冒险性。Schuler 和 Jackson（1987）将战略导向分为成本导向型战略、创新导向型战略和质量导向型战略。Miles 和 Snow（1978）则把战略导向分为探勘者、分析者、反应者、防御者四类。

目前，还有大量的研究从创业导向、市场导向、技术导向和学习导向等具体的导向来研究组织的战略导向。其中，创业导向是一种强调冒险、改革、创新和企业竞争的指导原则，反映了企业强调识别和抓住市场机会、在环境中主动和冒险的程度；市场导向是一种强调关注顾客和市场的指导原则，反映了企业关注顾客满意和为顾客创造卓越价值的程度；技术导向是一种强调技术在产品设计、生产、运营中应用的指导原则，反映了企业强调获取和在新产品中应用复杂技术的程度；学习导向是一种强调企业通过展示对学习的强烈承诺、开放的思想和共同的愿景来产生和使用市场信息的能力的指导原则。总体而言，不同的战略导向直接影响到企业资源的分配决策并最终对企业绩效产生影响。

（二）战略导向与创业情境

现有一些研究发现，新创企业可以通过对战略导向的灵活规划和实施来适应环境的变化，积极应对环境不确定性带来的挑战，进而确保企业的生存和发展。换而言之，在不同的创业情境中，战略导向（以及各类不同的导向）的作用并不是固定的。受制于这些情境要素的影响，战略导向的影响可以产生各种各样的效果。

新创企业的社会网络。创业企业的社会网络能够为新创企业提供信息获取渠道、金融资本以及情感支持，进而帮助新创企业更好地实施创业导向来促进企业绩效的提高（Stam 和 Elfring，2008）。不过，社会网络的维护需要耗费一定的成本，一旦这些成本超过了由社会网络带来的资源，将不利于新创企业创业导向的实施，进而损害新创企业的绩效。

新创企业的年龄。新创企业通常没有规则的战略决策的方式、缺乏成熟的业务流程、市场知识以及成熟的组织规范，这使得新创企业缺乏将战略付诸实施并获得效果的能力。因此在创业初期，创业导向并不能很好地促进企业绩效的提升。此外，创业导向对企业绩效的潜在影响往往不是立即显现的，可能需要几年时间才能显现出来（McGee 和 Peterson，2017）。这样，创业初期，创业导向对企业绩效的提升有限。随着时间的增长，创业导向对新创企业绩效的提升逐渐增强。

新创企业的合法性。合法性通过获得利益相关者的认可和支持来为企业获得实施创业导向的资源和能力，帮助新创企业更好地开展创业导向，进而促进企业绩效的提高（Wang 等，2017）。这样，在高认知、规范和规制合法性情境下，创业企业的创业导向与企业绩效间的正向关系更强。相反，在合法性较低的情境下，创业导向的实施由于缺乏资源而并不充分，进而不利于企业绩效的提高。

新创企业的外部竞争强度。相较于市场上的成熟企业，新创企业对市场的熟悉度较低，其行为结果的不确定性较高。竞争的增加将进一步降低新创企业对市场的熟悉度，增加企业行为结果的不确定性（Martin 等，2016）。这样，在竞争强度比较高的时候，新创企业将会加大对市场探索、创新以适应激烈的竞争环境，以求企业绩效的提高。

三、研究评价

总体而言，关于战略导向的研究主要关注战略导向与新创企业绩效关系。不过，在不同的创业情境下，二者的关系的强度是不同的。虽然已有一些研究探讨了不同创业情境下，战略导向可能更加有效，但总体数量有限，并没有形成系统成熟的研究体系。此外，有研究指出二者的关系可能并不是线性的（Su 等，2011）。鉴于此，未来应该从不同的视角发掘可能影响二者关系的因素，丰富现有研究。

现有创业领域关于战略导向的研究主要强调了创业导向对新创企业绩效的重要作用，

很少涉及其他战略导向对新创企业的重要作用。不同的战略导向在创业过程中的作用是不同的，并且各个战略类型间也不是互相排斥的。不同的战略导向，如创业、市场和技术导向拥有探索型和分析型企业的一些共同的特质，它们的结合能为企业提供有价值的、独特的、难以被模仿的资源，能为企业带来比单一战略更多的战略优势，形成更为持久的企业竞争力。因而，未来应更多地关注其他战略导向以及这些战略导向的结合对新创企业的影响。

另外，现有创业领域关于战略导向的实证研究多采用横截面数据，缺乏更多时间点的追踪数据，很难反映新创企业战略导向的发展变化。未来应从更长的时间维度来探测战略导向在创业企业整个创业阶段的作用和影响。

参考文献

[1] Covin, J. G., Slevin, D. P. (1989). Strategic management of small firms in hostile and benign environments. *Strategic Management Journal*, 10(1), 75 – 87.

[2] Deutscher, F., Zapkau, F. B., Schwens C., Baumc, M., Kabst, R. (2016). Strategic orientations and performance: A configurational perspective. *Journal of Business Research*, 69(2), 849 – 861.

[3] Gatignon, H., Xuereb, J. M. (1997). Strategic orientation of the firm and new product performance. *Journal of Marketing Research*, 34(1), 77 – 90.

[4] Hakala, H. (2011). Strategic orientations in management literature: Three approaches to understanding the interaction between market, technology, entrepreneurial and learning orientations. *International Journal of Management Reviews*, 13(2), 199 – 217.

[5] Hitt, M. A., Dacin, M. T., Levitas, E., Arregle, J., Borza, A. (2000). Partner selection in emerging and developed market contexts: Resource-based and organizational learning perspectives. *Academy of Management Journal*, 43(3), 449 – 467.

[6] Kohli, A. K., Jaworski, B. J. (1990). Market orientation: The construct, research propositions, and managerial implications. *The Journal of Marketing*, 54(2), 1 – 18.

[7] Lin, S., Li, J. (2017). Strategic orientation and performance of new ventures: Empirical studies based on entrepreneurial activities in china. *International Entrepreneurship and Management Journal*, 13(4), 989 – 1012.

[8] Martin, S. L., Javalgi, R. G. (2015). Entrepreneurial orientation, marketing capabilities and performance: The moderating role of competitive intensity on Latin American international new ventures. *Journal of Business Research*, 69(6), 2040 – 2051.

[9] Mcgee, J. E., Peterson, M. (2017). The long-term impact of entrepreneurial self-efficacy

and entrepreneurial orientation on venture performance. *Journal of Small Business Management*. doi:10. 1111/jsbm. 12324.

[10] Miles, R. E., Snow, C. C., Meyer, A. D., Coleman, H. J. (1978). Organizational strategy, structure, and process. *Academy of Management Review*, 3(3), 546 – 562.

[11] Narver, J. C., Slater, S. F. (1990). The effect of a market orientation on business profitability. *Journal of Marketing*, 54(4), 20 – 35.

[12] Schuler, R. S., Jackson, S. E. (1987). Linking competitive strategies with human resource management practices. *Academy of Management Executive*, 1(3), 207 – 219.

[13] Sinkula, J. M., Baker, W. E., Noordewier, T. (1997). A framework for market-based organizational learning: Linking values, knowledge, and behavior. *Journal of the Academy of Marketing Science*, 25(4), 305 – 318.

[14] Stam, W., Elfring, T. (2008). Entrepreneurial orientation and new venture performance: the moderating role of intra-and extraindustry social capital. *Academy of Management Journal*, 51(1), 97 – 111.

[15] Su, Z., Xie, E., Li, Y. (2011). Entrepreneurial orientation and firm performance in new ventures and established firms. *Journal of Small Business Management*, 49(4), 558 – 577.

[16] Su, Z., Xie, E., Wang, D. (2015). Entrepreneurial orientation, managerial networking, and new venture performance in china. *Journal of Small Business Management*, 53(1), 228 – 248.

[17] Venkatraman, N. (1989). Strategic orientation of business enterprises: The construct, dimensionality, and measurement. *Management Science*, 35(8), 942 – 962.

[18] Wang, T., Thornhill, S., De Castro, J. O. (2017). Entrepreneurial orientation, legitimation, and new venture performance. *Strategic Entrepreneurship Journal*, 11(4), 373 – 392.

[19] Zhou, K. Z., Tse, Y. D. K. (2005). The effects of strategic orientations on technology-and market-based breakthrough innovations. *Journal of Marketing*, 69(2), 42 – 60.

第五章

创业的负面因素研究

一般研究认为，创业活动具有积极的一面，它不仅能够为创业者带来丰富的回报，而且还能够满足创业者自我实现的需要。大多数媒体也愿意关注创业者的正面效应。然而，不可忽视的是，创业者也有消极一面。创业行动本身是高失败率的。能够成功的创业者比例非常低。在创业行动的推进过程中，高度的压力常常使得创业者面临巨大的身心挑战。近年来，有关创业的负面因素已经成为创业研究的一个新的热点，出现了大量的定性和定量研究。本章内容将主要针对创业失败、创业者的压力与负面情绪、创业者健康问题三方面进行回顾。

第一节　创业失败

一、方向介绍

创业活动的风险和不确定性很高，创业失败非常常见（Knott 和 Posen，2005；Lee 等，2011）。一项美国人口统计局的调查指出 34% 的企业在创立前两年失败，50% 的企业存活时间不超过 4 年，60% 的企业不超过 6 年。不过，传统的创业研究大多关注创业成功的个体与组织，创业失败的研究相对较少。这一点在近年来发生了变化。特别是进入 20 世纪之后，以企业失败或创业失败为核心的研究话题激发了学者们的高度兴趣，成为组织和管理领域的研究热点（Shepherd，2003）。在国际主流管理期刊上不断出现与创业失败的发生原因、呈现特征，以及创业者对于失败的情绪反应等课题相关的文献。这表明，创业失败研究正在成为组织和管理研究的新的热点，并且将孕育丰富的研究机会。

二、文献导读

（一）创业失败的概念与构成

就概念定义本身而言，失败（failure）的定义是最宽泛的，失败泛指未达到预期目标的一种状况（Cannon 和 Edmondson，2001），失败主体执行承受风险的行为，但是只带来负面产出，它包含了项目失败、创新失败、产品失败，甚至个人层面的失败等。企业失败（business failure）则是近年来失败研究的重点，它从概念上将失败聚焦于企业层面，指的是企业无法在市场上生存，并且产生了企业所有权和管理层的变化。

值得注意的是，大量冠以企业失败之名的研究实际上关注的是新创企业的失败，而不是一般企业的失败（Shepherd，2009）。与此同时，在创业领域，出现一批直接以创业失败（entrepreneurial failure）为关键词的研究。创业失败不仅包含经济方面的因素，如破产和清算，同时也包含其他方面的因素，如与创业者本人相关的棘手问题。不过如同企业失败研究一样，大部分研究往往将失败的定义作为概念论证的中心，并没有对创业失败进行定义上的范围和内涵界定（McGrath，1999；Lee 等，2007；Cardon 等，2011）。

（二）创业失败的研究议题

创业失败的原因：导致创业活动失败的因素很多，在过去的研究中，大量研究考察了不同的因素对于创业失败的影响，这些因素包括创业者自身因素、性别差异、地理位置、企业融资、社会网络、劳动成本、生活方式、政府因素等。目前，在这方面的研究中，一些学者们开始引入归因理论（attribution theory）用于创业失败原因分析。Cardon 等（2011）对创业失败原因进行了较为系统的总结：创业失败可能由创业者的个体失误（mistakes）或外部难以控制的不幸（misfortune）所引起，在此基础上，他们进一步构建了创业失败原因和失败后续影响的逻辑框架，这一框架具有很强的探索性。

1. 从创业失败中学习

在相对早期的研究中，失败被认为是应当积极避免的，因为它耗费成本、令人不快，并且产生挫败和衰落的恶性循环（McGrath，1999），不过近期的研究已经认识到创业失败有可能是有价值的，因为它是开发技能和知识的重要资源，为创业者提供了学习和提升自身创业能力的机会。从创业失败中产生的学习将会比它对社会造成的成本更有价值。因此，失败经历可以激励个体对自身的缺点进行界定，从而实现自我界定的目标。当个体能够使用有关为何创业失败的可用信息来更新现有知识以更有效管理企业时，从失败中学习就发生了。

2. 创业失败与连续创业

创业失败本身可能意味着新的机会，或是新产业的诞生（Mitchell 等，2008）。创业者的失败经历反映了追求的目标和实际成就的差距，这将会激励创业者再次创业以实现更好的绩效（Shepherd，2003）。不过，在后续创业的业绩方面，现有的实证研究结果与之前研究（尤其是失败学习研究）所强调的创业失败积极影响不一致。一些研究并没有发现拥有之前失败经历的创业者的业绩并没有比那些没有创业经历的人更优，之前失败过的创业者可能会归因于外部的环境，因而在后续的创业行动中改变所选择的行业，不过这种变化使得他们之前的经验失效，从而没有体现出对于绩效的正面影响，不过这些创业者并不会改变他们的战略、决策模式和计划模式。

三、研究评价

可以看到，创业失败研究总体上处于起步阶段，还有很多研究机会供学者们探索。

首先，创业失败的概念界定还存在争议——创业失败的定义很难产生共识，而且失败的定义依赖于学者们可获得的数据（Watson 和 Everett，1996）。这些研究是建立创业失败和后续创业活动之间联系的基础，它们的不确定性造成了创业失败应对和连续创业研究的基本概念和基本前提不够明确，从而影响到了进一步的理论开发。

其次，创业失败的原因、从失败学习、连续创业行为刚刚兴起，理论和实证分析都非常不足，尚未建立起一个较公认的研究框架。这就导致了创业失败和后续创业研究的直接支撑不足，难以形成可借鉴的理论基础。

最后，与创业失败相关的数据较为匮乏也是目前相关研究较少的原因。Ucbasaran 等（2013）认为由于创业失败的影响既复杂又充满矛盾，在创业失败对于后续创业行为的影响研究上需要包含很多创业者的长时间的纵向面板数据。这对现有创业研究提出了较大挑战——可以看到现有的研究大都是基于案例或公开资料的定性研究。

参考文献

[1] Baù, M., Sieger, P., Eddleston, K. A., Chirico, F. (2017). Fail but try again? The effects of age, gender, and multiple-owner experience on failed entrepreneurs' reentry. *Entrepreneurship Theory & Practice*, 41(6), 909 – 941.

[2] Boso, N., Adeleye, I., Donbesuur, F., Gyensare, M. (2019). Do entrepreneurs always benefit from business failure experience? *Journal of Business Research*, 98, 370 – 379.

[3] Brunstein, J. C., Gollwitzer, P. M. (1996). Effects of failure on subsequent performance: The importance of self-defining goals. *Journal of Personality & Social Psychology*, 70(2), 395 – 407.

[4] Cannon, M. D., Edmondson, A. C. (2010). Confronting failure: Antecedents and consequences of shared beliefs about failure in organizational work groups. *Journal of Organizational Behavior*, 22(2), 161 – 177.

[5] Cardon, M. S., Stevens, C. E., Potter, D. R. (2011). Misfortunes or mistakes? Cultural sensemaking of entrepreneurial failure. *Journal of Business Venturing*, 26(1), 79 – 92.

[6] Cope, J. (2011). Entrepreneurial learning from failure: An interpretative phenomenological analysis. *Journal of Business Venturing*, 26(6), 604 – 623.

[7] Eggers, J. P., Song, L. (2015). Dealing with failure: Serial entrepreneurs and the costs of changing industries between ventures. *Academy of Management Journal*, 58(6), 1785 – 1803.

[8] Jenkins, A. S., Wiklund, J., Brundin, E. (2014). Individual responses to firm failure: appraisals, grief, and the influence of prior failure experience. *Journal of Business Venturing*, 29(1), 17 – 33.

[9] Knott, A. M., Posen, H. E. (2005). Is failure good? *Strategic Management Journal*, 26(7), 617 – 641.

[10] Lee, S. H., Peng, M. W., Barney, J. B. (2007). Bankruptcy law and entrepreneurship development: A real options perspective. *Academy of Management Review*, 32(1), 257 – 272.

[11] Lee, S. H., Yamakawa, Y., Peng, M. W., Barney, J. B. (2011). How do bankruptcy laws affect entrepreneurship development around the world? *Journal of Business Venturing*, 26(5), 505 – 520.

[12] Lin, S., Wang, S. (2019). How does the age of serial entrepreneurs influence their re-venture speed after a business failure? *Small Business Economics*, 52(3), 651-666.

[13] Mcgrath, R. G. (1999). Falling forward: Real options reasoning and entrepreneurial failure. *Academy of Management Review*, 24(1), 13-30.

[14] Minniti, M., Bygrave, W. (2001). A dynamic model of entrepreneurial learning. *Entrepreneurship Theory and Practice*, 25(3), 5-16.

[15] Mitchell, R. K., Mitchell, J. R., Smith, J. B. (2008). Inside opportunity formation: Enterprise failure, cognition, and the creation of opportunities. *Strategic Entrepreneurship Journal*, 2(3), 225-242.

[16] Shepherd, D. A. (2003). Learning from business failure: Propositions of grief recovery for the self-employed. *Academy of Management Review*, 28(2), 318-328.

[17] Shepherd, D. A., Haynie, J. M. (2011). Venture failure, stigma, and impression management: A self-verification, self-determination view. *Strategic Entrepreneurship Journal*, 25(2), 178-197.

[18] Shepherd, D. A., Wiklund, J., Haynie, J. M. (2009). Moving forward: Balancing the financial and emotional costs of business failure. *Journal of Business Venturing*, 24(2), 134-148.

[19] Ucbasaran, D., Shepherd, D. A., Lockett, A., Lyon, S. J. (2013). Life after business failure the process and consequences of business failure for entrepreneurs. *Journal of Management*, 39(1), 163-202.

[20] Yamakawa, Y., Peng, M. W., Deeds, D. L. (2013). Rising from the ashes: Cognitive determinants of venture growth after entrepreneurial failure. *Entrepreneurship Theory and Practice*, 39(2), 209-236.

第二节　创业者的压力与负面情绪

一、方向介绍

创业者的压力与负面情绪其实都是创业者的心理状况的体现。创业行动本身伴随着巨大的不确定性，初次创业的个体往往面临着新生者的劣势（liability of newness），这进而削弱了创业行动的合法性。在创业行动的开展过程中，创业者每时每刻都面临着巨大的压力，这种压力来自外部的竞争环境，也来自组织内部的协调和整合工作。创业者的压力还会衍生出不同的负面情绪，诸如窘迫、悲痛、失望等情绪也会主导创业者的心智模型。近年来，随着创业研究的不断深入，已经有大量研究开始关注创业者的压力和负面情绪问题，并且融入了大量心理学的研究范式。截至 2019 年年初，有关创业者的压力与负面情绪的研究已经非常丰富，其中有代表性的研究如下。

二、文献导读

（一）创业者压力研究

压力（stress）是指个体对于环境的认知，它通常发生于对环境的要求超过了个体资源，并且被个体认定为包含危害、威胁、挑战时（Lazarus，1990）。在压力方面的研究相对来说是最为充分的。

一些研究认为创业者感受到更高的压力，与此同时，他们也指出了创业者压力的来源。最早的创业研究倾向于将创业者和管理者作比较，认为创业者常常带有更强烈的角色模糊（role ambiguity），而管理者则更多地关注角色矛盾（role conflict），总体来看，创业者比起管理者显示出更高的压力和更低的工作满意度。近期的研究则认为创业者的压力主要来自创业行动本身。Uy 等（2013）的研究认为创业行动的压力来自于创业行动的风险、收入和产出的不确定性、密集的工作投入、漫长的工作时间，以及相当规模的责任。Cardon 和 Patel（2015）认为创业者的压力并不一定是因为创业者的工作负担，更多是因为他们的决策的重要性、创业任务的属性以及他们所面临的多样化的工作处境以及他们必须承担的责任。

但是也有一些研究认为创业者和非创业者在压力方面没有区别，甚至认为创业者的压力更小。早期研究认为创业者可以享受到更为心仪的工作环境（job setting），他们并没有明显的压力或者心理健康方面的差异。也有一些学者认为创业者拥有更多的自治权（autonomy），工作更有弹性，具有更高的工作满意度，从而工作压力更轻。Hessels 等（2016）同样认为创业者比起雇员来说更能掌控自己的工作，具备更多的工作自由度，因此具备更少的工作压力。Baron 等（2016）则认为被创业吸引，并且坚持实施创业行动的个体本身就具备容忍和管理压力的能力（如果这方面的能力不足就会很快放弃创业），因此创业者自然会显示出更少的压力。

（二）创业者的负面情绪

情绪（emotion）是与认知或意志不同的心理感觉或感情，是个体对于客观事物或事态的裁定，因而是个体行为的原因之一。有关创业行动所造成的负面情绪的研究相对较少，而且结论也并不一致。Shepherd 等（2009）指出创业者通常将企业看成他们自身和人格的一个延伸（extension），因此，往往会将企业的经营效果看成自己责任所在——当个人的决策产生了负面的产出时，就会带来负面情绪。Shepherd（2015）则指出在创业任务的进展不利的时候，创业者就会产生负面情绪，这种情绪会降低创业者的注意力范围，并且损失认知的弹性和创造力，陷入孤独的境地。Patzelt 和 Shepherd（2011）认为创业者通常需要承担高度的风险、收入和工作的不确定性、工作的大量投入、决策的自主权，这些因素都会带来大量的负面情绪，如害怕、焦虑、孤独、精神紧张等。不过在他们的调查数据中却显示创业者比起雇员来说压力更轻。

还有一些研究关注了具体的负面情绪。值得注意的是，这些研究都是与创业失败相关的。在 Shepherd（2003）的研究中提到，创业失败的后果就是使得创业者形成罪恶（guilt）、耻辱（shame）、窘迫（embarrassment）、自我归咎（self-blame）等负面情绪，他进一步集中研究了创业者感受到的悲痛（grief）情绪，认为它会阻碍创业者从失败事件中学习。这一点在 Mantere 等（2013）的研究中进一步得到确认，他们认为从失败或损失中产生的悲痛是一种持续存在的情绪状态，其中还包括了悲伤（sadness）、失望（disappointment）、罪恶（guilt）、耻辱（shame）等不同的情绪。Ucbasaran 等（2013）的研究进一步扩展了与创业失败相关的系列负面情绪，它们包括了痛苦（pain）、懊悔（remorse）、耻辱（shame）、丢脸（humiliation）、愤怒（anger）、罪恶（guilt）、责备（blame）、害怕（fear）等。

三、研究评价

首先，关于创业行动的压力、负面情绪的研究有很多不一致的结论。这说明在这些领域的研究还处于非常基础的阶段，还需要进一步深入分析，特别是在理论和机制方面的研究。很显然，创业活动是一个过程，在创立阶段和成长阶段乃至部分企业失败或退出阶段，创业者的压力显然存在很大不同，所衍生的情绪也有很大差异。缺乏对创业者存在情境的关注，只是笼统地比较创业者和非创业者显然很难得到有说服力的结论。因此，未来的研究中，为了更为系统、整体地研究这些问题，有必要界定和区分不同的创业过程，就不同阶段和不同情境下创业者的压力和情绪状况开展深入研究。

其次，对于创业者压力和负面情绪的研究是心理学和创业学的交叉领域。这一领域非常具有吸引力，但是各个方面都处于起步阶段。特别是在研究范式上，心理学已经具有很成熟的实证范式，但是在创业领域的应用还非常少。创业者压力和负面情绪研究可以成为这一方向的探索者。应当积极借鉴心理学上的实验、跨层次分析、路径分析等多样方法来研究创业者的压力和情绪问题，从而获得更丰富的研究成果。

参考文献

[1] Andreas, R., Matthias, F., Isabella, H. (2018). Stress processes: An essential ingredient in the entrepreneurial process. *Academy of Management Perspectives*, 32(3), 340 – 357.

[2] Baron, R. A., Franklin, R. J., Hmieleski, K. M. (2016). Why entrepreneurs often experience low, not high, levels of stress: The joint effects of selection and psychological capital. *Journal of management*, 42(3), 742 – 768.

[3] Boyd, D. P., Gumpert, D. E. (1983). Coping with entrepreneurial stress. *Harvard Business Review*, 61(2), 44 – 52.

[4] Cardon, M. S., Patel, P. C. (2015). Is stress worth it? Stress-related health and wealth trade-offs for entrepreneurs. *Applied Psychology*, 64(2), 379 – 420.

[5] Doern, R., Goss, D. (2014). The role of negative emotions in the social processes of entrepreneurship: Power rituals and shame-related appeasement behaviors. *Entrepreneurship Theory & Practice*, 38(4), 863 – 890.

[6] He, V. F., Sirén, C., Singh, S., Solomon, G., Krogh, G. V. (2017). Keep calm and carry on: Emotion regulation in entrepreneurs' learning from failure. *Entrepreneurship Theory & Practice*, 42(4), 605 – 630.

[7] Hessels, J., Rietveld, C. A., Zwan, P. V. D. (2017). Self-employment and work-related stress: The mediating role of job control and job demand. *Journal of Business Venturing*, 32(2), 178 – 196.

[8] Lazarus, R. S. (1990). Theory-based stress measurement. *Psychological inquiry*, 1(1), 3 – 13.

[9] Mantere, S., Aula, P., Schildt, H., Vaara, E. (2013). Narrative attributions of entrepreneurial failure. *Journal of Business Venturing*, 28(4), 459 – 473.

[10] Ozcelik, H. (2006). Book review: Emotions at work: theory, research and applications for management. *International Journal of Work Organisation Emotion*, 1(4), 399 – 401.

[11] Parasuraman, S., Simmers, C. A. (2001). Type of employment, work-family conflict and well-being: A comparative study. *Journal of Organizational Behavior*, 22(5), 551 – 568.

[12] Patzelt, H., Shepherd, D. A. (2011). Negative emotions of an entrepreneurial career: Self-employment and regulatory coping behaviors. *Journal of business venturing*, 26(2), 226 – 238.

[13] Podoynitsyna, K., Bij, H. V. D., Song, M. (2012). The role of mixed emotions in the risk perception of novice and serial entrepreneurs. *Entrepreneurship Theory & Practice*, 36(1), 115 – 140.

[14] Shepherd, D. A. (2003). Learning from business failure: Propositions of grief recovery for the self-employed. *Academy of management Review*, 28(2), 318 – 328.

[15] Shepherd, D. A. (2009). Grief recovery from the loss of a family business: A multi-and meso-level theory. *Journal of Business Venturing*, 24(1), 81 – 97.

[16] Shepherd, D. A. (2015). Party on! A call for entrepreneurship research that is more interactive, activity based, cognitively hot, compassionate, and prosocial. *Journal of Business Venturing*, 30(4), 489 – 507.

[17] Tobias, K., Christoph, S., Kensbock, J. M. (2018). I cant get no sleep—The differential impact of entrepreneurial stressors on work-home interference and insomnia among experienced versus novice entrepreneurs *Journal of Business Venturing*. https://doi.org/10.1016/j.jbusvent.2018.08.001.

[18] Ucbasaran, D., Shepherd, D. A., Lockett, A., Lyon, S. J. (2013). Life after business failure: The process and consequences of business failure for entrepreneurs. *Journal of Management*, 39(1), 163 – 202.

[19] Uy, M. A., Foo, M. D., Song, Z. (2013). Joint effects of prior start-up experience and coping strategies on entrepreneurs' psychological well-being. *Journal of business venturing*, 28(5), 583 – 597.

[20] Wincent, J., Örtqvist, D., Drnovsek, M. (2008). The entrepreneur's role stressors and proclivity for a venture withdrawal. *Scandinavian Journal of Management*, 24(3), 232 – 246.

第三节　创业者健康

一、方向介绍

2016 年 10 月，在有望上市的前夕，春雨医生创始人张锐因突发心肌梗塞而猝然离世。2017 年 2 月，途牛旅游网预订中心副总经理李波同样因心肌梗塞离世。2018 年 1 月 16 日，前迅游高管冒朝华突发脑溢血去世，年仅 38 岁；同年 1 月 18 日，维信科技董事长黄国斌因故去世，年仅 32 岁。长期以来，大多数的媒体宣传围绕着马云、马化腾等积极正面的创业榜样。但实际上创业者面临着巨大的健康问题。有关创业者的不良健康状况，已经得到了部分学者的关注。学者们认为对于创业者的不良健康状况的研究可以有助于理解创业者在不确定性下追逐机会的行为，因此，具有很强的潜在价值（McMullen 和 Shepherd，2006）。不过，现有的关于创业者的不良健康状态的研究还处于起步阶段，还需要大量的学者的共同参与和努力。

截至 2019 年初，有关创业者的压力与负面情绪的研究已经达到一定规模，其中有代表性的研究如下。

二、文献导读

（一）创业者健康研究进展

有很多研究认为创业者的健康问题非常糟糕。一项早期的研究显示受调查的创业者中 55%—65% 平均一周有一次背部问题、消化不良或头痛。Lewin-Epstein 和 Yuchtman - Yaar（1991）认为尽管存在自治权（autonomy）和自我引导（self-direction），创业者仍然被不确定性、市场波动、资产损失的威胁所影响，将会带来压力和对于健康的负面影响。Prottas 和 Thompson（2006）提出创业者由于巨大的工作压力，相对于组织雇员会感受到更高的压力以及更恶劣的健康状况。Rietveld 等（2015）的研究也显示创业经历对于创业者来说对健康是有害的。

不过也有一些研究提供了相反的证据。在比较早期的研究中，Chay（1993）认为虽然创业者被认为常常抱怨健康方面的问题，但是他们实际上认为自己是健康的，因为他们的心理或社交方面的支持，前者是指诸如意志力这样的特质，后者则是创业者的网络关系的支持。Andersson（2008）的研究显示创业者不大可能陷入造成心理紧张的工作，因此，在创业者和雇员之间在心理和物理健康方面没有明显区别。Stephan 和 Roesler（2010）认为创业者拥有所谓的积极工作，这将带来积极的物理健康状况，总体来看，他们呈现更低的物理和心理上的发病率，更低的高血压发病率、更低的躯体病样精神障碍。

（二）创业者健康与创业者行动

虽然已经有一些研究关注个体健康状况对于创业行动的影响。例如，感知到自己在传统雇佣角色中有障碍的人群，如一些残疾人，更可能成为创业者（Kendall 等，2006），因为创业行动的灵活性使得这些人群能够利用一些更便利的设施（Arnold 和 Seekins，2002）。与健康相关的问题的成本可能使得创业行动可行性降低。例如，恶劣的健康状态可能伴随着财务成本高，这就降低了个体财务方面的可利用资源来开始创业行动（Shepherd，2015）。不过这些都并不是创业活动本身所带来的健康问题的后果，对于后者来说，在这方面的研究大多数是探索性的观点，缺乏较深入的实证研究。

有一些研究开始尝试着关注创业中的健康状况如何影响创业活动的开展。不良的健康状况可能会降低创业者对于商业机会的关注度，并且限制对于启动资金的获取，因为投资者会考虑健康是一个非常重要的因素；同时，健康不佳的个体往往更愿意成为雇员因为创业行动需要更多的个体工作投入，在西方的情境中，由于健康状况不佳难以获得保险，这也成为这些人不愿意创业的原因。

三、研究评价

首先，有关创业者健康的研究总体上相对较少。当然在组织层面，管理者或者员工的健康研究也并不是很充分。这可能是由于数据搜集的困难所造成的。由于创业行动高风险、高不确定性的特点，创业者健康问题应当成为组织情境下健康问题研究的突破口。在这一方面总体上大有可为。

其次，创业者不良健康状况对于创业行动的影响还没有充分研究。而且，创业者的不良健康状况对于创业行动的影响并不是单向线性的，有可能在一定的边界条件内，其健康状况对于创业者的行动和创业企业本身都有一定的积极作用（Shepherd，2015）。因此，在识别不同创业环节下创业者不良健康状况的特征后，有必要探讨什么程度的健康状况是最优的，以及这种最优状态又是通过什么样的作用机制和过程体现出来的。

最后，有关创业者如何从负面健康的状态下恢复的研究非常少。在未来的研究中应当把创业者的恢复作为重点，这对于心理学、创业学，乃至实践应用层面都非常有利。创业者自身的应对措施，如积极情绪或者应对战略（coping strategy）等要素也应当成为定性和定量分析的重点。

参考文献

[1]Andersson, P. (2008). Happiness and health: Well-being among the self-employed. *The Journal of Socio-Economics*, 37(1), 213 - 236.

[2]Arnold, N. L., Seekins, T. (2002). Self-employment: A process for use by vocational rehabilitation agencies. *Journal of Vocational Rehabilitation*, 17(2), 107 - 113.

[3]Caplan, R. D., Jones, K. W. (1975). Effects of work load, role ambiguity, and type a personality on anxiety, depression, and heart rate. *Journal of Applied Psychology*, 60(6), 713 - 719.

[4]Chay, Y. W. (1993). Social support, individual differences and well-being: A study of small business entrepreneurs and employees. *Journal of occupational and organizational psychology*, 66(4), 285 - 302.

[5]Friedman, H. S., Booth-Kewley, S. (1987). Personality, type a behavior, and coronary heart disease: The role of emotional expression. *Journal of Personality & Social Psychology*, 53(4), 783 - 792.

[6]Kendall, E., Buys, N., Charker, J., MacMillan, S. (2006). Self-employment: An underutilised vocational rehabilitation strategy. *Journal of Vocational Rehabilitation*, 25(3), 197 - 205.

[7]Lewin-Epstein, N., Yuchtman - Yaar, E. (1991). Health risks of self-employment. *Work and Occupations*, 18(3), 291 - 312.

[8]Mcmullen, J. S., Shepherd, D. A. (2006). Entrepreneurial action and the role of uncertainty in the theory of the entrepreneur. *Academy of Management Review*, 31(1), 132 - 152.

[9]Parasuraman, S., Simmers, C. A. (2001). Type of employment, work-family conflict and well-being: A comparative study. *Journal of Organizational Behavior*, 22(5), 551 - 568.

[10]Prottas, D. J., Thompson, C. A. (2006). Stress, satisfaction, and the work-family interface: A comparison of self-employed business owners, independents, and organizational employees. *Journal of occupational health psychology*, 11(4), 366 - 378.

[11]Rietveld, C. A., Kippersluis, H., Thurik, A. R. (2015). Self-employment and health: Barriers or benefits. *Health Economics*, 24(10), 1302 - 1313.

[12]Shepherd, D. A. (2015). Party On! A call for entrepreneurship research that is more interactive, activity based, cognitively hot, compassionate, and prosocial. *Journal of Business Venturing*, 30(4), 489 - 507.

[13]Shepherd, D. A., Patzelt, H. (2015). The "heart" of entrepreneurship: The impact of entrepreneurial action on health and health on entrepreneurial action. *Journal of Business Venturing Insights*, 4, 22 - 29.

[14] Stephan, U., Roesler, U. (2010). Health of entrepreneurs versus employees in a national representative sample. *Journal of Occupational and Organizational Psychology*, 83(3), 717 – 738.

[15] Tetrick, L. E., Slack, K. J., Da, S. N., Sinclair, R. R. (2000). A comparison of the stress-strain process for business owners and nonowners: Differences in job demands, emotional exhaustion, satisfaction, and social support. *Journal of Occupational Health Psychology*, 5(4), 464 – 476.

[16] Yoon, J., Bernell, S. L. (2013). The effect of self-employment on health, access to care, and health behavior. *Health*, 5(12), 2116 – 2127.

[17] Zissimopoulos, J. M., Karoly, L. A. (2007). Transitions to self-employment at older ages: The role of wealth, health, health insurance and other factors. *Labour Economics*, 14(2), 269 – 295.

第六章

创业热点领域

创业热点领域是针对那些在当前的创业研究中处于热点地位的研究议题。实际上，这里的热点议题主要关注的是面向中国创业实践的热点问题。中国的创业活动发展并没有特别长的历史，即使从改革开放开始计算，也不过短短四十年左右的时间。但是中国的创业活动发展一直具备鲜明的特色。这些特色理应成为创业领域，尤其是中国的创业学者的关注焦点。由于篇幅所限，本章仅仅关注了女性创业、天生国际化企业、创业的区域差异三个话题。除此之外，还有相当多的主题尚未被完全开拓，有待学者们的进一步研究。

第一节　女性创业

一、方向介绍

创业作为一项特殊的职业，经常被认为是由男性主导的工作领域。由于性别刻板印象的存在，创业者被普遍认为应该表现出更多的男性气概，女性不符合人们对创业者角色的期望。相比男性创业者，女性创业者在创业活动中处于劣势。不过，这种现象已经得到了某种程度的改变。根据 2018 年全球创业观察（Global Entrepreneurship Monitor）的报告，越来越多的女性从事创业活动。相比 2017 年，女性与男性创业者人数的比率上升了 6%。我国女性创业现象也发展得非常快。《中国企业家》杂志社社长何振红在 2018 年（第十届）中国商界木兰年会的现场的致辞里提到，1980 年女性注册的公司在中国所占比例为 10%，2018 年这个比例已超过了 30%。在学术领域，越来越多的研究也开始关注女性创业者。典型的女性创业研究文献如下。

二、文献导读

在社会中，女性被认为表现出更多友好的、大方的、考虑其他人感受的、情感饱满的特质，而男性被认为表现出更多独立的、善于控制的、果敢的、有能力的特质。这种刻板印象的存在，导致女性创业者在获得融资、工作和家庭冲突等方面相比男性创业者面临着更多的障碍和压力。目前，女性创业研究的热点较为多元化，这些不同的研究主题已经取得了较为丰富的成果。

（一）创业动机

已有研究关注了女性创业者的创业动机。相比男性创业者选择创业是追求企业增长等经济目标，女性创业者的创业动机更多会考虑到工作和生活的平衡、母亲的身份和对孩子的照顾。但对于以从商（如冒险倾向）为创业动机的女性来说，其创建的企业会比以考虑家庭（如平衡工作和生活）为创业动机的女性创业者创建的企业存活率更高（Rey-Martí 等，2015）。

（二）社会网络

通常在创业初期，男性创业者相比女性创业者能够通过个人的社会网络获得更多的创业资本和导师，但这种刻板印象的偏差忽略了女性创业者在创业过程中扮演的角色。由于女性具有注重关系的社会导向，更容易理解、激励、尊重他人，这种特质成为女性创业者的一项重要资本，有利于女性创业者构建社会网络（Powell 和 Eddleston，2013）。

（三）融资

从传统获取贷款的途径（如银行）来看，女性创业者受到领导力、忍耐力和变化能力不足的性别刻板印象影响，很难获得贷款（Buttner 和 Rosen，1989）。但对于众筹这种非正式的平台来说，业余投资者不太可能对创业者有全面的了解，但凭借对女性是利他的刻板印象，认为女性创业者更值得信任，提高了投资者对女性领导的初创企业的投资意愿（Johnson 等，2018）。

（四）绩效

一方面，女性创建的企业通常规模较小，面临着劣势，企业存活率和成功率更低；另一方面，由于女性创业者通常能够获得更多家里强有力的支持（Anna 等，2000），能够更好地利用家庭资源，把在家庭中学到的技能和行为转移应用到商业领域中，使家庭和创业之间产生协同作用，从而使女性创业者控制的企业更成功。另外，具有创造性的女性创业者更容易感知到自己是与创业工作是匹配的，也会给企业带来更高的绩效（Hmieleskia 和 Sheppard，2018）。

（五）工作和家庭关系

一方面作为创业者的角色，女性需要投入更多的时间到工作中；而作为女性的角色，其也需要在家庭中投入大量的精力，因此同时满足工作与家庭二者的需求使女性创业者面临更大的冲突和压力（Hsu 等，2016）。但也有研究提出相反的观点，女性创业者选择创业的原因之一就是创业工作的灵活性，能够更灵活地安排工作和家庭活动，平衡好工作和家庭之间的关系（Powell 和 Eddleston，2013）。

三、研究评价

总体来看，当前关于女性创业者的研究主要探讨了女性在创业过程中面临的障碍。不过大部分研究并未达成一致结论。这种不一致现象主要源于现有研究在理论框架的设计上还不够完善。尽管性别差异可能会对创业产生影响，但创业者所处的情境因素也是不可忽略的。因此，未来的研究可以探讨何种情况有利于女性创业者打破社会角色带来的创业壁垒，给自己带来更加积极的工作状态。这样可以减少女性创业者的工作压力，获得事业和生活的双赢。

女性创业研究可能更适用于定性的研究范式。因为女性创业的特征、女性创业行动的规律不仅涉及组织层面的概念和变量，也有可能与更大范围内的社会学层面的变量相关。此时，立足现场调研、跟踪分析的定性研究可能更能够用于探索女性创业行动的研究命题。同时，未来的女性创业研究也可以结合更多社会学的理论，推动管理学与社会学交叉学科的发展。

女性创业研究更多是基于欧美发达国家的研究背景。由于在发达国家更强调男女平等，鼓励更多的女性从事创业活动，西方学者自 20 世纪 90 年代起就已经开始进行女性创业者相关方面的研究。而以我国受“男主外，女主内”等传统文化的影响，近年来女性才越来越多选择加入到创业活动中。在学术领域我国关于女性创业者的研究则起步较晚。未来应该加大对女性创业者的研究，探讨如何在中国情境下更好地支持女性创业。

参考文献

[1] 刘鹏程，李磊，王小洁．(2013)．企业家精神的性别差异——基于创业动机视角的研究．管理世界，239 (8)，126 – 135.

[2] Anna, A. L., Chandler, G. N., Jansen, E. Mero, N. P. (2000). Women business owners in traditional and non-traditional industries. *Journal of Business Venturing*, 15(3), 279 – 303.

[3] Brush, C. D., (1992). Research on women business owners: past trends, a new perspective, and future directions. *Entrepreneurship Theory & Practice*, 16(4), 5 – 30.

[4] Buttner, E. H., Rosen, B. (1989). Funding new business ventures: are decision makers biased against women entrepreneurs? *Journal of Business Venturing*, 4(4), 249 – 261.

[5] Eagly, A. H., Wood, W. (1991). Explaining sex differences in social behavior: A meta-analytic perspective. *Personality & Social Psychology Bulletin*, 17(17), 306 – 315.

[6] Eby, L. T., Casper, W. J., Lockwood, A., Bordeaux, C., Brinley, A. (2005). Work and family research in IO/OB: Content analysis and review of the literature (1980 – 2002). *Journal of Vocational Behavior*, 66(1), 124 – 197.

[7] Eddleston, K. A., Powell, G. N. (2008). The role of gender identity in explaining sex differences in business owners' career satisfier preferences. *Journal of Business Venturing*, 23(2), 244 – 256.

[8] Eddleston, K. A., Powell, G. N. (2012). Nurturing entrepreneurs' work-family balance: A gendered perspective. *Entrepreneurship Theory & Practice*, 36(3), 513 – 541.

[9] Godwin, L. N., Stevens, C. E., Brenner, N. L. (2006). Forced to play by the rules? Theorizing how mixed-sex founding teams benefit women entrepreneurs in male dominated contexts. *Entrepreneurship: Theory and Practice*, 30(5), 623 – 642.

[10] Greenhaus, J. H., Beutell, N. J. (1985). Sources of conflict between work and family roles. *Academy of Management Review*, 10(1), 76 – 88.

[11] Gupta, V. K., Turban, D. B., Bhawe, N. M. (2008). The effect of gender stereotype activation on entrepreneurial intentions. *Journal of Applied Psychology*, 93(5), 1053 – 1061.

[12] Gupta, V. K., Goktan, A. B., Gunay, G. (2014). Gender differences in evaluation of new business opportunity: A stereotype threat perspective. *Journal of Business Venturing*, 29 (2), 273 – 288.

[13] Hmieleskia, K. M., Sheppard, L. D. (2018). The Yin and Yang of entrepreneurship: Gender differences in the importance of communal and agentic characteristics for entrepreneurs' subjective well-being and performance. *Journal of Business Venturing*, in press.

[14] Hsu, D. K., Wiklund, J., Anderson, S. E., Coffey, B. S. (2016). Entrepreneurial exit intentions and the business-family interface. *Journal of Business Venturing*, 31(6), 613 – 627.

[15] Johnson, M. A., Stevenson, R. M., Letwin, C. R. (2018). A woman's place is in the... startup! Crowdfunder judgments, implicit bias, and the stereotype content model. *Journal of Business Venturing*, in press.

[16] Kalleberg, A. L, Leicht, K. T. (1991). Gender and organizational performance: Determinants of small business survival and success. *Academy of Management Journal*, 34(1), 136 – 161.

[17] Koenig, A. M., Eagly, A. H. (2014). Evidence for the social role theory of stereotype content: Observations of groups' roles shape stereotypes. *Journal of Personality and Social Psychology*, 107(3), 371 – 392.

[18] Marlow, S., Mcadam, M. (2012). Analyzing the influence of gender upon high-technology venturing within the context of business incubation. *Entrepreneurship Theory & Practice*, 36(4), 655 – 676.

[19] Powell, G. N., Eddleston, K. A. (2013). Linking family-to-business enrichment and support to entrepreneurial success: Do female and male entrepreneurs experience different outcomes? *Journal of Business Venturing*, 28(2), 261 – 280.

[20] Rey-Martí, A., Porcar, A. T., Mas – Tur, A. (2015). Linking female entrepreneurs' motivation to business survival. *Journal of Business Research*, 68(4), 810 – 814.

[21] Robb, A. M., Watson, J. (2012). Gender differences in firm performance: Evidence from new ventures in the United States. *Journal of Business Venturing*, 27(5), 544 – 558.

[22] Saridakis, G., Marlow, S., Storey, D. J. (2014). Do different factors explain male and female self-employment rates? *Journal of Business Venturing*, 29(3), 345 – 362.

第二节 天生国际化企业

一、方向介绍

随着全球化的进程不断加快以及互联网技术的快速进步，中国的经济发展与国际快速接轨。在各类跨国经营活动中，天生国际化企业（born global）是一类独特的经营现象。所谓天生国际化企业就是指那些在创立的时候就是把面向国际市场开展经营和销售作为重点的企业。在中国的南方沿海城市，天生国际化企业尤其活跃。本节主要关注天生国际化企业这一交叉领域的研究话题。近年来，这一领域的代表性文献如下。

二、文献导读

本节主要关注天生国际化企业的国际化绩效。目前对于这一问题的研究主要是基于几类不同的研究主题：学习、资源、制度、能力、创业导向和网络。

（一）基于学习主题的研究

有关目标市场的新知识的努力和学习注意力，以及获得这些知识的效率，是影响企业绩效的关键决定因素。虽然天生国际化企业面临着外来者劣势和因快速国际化而遭受的时间压缩的不经济性，但这些劣势可以通过新来者学习优势来抵消。新来者学习优势认为，在生命周期早期进入国际市场的天生国际化企业，因为具有灵活性和较少官僚化，更容易发现国际市场上的新机遇并快速反应，因此相比在生命周期晚期进入者相比具有着学习优势，更容易获得有关国际业务的新知识（Tuomisalo 和 Leppäaho，2018）。

（二）基于资源主题的研究

作为年轻的初创企业，天生国际化企业资源有限，天生国际化企业往往面临着经验与市场合法性不足，缺少现金流、人才资源、成熟的技术的限制。然而一些研究也表明，尽管天生国际化企业规模小，资源有限，如果它们具有独特的无形资产和能力，擅长在资源有限的情况下配置资源，就可以凭借这些能力和差异化的产品克服这些问题（Cavusgil 和 Knight，2015）。

（三）基于制度主题的研究

新创企业由于面临着合法性不足的挑战，受到更加严峻的制度约束。在这种情况下，一些研究开始关注非正式制度（比如关系和文化）对于天生国际化企业的影响。Deng 等（2017）将制度作为速度除了时间、范围、强度之外的一个新的维度，探究了向上扩张（即进入更开放的国家）和向下扩张（即进入更不开放的国家）速度对于国际新创企业绩效的影响。

（四）基于创业导向主题的研究

天生国际化企业往往具有着创新性、主动性和冒险精神等特征（Oviatt 和 McDougall，2005）。创业导向或创业倾向对于早期国际化的启动和绩效表现都十分重要（Knight 和 Cavusgil，2004；Oviatt 和 McDougall，1994）。研究者们通常关注国际创业导向通过什么机制影响天生国际化企业的绩效（Martin 和 Javalgi，2016；Zhou 等，2010）。

（五）基于能力主题的研究

天生国际化企业不是由有形资源，而是由企业的行为和能力所决定的（Oviatt 和 McDougall，1994；Efrat 和 Shoham，2012）。Efrat 和 Shoham（2012）对于天生国际化企业营销能力、研发能力、管理能力等对企业绩效的影响进行了研究，研究发现这些能力对于天生国际化企业的长期绩效和生存具有着显著影响。Knight 和 Cavusil（2004）研究发现，天生国际化企业的全球技术能力、独特的产品开发、注重质量和利用外国分销商的能力，是国际绩效的重要驱动因素。总体来看，有关天生国际化企业的能力研究还有很大的拓展空间。

（六）基于网络主题的研究

天生国际化企业资源有限，没有建立稳定的客户群，往往面临着新来者劣势和外来者劣势。网络被视作一种重要的资源，天生国际化企业也可以利用网络来发展企业的竞争优势并克服上述劣势（Knight 和 Liesch，2015）。学者们关注网络影响天生国际化企业的绩效的作用机制，以及企业建立和利用网络的能力对绩效的影响（Bai 等，2016）。

三、研究评价

尽管关于天生国际化企业国际化绩效的研究已经取得了丰富的成果，不过可以看出，关于天生国际化企业的研究总体上仍处于研究线索较为分散的局面。从上述的综述也可以看出，众多学者在研究资源、能力、网络等概念在天生国际化企业的发展过程中的作用的同时，仍缺乏一个统一的框架将不同的要素整合在一起，形成一个较完整和统一的国际创业理论。在过去的研究中，已经有研究开始分析国际创业机会的核心线索作用，但是研究仍远远不够。

此外，之前国际创业领域的研究样本来源大多数都是来自发达国家，对于新兴经济体的天生国际化企业的研究欠缺。中国的创业活动非常活跃，面向海外经营为主要经营对象的天生国际化企业在中国有着丰富的研究基础。面向中国样本、情境的研究尤其具有很强的研究价值。

参考文献

[1] 李新春，叶文平，朱沆．(2016)．牢笼的束缚与抗争：地区关系文化与创业企业的关系战略．管理世界，(10)，88－102.

[2] 杨嫚，张学良．(2016)．天生国际化与阶段国际化——企业年龄特征与中国企业的国际化选择．经济管理，(4)，12－23.

[3] Autio, E., Almeida, S. J. G. (2000). Effects of age at entry, knowledge intensity, and imitability on international growth. *The Academy of Management Journal*, 43(5), 909－924.

[4] Bai, W., Holmström-Lind, C., Johanson, M. (2016). The performance of international returnee ventures: the role of networking capability and the usefulness of international business knowledge. *Entrepreneurship & Regional Development*, 28(9－10), 657－680.

[5] Barney, J. (1991). Firm resources and sustained competitive advantage. *Journal of Management*, 17(1), 3－10.

[6] Cavusgil, S. T., Knight, G. (2015). The born global firm: An entrepreneurial and capabilities perspective on early and rapid internationalization. *Journal of International Business Studies*, 46(1), 3－16.

[7] Deng, Z., Jean, R. B., Sinkovics, R. R. (2017). Rapid expansion of international new ventures across institutional distance. *Journal of International Business Studies*, 49(8), 1010－1032.

[8] De Clercq, D., Zhou, L. (2014). Entrepreneurial strategic posture and performance in foreign markets: The critical role of international learning effort. *Journal of International Marketing*, 22(2), 47－67.

[9] Efrat, K., Shoham, A. (2012). Born global firms: The differences between their short-and long-term performance drivers. *Journal of World Business*, 47(4), 675－685.

[10] Gerschewski, S., Rose, E. L., Lindsay, V. J. (2015). Understanding the drivers of international performance for born global firms: An integrated perspective. *Journal of World Business*, 50(3), 558－575.

[11] Jantunen, A., Nummela, N., Puumalainen, K., Saarenketo, S. (2008). Strategic orientations of born globals—Do they really matter? *Journal of World Business*, 43(2): 158－170.

[12] Knight, G. A., Cavusgil, S. T. (2004). Innovation, organizational capabilities, and the

born-global firm. *Journal of International Business Studies*, 35(2), 124 – 141.

[13] Knight, G. A., Liesch, P. W. (2015). Internationalization: from incremental to born global. *Journal of World Business*, 51(1), 93 – 102.

[14] Li, H., Zhang, Y. (2007). The role of managers' political networking and functional experience in new venture performance: Evidence from China's transition economy. *Strategic Management Journal*, 28(8), 791 – 804.

[15] Martin, S. L., Javalgi, R. G. (2015). Entrepreneurial orientation, marketing capabilities and performance: The moderating role of competitive intensity on Latin-American international new ventures. *Journal of Business Research*, 69(6), 2040 – 2051.

[16] Mudambi, R., Zahra, S. A. (2007). The survival of international new ventures. *Journal of International Business Studies*, 38(2), 333 – 352.

[17] Muralidharan, E., Pathak, S. (2017). Informal institutions and international entrepreneurship. *International Business Review*, 26(2), 288 – 302.

[18] Oviatt, B. M., Mcdougall, P. P. (1994). Toward a theory of international new ventures. *Journal of International Business Studies*, 25(1), 45 – 64.

[19] Oviatt, B. M., Mcdougall, P. P. (2005). Defining international entrepreneurship and modeling the speed of internationalization. *Entrepreneurship: Theory and Practice*, 29 (5), 537 – 554.

[20] Stephan, U., Uhlaner, L. M., Stride, C. (2015). Institutions and social entrepreneurship: The role of institutional voids, institutional support and institutional configurations. *Journal of International Business Studies*, 46(3), 308 – 331.

[21] Tuomisalo, T., Leppäaho, T. (2018). Learning in international new ventures: A systematic review. *International Business Review*, 28(3), 463 – 481.

[22] Zhou, K. Z., Tse, Y. D. K. (2005). The effects of strategic orientations on technology-and market-based breakthrough innovations. *Journal of Marketing*, 69(2), 42 – 60.

[23] Zhou, L., Lu, B. Y. (2010). Part special issue: Conflict, security, and political risk: International business in challenging times || entrepreneurial proclivity, capability upgrading and performance advantage of newness among international new ventures. *Journal of International Business Studies*, 41(5), 882 – 905.

[24] Zhou, L., Wu, W. P., Luo, X. (2007). Internationalization and the performance of born-global SMEs: The mediating role of social networks. *Journal of International Business Studies*, 38 (4), 673 – 690.

第三节 创业的区域差异

一、方向介绍

创业活动具有很强的区域差异。在承认创业对区域经济增长和社会发展的重要作用的同时，也要注意到创业活动的发展也受到了来自区域层面的经济、制度、金融、技术、劳动力等因素的影响。过去三十年间，随着中国改革开放政策的不断深入发展，中国的创业活动已经取得了非常明显的成就。不过，中国的创业活动也有很明显的区域特征。这种特征体现在东中西部的地理区域差异上，也体现在城乡差距或是产业差距上。面向中国背景的创业研究，尤其要关注区域层面创业行动的发展差异。

纵观国内外的创业研究，区域层面的创业研究已经具有很长的研究历史，也取得了非常明显的研究进展，典型的文献如下。

二、文献导读

目前，大部分研究所关注的区域层面影响创业活动发展的因素包括制度、基础设施、劳动力和人力资本、金融、文化等方面。

（一）制度

大多数研究认为完善制度安排可以促进创业活动。Autio 和 Fu（2015）发现，运转良好的制度通过减少交易不确定性和企业家遭受政府非法征用的风险，因此制度的质量对正式创业有正向影响。在进入标准方面，Klapper 等（2006）使用 1998—1999 年 34 个欧洲国家的数据，研究发现市场进入限制政策阻碍了企业的创立及发展壮大。不过，Kaplan 等（2011）针对墨西哥的研究则表明，通过减少注册的程序和时间等举措放松商业管制给创业所带来的正面影响只是暂时性的。

（二）基础设施

部分文献重点强调了宽带等“软件”基础设施相对于铁路、公路等“硬件”基础设施，对创业更重要。例如，Audretsch 等（2015）以德国 2001—2005 年县级数据为样本，研究发现基础设施越完善越有利于创业的发展，而且相比铁路和高速公路，宽带对创业的促进作用更大。Bliemel 等（2018）指出，大学、研究机构等基础设施能够促进新企业的产生。与之类似，Fischer 等（2018）通过对巴西圣保罗地区的创业案例进行分析发现，对于知识密集型的创业企业而言，越靠近研发型高校越容易成功。

（三）劳动力和人力资本

Liang 等（2018）采用 2001—2010 年全球 83 个国家的数据研究发现，人口老龄化会降低创业者的活力，从而不利于创业。Qian 等（2013）以美国都市圈为样本，研究发现人力资本有助于创业者发现并把握更多的创业机会进行创业。Santarelli 和 Tran（2013）使用越南 1398 个成立 1—9 年的企业进行调查问卷，考察人力资本对创业的影响，发现人力资本对创业的成功率有正向作用。

（四）金融

部分文献通过理论分析考察了融资约束对创业的影响。例如，Banerjee 和 Newman（1993）通过建立模型研究发现，由于早期金融市场不完善，导致穷人创业活动受到融资约束；而随着金融市场的不断完善，许多低收入人群可以通过贷款得到融资支持进行创业。还有不少文献通过实证研究进一步评估了发展中国家融资约束对创业的影响。Paulson 和 Townsend（2004）使用泰国样本检验了金融限制和创业的关系，发现金融限制对创业有显著负面影响。Cetindamar 等（2012）通过对土耳其的数据进行研究发现，金融可获得性对男性和女性参与创业都具有重要的影响。

（五）文化

Lee 和 Peterson（2000）通过构建文化创业模型，发现文化可以起到导向作用，鼓励创业者抓住机会进入新兴市场进行创业。Fernández-Serrano 和 Romero（2014）利用来自 56 个国家的数据和结构方程模型测试了创业文化价值和创业监管障碍在创业活动中的作用。结果发现，这两个因素对创业活动的影响取决于一个国家人均国内生产总值水平的高低。Hechavarría（2015）发现传统社会价值观对商业创业率有正向影响，对社会创业率有负向影响。此外，自我表现的社会价值观对社会创业的盛行率有积极影响。

三、研究评价

目前研究区域层面创业影响因素的文献已经较为丰富。不过，已有研究仍然存在三点不足。

第一，创业活动的发展往往受到多重因素的影响，仅仅针对一个因素进行研究难免造成研究不够全面。近年来，越来越多的研究将创业行动以及其赖以生存的环境看成一个生态系统。这就意味着如果生物体的生存发展过程一样，大量的因素都会作用于创业行动的发展上。这一点需要进一步的理论和实证的研究，也具备非常高的挑战性。

第二，过去的研究大多是针对欧美国家的，以中国为研究背景的研究还非常少。中国的创业活动具有一定的特殊性，这种特殊性来自于中国独特的制度环境和商业活动特征。针对中国的创业活动开展研究，并且和国外的经验进行对比，可以更深入地开发创业与区域要素之间的联系，形成跨文化的比较结果，对于创业理论的开发也有很强的现实意义。

第三，从方法层面，刻画创业活动发展的数据还非常难得，这影响到了相关研究的推进。目前，国际上较为常见的区域创业活动数据库是全球创业观察（Global Entrepreneurship Monitor，GEM）数据。这是一个针对特定国家和区域的创业活动调查，不过受制于调研的范围和深度，它的具体应用仍有较强的局限性。如果能够针对创业活动的发展开发有针对性的数据库，则能够有效地促进这一领域的研究发展，特别是定量研究的发展。

参考文献

[1] 马光荣，杨恩艳．(2011)．社会网络、非正规金融与创业．经济研究，46 (3)，83 -94.

[2] 张龙耀，张海宁．(2013)．金融约束与家庭创业——中国的城乡差异．金融研究，36 (9)，123 -135.

[3] Audretsch, D. B., Heger, D., Veith, T. (2015). Infrastructure and entrepreneurship. *Small Business Economics*, 44(2), 219 -230.

[4] Autio, E., Fu, K. (2015). Economic and political institutions and entry into formal and informal entrepreneurship. *Asia Pacific Journal of Management*, 32(1), 67 -94.

[5] Banerjee, A. V., Newman, A. F. (1993). Occupational choice and the process of development. *Journal of Political Economy*, 101(2), 274 -298.

[6] Batjargal, B. (2007). Internet entrepreneurship: Social capital, human capital, and performance of internet ventures in China. *Research Policy*, 36(5), 605 -618.

[7] Bliemel, M., Flores, R., De Klerk, S., Miles, M. P. (2018). Accelerators as start-up infrastructure for entrepreneurial clusters. *Entrepreneurship & Regional Development*, 31(1 -2), 133 -149.

[8] Cetindamar, D., Gupta, V. K., Karadeniz, E. E., Egrican, N. (2011). What the numbers tell: The impact of human, family and financial capital on women and men's entry into entrepreneurship in Turkey. *Entrepreneurship & Regional Development*, 24(1 -2), 29 -51.

[9] Fernández-Serrano, J., Romero, I. (2014). About the interactive influence of culture and regulatory barriers on entrepreneurial activity. *International Entrepreneurship and Management Journal*, 10(4), 781 -802.

[10] Fischer, B. B., Queiroz, S., Vonortas, N. S. (2018). On the location of knowledge-inten-

sive entrepreneurship in developing countries: Lessons from São Paulo, Brazil. *Entrepreneurship & Regional Development*, 30(5-6), 612-638.

[11] Hechavarría, D. M. (2016). The impact of culture on national prevalence rates of social and commercial entrepreneurship. *International Entrepreneurship and Management Journal*, 12(4), 1025-1052.

[12] Kaplan, D. S., Piedra, E., Seira, E. (2011). Entry regulation and business start-ups: Evidence from Mexico. *Journal of Public Economics*, 95(11-22), 1501-1515.

[13] Klapper, L., Laeven, L., Rajan, R. (2006). Entry regulation as a barrier to entrepreneurship. *Journal of Financial Economics*, 82(3), 591-629.

[14] Lee, S. M., Peterson, S. J. (2000). Culture, entrepreneurial orientation, and global competitiveness. *Journal of World Business*, 35(4), 401-416.

[15] Liang, J., Wang, H., Lazear, E. P. (2018). Demographics and entrepreneurship. *Journal of Political Economy*, 126(S1), 140-195.

[16] Paulson, A. L., Townsend, R. (2004). Entrepreneurship and financial constraints in Thailand. *Journal of Corporate Finance*, 10(2), 229-262.

[17] Qian, H., Acs, Z. J., Stough, R. R. (2013). Regional systems of entrepreneurship: The nexus of human capital, knowledge and new firm formation. *Journal of Economic Geography*, 13(4), 559-587.

[18] Santarelli, E., Tran, H. T. (2013). The interplay of human and social capital in shaping entrepreneurial performance: The case of Vietnam. *Small Business Economics*, 40(2), 435-458.

第三篇

营销管理

第七章

个性化营销相关研究

个性化营销也被称为一对一营销，指企业通过分析和挖掘每个消费者的相关数据，推断其对产品或服务的偏好并据此来调整营销策略的经营理念和行为。近几年来，随着数据采集、存储和分析技术的不断发展，企业进行个性化营销的能力在不断提升。利用互联网、计算机和更为先进的信息采集技术，企业可以及时将散落在其各个部门的顾客信息整合起来，从中挖掘顾客洞察、发现顾客行为模式和特点，并相应地开发个性化的营销方案，从而实现与顾客的一对一沟通、提升顾客购物体验。这种新型的营销沟通方式将主导未来几年甚至数十年的营销实践，因此，吸引了大量国内外的营销学者，个性化营销的相关研究也取得了一些研究成果，主要包含个性化或定向广告、个性化推荐、个性化或定向促销。

第一节 个性化或定向广告

一、方向介绍

在传统的营销管理中，广告是营销沟通策略的重要组成部分之一，在吸引和获取潜在客户以及塑造品牌形象方面发挥着不可或缺的作用。而随着 cookie 等身份识别技术的不断完善，近些年企业可以追踪和记录消费者在互联网上的各类行为轨迹，基于这些信息推断消费者的产品兴趣和偏好，并结合消费者的人口统计特征，企业可以只挑选那些对目标商品感兴趣的消费者为其展露相关广告，企业的这种广告实践被称为定向广告（targeted advertising），而由于目标受众的精准性，国内学者也常将这种新型广告方式称为精准定向广告。有些定向广告还会实现广告具体内容的高度个性化，即实现每位消费者看到的广告内容均不相同。在实践中，最为常见的个性化或定向广告是互联网上的个性化展示广告，很多营销学者对个性化广告的营销效果进行了探究，本部分包含了一些具有代表性的重要研究成果。

二、文献导读

个性化或定向广告是相对较为成熟的个性化营销形式，已经形成了较为丰富的研究成果。总体来看，目前这个方面的相关研究主要包含三大主题：(1) 消费者对个性化广告的接受度；(2) 个性化或定向广告的营销效果；(3) 企业的个性化广告决策与企业收入。从分析主体的层次上来看，这三个研究主题可以区分为个体消费者和企业两个层面，分别研究个性化广告对消费者心理感知与行为和企业收入的影响。下面分别对每个研究主题进行简要介绍。

第一类研究主要采用实验室实验法，从消费者心理感知的角度分析影响个性化广告接受度的因素。Bleier 和 Eisenbeiss（2015a）探讨了消费者信任如何影响消费者对个性化广告的感知有用性，结果发现信任度较低的零售商增强广告内容的个性化程度时，可能会激发消费者的抵触心理或隐私保护意识，反而降低消费者对个性化广告的接受度。一些其他营销学者也发现个性化广告具有“双刃剑”效应，个性化广告一方面更加符合消费者的偏好，另一方面对消费者的冒犯程度也更高，因此可能降低消费者的购买意愿（Doorn 和 Hoekstra，2013；Goldfarb 和 Tucker，2011a）。Schumann、von Wangenheim 和 Groene（2014）则探究了使用互惠性诉求（reciprocity appeal）提升消费者对网站个性化广告接受度的可能性。Kim、Barasz 和 John（2019）的一项最新研究发现，使用消费者个人信息进行个性化广告的透明度也会影响消费者对个性化广告的接受度，主要是通过影响消费者对个人隐私保护的看重程度而产生的作用。

第二类研究采用实地实验法或实证建模的方法，致力于探究个性化展示广告、重定向广告的营销效果，尤其是不同类型的个性化广告对消费者购买行为的影响。Andrews 等（2015）研究了拥挤程度对情境定向广告效果的影响，发现高拥挤度下消费者对广告的点击率更高。Tucker（2014）采用实地实验的方法，研究了互联网用户对个人敏感信息的感知控制度如何影响他们对个性化广告的点击率。Lambrecht 和 Tucker（2013）则研究电子商务网站的重定向广告在何时会更加有效地吸引消费者返回目标网站。而 Bleier 和 Eisenbeiss（2015b）结合实地实验和实验室实验法，综合研究了广告展露时间（决策的不同阶段）、广告展露网站以及广告内容的个性化程度对广告效果的影响。

第三类研究致力于采用理论模型或实证模型分析个性化广告的投入决策和个性化广告对企业收入的影响（Chandra 和 Kaiser，2014；Chen 和 Stallaert，2014），这类研究属于营销科学、管理科学和经济学的交叉研究领域。例如，Chen 和 Stallaert（2014）采用理论模型分析了行为定向广告对网上媒体和广告企业收入的影响，发现行为定向广告对网上媒体收入的影响取决于竞争效应（行为定向会削弱企业竞争）和倾向效应（行为定向增加广告点击率），小型（相对于主流）广告企业从行为定向广告中的收益更大。

三、研究评价

首先，目前关于个性化广告或定向广告的研究已经形成了较为丰富的研究成果，但大多数营销学者关注的仍是消费者对个性化广告的反应或者态度（或者广告效果），主要采用实验室实验和实地实验的研究方法。未来研究可以更多地从企业广告媒体决策的角度出发，研究企业应如何优化个性化广告在不同网站（即媒体）的投放决策，由于互联网展示广告可以投放的媒体或网站众多，如何从数以千计的媒体中选择恰当的媒体、进而最大化广告收益是极为重要且具有挑战性的研究问题。

其次，个性化广告或定向广告的目标受众通常是企业通过实时竞价（Real Time Bidding，RTB）购买的，对于企业在投放广告时的竞价决策研究也是一个非常重要的研究课题。学者们大多采用理论模型来开展相关研究，未来可以收集现实企业的广告投放和点击、转化数据，考虑竞争对手的因素，通过实证模型来研究企业的广告竞价决策，将对企业在竞争日益激烈的市场环境下提升收益具有重要意义。

最后，随着大数据在商业中的应用日益广泛，近年来消费者的个人隐私保护意识越来越强，隐私保护也逐渐成为了广泛关注的社会问题。在这种新形势下，影响个性化广告效果的因素可能也会发生变化，虽然现有关于个性化广告或定向广告的研究已经开始考虑隐私保护的因素（Johnson 等，2020；Rafieian 和 Yoganarasimhan，2021），但这方面的研究依然不够系统，未来学者们可以在这个方面开展更多的探索和研究。

参考文献

[1] 蒋玉石，张红宇，贾佳，杨力．（2015）．大数据背景下行为定向广告（OBA）与消费者隐私关注问题的研究．管理世界，（8），182 – 183.

[2] Andrews, M., Luo, X., Fang, Z., Ghose, A. (2015). Mobile ad effectiveness: Hyper-contextual targeting with crowdedness. *Marketing Science*, 35(2), 218 – 233.

[3] Bleier, A., Eisenbeiss, M. (2015a). The importance of trust for personalized online advertising. *Journal of Retailing*, 91(3), 390 – 409.

[4] Bleier, A., Eisenbeiss, M. (2015b). Personalized online advertising effectiveness: The interplay of what, when, and where. *Marketing Science*, 34(5), 669 – 688.

[5] Chandra, A., Kaiser, U. (2014). Targeted advertising in magazine markets and the advent of the Internet. *Management Science*, 60(7), 1829 – 1843.

[6] Chen, J., Stallaert, J. (2014). An economic analysis of online advertising using behavioral targeting. *MIS Quarterly*, 38(2), 429-A7.

[7] Deng, Y., Mela, C. F. (2018). TV viewing and advertising targeting. *Journal of Marketing Research*, 55(1), 99 – 118.

[8] Doorn, J., Hoekstra, J. (2013). Customization of online advertising: The role of intrusiveness. *Marketing Letters*, 24(4), 339 – 351.

[9] Goldfarb, A., Tucker, C. E. (2011a). Online display advertising: Targeting and obtrusiveness. *Marketing Science*, 30(3), 389 – 404.

[10] Goldfarb, A., Tucker, C. E. (2011b). Privacy regulation and online advertising. *Management Science*, 57(1), 57 – 71.

[11] Johnson, G. A., Shriver, S. K., Du, S. (2020). Consumer privacy choice in online advertising: Who opts out and at what cost to industry? *Marketing Science*, 39(1), 33 – 51.

[12] Lambrecht, A., Tucker, C. (2013). When does retargeting work? Information specificity in online advertising. *Journal of Marketing Research*, 50(5), 561 – 576.

[13] Rafieian, O., Yoganarasimhan, H. (2021). Targeting and privacy in mobile advertising. *Marketing Science*, 40(2), 193 – 218.

[14] Schumann, J. H., von Wangenheim, F., Groene, N. (2014). Targeted online advertising: Using reciprocity appeals to increase acceptance among users of free web services. *Journal of Marketing*, 78(1), 59 – 75.

[15] Tucker, C. E. (2014). Social networks, personalized advertising, and privacy controls. *Journal of Marketing Research*, 51(5), 546 – 562.

[16] Kim, T., Barasz, K., John, L. K. (2019). Why am I seeing this ad? The effect of ad transparency on ad effectiveness. *Journal of Consumer Research*, 45(5), 906 – 932.

第二节　个性化推荐

一、方向介绍

个性化推荐（Personalized Recommendation）是伴随着电子商务的快速发展而兴起的一种个性化营销方式，其在电商领域的相关实践最早始于美国的亚马逊，随后引起了众多电商网站的效仿以及学者们的广泛关注。电子商务网站根据每位消费者之前的浏览、购买或搜索历史等行为数据以及相似消费者的历史行为数据来推测目标消费者的产品偏好，然后在目标消费者访问网站时为其展示一组可能喜欢的商品，企业的这种个性化营销实践即为个性化推荐。由于不同消费者在购物网站的浏览、购买和搜索历史不尽相同，每位消费者访问网站时被展示的推荐商品也各不相同。一般来说，商品推荐由个性化推荐系统或推荐引擎产生，推荐系统采用一些算法从海量的消费者历史数据中学习消费者或商品之间的相似性，然后为消费者展示和推荐与其偏好最匹配的一组商品。该研究方向属于营销、统计和计算机科学的前沿交叉领域，因此，各个领域的学者都对这个研究主题展开了大量研究，这里主要介绍营销学者开展的关于个性化推荐的研究成果。

二、文献导读

一般来讲，个性化推荐由智能推荐系统产生，它是为消费者生成和展示其最可能喜欢的商品列表的过程。如图 7 - 1 所示，这个过程包括数据输入、个性化推荐算法和推荐列表输出三个步骤。数据输入是获取消费者特征、偏好及行为等信息并用于推荐的过程，个性化推荐算法则用于为个体消费者建立偏好模型，而推荐列表输出即根据偏好模型向消费者展示不同的商品。营销领域的学者们主要关注个性化推荐对消费者行为的影响，具体而言主要包括三个研究主题：（1）个性化推荐接受度的影响因素；（2）个性化推荐对消费者心理感知和购买行为的影响；（3）个性化推荐模型和推荐引擎设计。

第一，关于个性化推荐接受度的研究将个性化推荐系统视为一种新的信息技术，通常以 Davis（1989）的信息技术采纳模型（TAM）为理论框架，研究感知有用性（perceived usefulness）和感知易用性（perceived ease of use）等因素如何影响消费者对个性化推荐系统的采纳和评价（Xiao 和 Benbasat，2007）。Komiak 和 Benbasat（2006）发现，对推荐系统的熟悉度可以提高消费者对推荐系统的信任，熟悉程度是影响消费者使用和评价个性化推荐系统的重要因素。陈明亮和蔡日梅（2009）针对中国消费者的研究也表明，消费者对

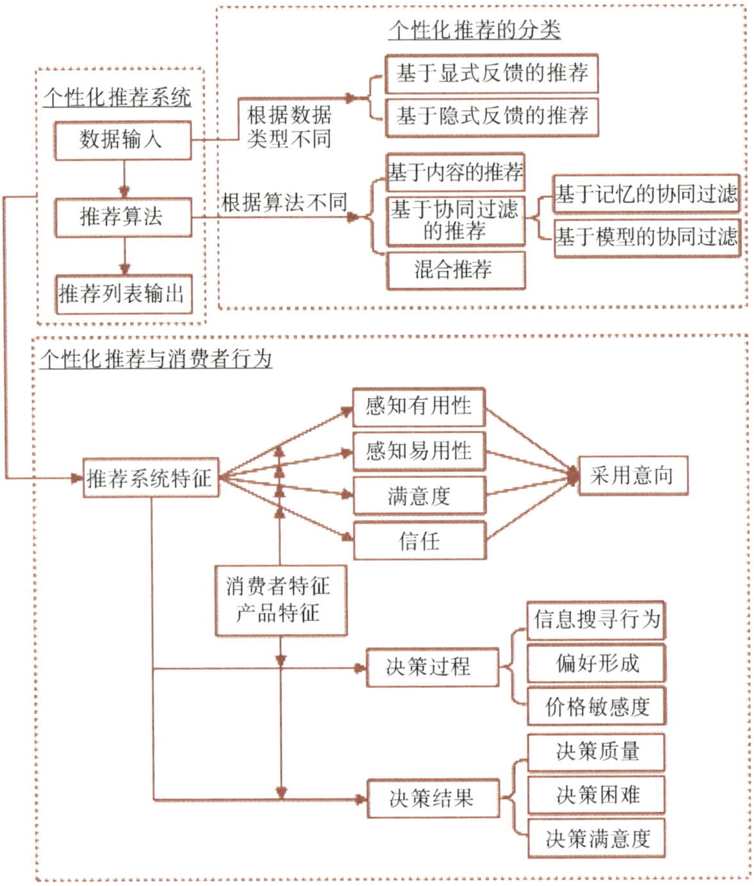

图 7－1　个性化推荐的分类和相关研究

推荐形式和推荐原理越熟悉，对推荐系统的信任度就越高，个性化推荐对其决策过程的影响也就越大。Kramer 及其合作者还研究了偏好测量任务的透明度和文化倾向等因素对个性化推荐评价或接受度的影响（Kramer，2007；Kramer、Spolter-Weisfeld，和 Thakkar，2007）。

第二，个性化推荐对消费者心理感知和购买行为的影响，主要包括对消费者偏好、信息搜索行为、价格敏感度和真实购买行为的影响。Häubl 和 Trifts（2000）采用实验室实验研究了交互式决策辅助工具（包括个性化推荐系统和对比矩阵）对消费者购买决策的影响，他们发现，使用个性化推荐系统会显著地降低消费者所考虑或搜寻的产品数量。Dellaert 和 Häubl（2012）的行为学实验也表明，当网站向消费者展示推荐品时，消费者倾向于将信息搜寻过程转换为“选择导向”，使得消费者更多地将当前产品与之前搜索过的所有产品进行比较，而不是仅与其中最好的产品进行比较。营销领域和信息系统领域的学者们还发现，个性化推荐会影响消费者偏好和对不同属性的看重程度（Adomavicius 等，2019；Adomavicius 等，2022；Häubl 和 Murray，2003）。还有一些学者研究了个性化推荐的潜在负面影响，例如，Fitzsimons 和 Lehmann（2004）利用实验研究，发现当商品推荐和消费者对商品的最初印象相矛盾时，消费者的决策满意度更低、决策困难更高，并且更可能选择没有被推荐的商品。近几年，营销学者们更加关注个性化推荐对消费者真实购买行为的影响，发现个性化推荐可以提高个体消费者购买和产品层面的销量（Oestreicher-Singe 和 Sundararajan，2012；Pathak 等，2010），还可以提高零售网站销售产品的多样性（Lee 和 Hosanagar，2019）。

此外，还有一些营销学者对个性化推荐的模型和引擎设计进行了深入研究和探讨（Chung、Rust 和 Wedel，2009；De Bruyn 等，2008）。例如，Ansari 等（2000）同时将消费者特征和产品特征的固定与随机效应引入分层贝叶斯模型，达到了比一般协同过滤算法更好的推荐质量。Ying 等（2006）同样采用消费者的产品评分数据，进一步提出消费者产品评分的缺失并不是随机产生的，他们采用概率模型同时对评分缺失的机制和观测到的产品评分建立模型，并采用实证数据证明该模型具有更高的推荐质量。此外，Bodapati（2008）使用交易数据建立了双重潜类别模型，不仅考虑了消费者对产品的知晓和购买，还引入了消费者和产品的异质性，该模型的样本外预测误差比一般推荐算法或二元回归模型更低。近些年，学者们也结合多种方法就特定情境下的个性化推荐模型和算法进行了创新，如针对 App 的推荐框架，针对平台企业的双边推荐系统设计（Malgonde 等，2020）。

三、研究评价

目前关于个性化推荐的营销研究已经形成了较为丰富的研究成果，但这些研究的视角较为分散，每个研究视角下的成果尚不够系统，未来还有很多潜在的研究机会。

首先，从消费者行为学的角度来看，现有研究对个性化推荐的影响探究得仍然不够细致。未来学者们可以进一步区分消费者的决策阶段（即考虑和选择阶段），检验和对比个性化推荐在消费者不同决策阶段的效果差异，从而对个性化推荐的相关理论文献作出补充，同时为企业的个性化推荐投放决策提出一些管理启示。

其次，在消费者行为领域，个性化推荐的框架（framing）效应也是一个非常有意思的未来研究方向。现有研究大多聚焦于不同类型个性化推荐算法的影响，较少学者关注推荐栏标签的描述方式或框架。例如，“基于您个人过去偏好的推荐” vs. “基于相似消费者偏好的推荐”可能会在很大程度上影响消费者对个性化推荐的反应，未来学者们可以采用实验室实验或实地实验的方法对一些潜在框架效应进行验证。

最后，这个领域的现有研究大多致力于探讨个性化推荐的短期影响，较少研究关注个性化推荐的长期影响。营销从业者和学者们普遍认为个性化推荐可以在长期内提升消费者的购物体验，进而增进顾客忠诚，未来学者们可以进一步采用实证研究检验个性化推荐长期效应的存在及强度。

参考文献

[1] 陈明亮，蔡日梅．(2009)．电子商务中产品推荐代理对消费者购买决策的影响．浙江大学学报（人文社会科学版），39（5），138－148.

[2] Adomavicius G.，Bockstedt J. C.，Curley S. P.，Zhang J.（2019）. Reducing recommender system biases：An investigation of rating display designs. *MIS Quarterly*，43（4），1321－1341.

[3] Adomavicius G.，Bockstedt J. C.，Curley S. P.，Zhang J.（2022）. Effects of Personalized Recommendations Versus Aggregate Ratings on Post-Consumption Preference Responses. *MIS Quarterly*，46（1），627－644.

[4] Ansari，A.，Essegaier，S.，Kohli，R.（2000）. Internet recommendation systems. *Journal of Marketing Research*，37（3），363－375.

[5] Bodapati，A. V.（2008）. Recommendation systems with purchase data. *Journal of Marketing Research*，45（1），77－93.

[6] Chung，T. S.，Rust，R. T.，Wedel，M.（2009）. My mobile music：An adaptive personalization system for digital audio players. *Marketing Science*，28（1），52－68.

[7] Dellaert，B. G. C.，Haubl，G.（2012）. Searching in choice mode：Consumer decision processes in product search with recommendations. *Journal of Marketing Research*，49（2），277－288.

[8] De Bruyn，A.，Liechty，J. C.，Huizingh，E. K. R. E.，Lilien，G. L.（2008）. Offering online recommendations with minimum customer input through conjoint-based decision aids. *Marketing Science*，27（3），443－460.

[9] Diehl K.，Kornish，L. J.，Lynch Jr，J. G.（2003）. Smart agents：When lower search costs for quality information increase price sensitivity. *Journal of Consumer Research*，30（1），56－71.

[10] Fitzsimons，G. J.，Lehmann，D. R.（2004）. Reactance to recommendations：When unsolicited advice yields contrary responses. *Marketing Science*，23（1），82－94.

[11] Haubl，G.，Trifts，V.（2000）. Consumer decision making in online shopping environments：The effects of interactive decision aids. *Marketing Science*，19（1），4－21.

[12] Häubl，G，Murray，K. B.（2003）. Preference construction and persistence in digital marketplaces：The role of electronic recommendation agents. *Journal of Consumer Psychology*，13（1－2），75－91.

[13] Komiak，S. Y. X.，Benbasat，I.（2006）. The effects of personalization and familiarity on trust and adoption of recommendation agents. *MIS Quarterly*，30（4），941－960.

[14] Kramer，T.（2007）. The effect of measurement task transparency on preference construc-

tion and evaluations of personalized recommendations. *Journal of Marketing Research*, 44(2), 224-233.

[15] Kramer, T., Spolter-Weisfeld, S., Thakkar, M. (2007). The effect of cultural orientation on consumer responses to personalization. *Marketing Science*, 26(2), 246-258.

[16] Lee, D., Hosanagar, K. (2019). How do recommender systems affect sales diversity? A cross-category investigation via randomized field experiment. *Information Systems Research*, 30(1), 239-259.

[17] Malgonde, O., Zhang, H., Padmanabhan. B., Limayem, M. (2020). Taming the complexity in search matching: Two-Sided recommender systems on digital platforms. *MIS Quarterly*, 44(1), 48-84.

[18] Oestreicher-Singe, G., Sundararajan, A. (2012). The visible hand? Demand effects of recommendation networks in electronic markets. *Management Science*, 58(11), 1963-1981.

[19] Pathak, B., Garfinkel, R., Gopal, R. D., Venkatesan, R., Yin, F. (2010). Empirical analysis of the impact of recommender systems on sales. *Journal of Management Information Systems*, 27(2), 159-188.

[20] Shi, S. W., Zhang, J. (2014). Usage experience with decision aids and evolution of online purchase behavior. *Marketing Science*, 33(6), 871-882.

[21] Xiao, B., Benbasat, I. (2007). E-commerce product recommendation agents: Use, characteristics, and impact. *MIS Quarterly*, 31(1), 137-209.

第三节 个性化或定向促销

一、方向介绍

随着以客户为中心的数据采集、存储和分析技术的不断发展，企业在作促销决策时也开始对不同的消费者进行区别对待，进行一定程度的“个性化”，这使得个性化或定向促销（targeted promotions）逐渐成为一种新型的个性化营销方式。通过获取和分析消费者在电子商务企业的购物历史数据、消费者所处的购物情境，甚至消费者实时的地理位置数据，企业可以较为准确地推测消费者的偏好和潜在需求，然后通过短消息、Email、网络消息等方式为消费者推送不同类型的促销产品或不同折扣幅度的促销信息，企业的此类个性化营销实践被统称为个性化或定向促销。随着近几年互联网和移动互联网技术的发展和成熟，个性化促销也在业界越来越普遍，吸引了诸多营销学者探讨个性化促销的效果、个性化促销对消费者心理感知的影响、个性化促销对企业经营的影响等问题，形成了一些研究成果。

二、文献导读

虽然很早就有学者提出了个性化促销的理念，但关于个性化促销的学术研究从2000年之后才开始逐渐出现。有些企业根据消费者的行为历史来进行个性化或定向促销（Fong，2017；Fong等，2019），而另一些企业根据消费者的地理位置或移动轨迹进行个性化或定向促销（Fong、Fang和Luo，2015；Ghose、Li和Liu，2019），甚至有些时候企业会结合各种类型的定向技术一起来进行个性化或定向促销（Lian、Cha和Xu，2019）。从研究主题上来看，这方面的相关研究主要包含两个方向：（1）个性化促销对消费者心理感知和反应的影响；（2）个性化促销的营销效果研究。

一方面，一些营销学者基于心理学和行为学的理论视角，关注消费者对个性化促销的心理感知与反应以及潜在的作用机制。Feinberg、Krishna和Zhang（2002）结合实验法和理论模型研究了个性化促销的影响，发现消费者很在乎与其他消费者的价格对比，而如果忽略了这些行为学洞察，将导致企业制定错误的促销决策。Tsai和Lee（2007）采用实验室实验法，研究了个性化促销给消费者带来的不公平感知以及由此带来的负面情绪反应。Barone和Roy（2010）从社会心理学的角度研究了排他性促销是否以及如何影响消费者反应。

另一方面，大量学者聚焦于各类个性化促销的营销效果。Zhang 和 Krishnamurthi（2004）最早采用营销建模的方法对不同消费者的偏好和购物行为习惯进行了深入分析，进而据此为每个消费者的每次购物旅程制定个性化的促销决策。Zhang 和 Wedel（2009）后续的一篇文章还研究了个性化促销对线上和线下销售的影响。Sahni、Zou 和 Chintagunta（2017）发现个性化促销除了促销功能，还在很大程度上发挥广告的作用，促进非促销品类的购买。Luo 等（2014）则对基于地理位置的个性化或定向促销（地理位置定向）效果进行了研究。一些学者还进一步探讨了企业个性化促销中的 Geo-conquesting 策略，即对竞争对手附近的客户进行有针对性的促销（Dube 等，2017；Fong、Fang 和 Luo，2015）。Ghose，Li 和 Liu（2019）的一项最新研究还探究了基于消费者移动轨迹模式的个性化促销策略，发现这种促销策略可以显著提升促销券的使用率，让消费者更快地产生购买意愿，并且购买金额更高。

在电子商务或网上零售领域，Fong（2017）研究了基于消费者购物历史的个性化 Email 促销对消费者信息搜寻行为的影响，发现个性化促销会减少消费者的产品搜寻行为。其后续研究 Fong 等（2019）进一步研究了个性化促销对消费者产品购买行为的影响，发现个性化促销会提升被促销产品及与之相似产品的购买和搜索，但会减少消费者对非相似产品的搜索和购买，因此产生一种挤出效应（crowding-out effect）。一些学者还将个性化促销应用于客户关系管理领域，探究个性化促销对获取潜在客户、维持老客户、挽回流失客户方面的作用（Ascarza，2018；Fruchter 和 Zhang，2004）。

三、研究评价

总体而言，相对于其他研究方向，关于个性化促销或定向促销的研究较为稀少，研究主题也较为分散。这主要是因为个性化促销可能会引发消费者的不公平感知，往往使得它具有隐蔽性，企业数据也较难获取。未来营销学者们可以结合多种研究方法更为系统地研究个性化促销对消费者心理和行为层面的影响，进而探究其对企业收益的影响。

现有个性化促销的相关文献大多聚焦于短期影响，个性化促销对消费者购买行为的长期影响还有待学者们进行深入的探究。传统促销的相关研究发现，规律性的促销会逐渐降低消费者的参照价格（reference price）、提高消费者的价格敏感性。与传统促销相比，消费者更难观察和感知个性化促销的规律性，在这种情况下，个性化促销是否依然会降低消费者的参照价格？探究这一问题不仅可以对个性化促销的研究作出理论补充，还可以将传统促销和个性化促销的相关文献联系起来，为企业的个性化促销决策提供一些决策依据。

此外，消费者信息的隐私保护问题受到越来越多的关注，在这种背景下，学者们还可以更为深入地探究个性化促销策略与消费者品牌信任的关系，系统性地研究哪些类型的个性化促销更容易被消费者接受和合理化、由个性化促销引发的隐私保护意识如何与其他因素一起交互地影响促销效果等重要研究问题。

参考文献

[1] Ascarza, E. (2018). Retention futility: Targeting high risk customers might be ineffective. *Journal of Marketing Research*, 55(1), 80-98.

[2] Barone, M., Roy, T. (2010). The effect of deal exclusivity on consumer response to targeted price promotions: A social identification perspective, *Journal of Consumer Psychology*, 20(1), 78-89.

[3] Dube, J. P., Fang, Z., Fong, N., Luo, X. (2017). Competitive price targeting with smartphone coupons. *Marketing Science*, 36(6), 944-975.

[4] Feinberg, F. M., Krishna, A., Zhang, Z. J. (2002). Do we care what others get? A behaviorist approach to targeted promotions. *Journal of Marketing Research*, 39(3), 277-291.

[5] Fong, Nathan M. (2017). How targeting affects customer search: A field experiment. *Management Science*, 63(7), 2353-2364.

[6] Fong, N. M., Fang, Z., Luo, X. (2015). Geo-conquesting: Competitive locational targeting of mobile promotions. *Journal of Marketing Research*, 52(5), 726-735.

[7] Fong, N., Zhang, Y., Luo, X., Wang, X. (2019). Targeted promotions on an e-book platform: Crowding out, heterogeneity, and opportunity costs. *Journal of Marketing Research*, 56(2), 310-323.

[8] Fong, N., Zhang, Y., Luo, X., Wang, X. (2017). Targeted promotions and cross-category spillover effects. AMA Winter Educators' Conference Proceedings, 28, D-87. Retrieved from http://search.ebscohost.com/login.aspx? direct = true&db = bth&AN = 127992707&lang = zh-cn&site = ehost-live.

[9] Fruchter, G. E., Zhang, Z. J. (2004). Dynamic targeted promotions: A customer retention and acquisition perspective. *Journal of Service Research*, 7(1), 3-19.

[10] Ghose, A., Li., B., Liu, S. (2019). Mobile targeting using customer trajectory patterns. *Management Science*, in press. https://doi.org/10.1287/mnsc.2018.3188.

[11] Lian, S., Cha, T., Xu, Y. (2019). Enhancing geotargeting with temporal targeting, behavioral targeting and promotion for comprehensive contextual targeting. *Decision Support Systems*, 117, 28-37.

[12] Luo, X., Andrews, M., Fang, Z., Phang, C. W. (2014). Mobile targeting. *Management Science*, 60(7), 1738-1756.

[13] Sahni, N. S., Zou, D., Chintagunta, P. K. (2017). Do targeted discount offers serve as

advertising? Evidence from 70 field experiments. *Management Science*,63(8),2688 – 2705.

[14]Tsai,D., Lee,H. C. (2007). Will you care when you pay more? The negative side of targeted promotions. *Journal of Product & Brand Management*,16(7),481 – 491.

[15]Zhang,J., Krishnamurthi,L. (2004). Customizing promotions in online stores. *Marketing Science*,23(4),561 – 578.

[16]Zhang,J., Wedel,M. (2009). The effectiveness of customized promotions in online and offline stores. *Journal of Marketing Research*,46(2),190 – 206.

第八章

移动营销相关研究

作为一类非常重要的屏幕终端或者营销渠道，近些年来移动端营销受到了越来越多学者的关注（Kannan 和 Li，2017）。国内大型的淘宝、京东、唯品会等电子商务平台或垂直电商均开发了自己的移动应用（App），借此更好地进行移动端营销和销售，越来越多的消费者也开始从传统的 PC 端购物转移为移动端购物。移动端设备是传统 PC 端的重要补充，但移动端营销及其顾客体验的特殊性正促使越来越多的营销学者开展相关研究（Shankar 等，2016）。2016 年，中国高等院校市场学会联合北京大学光华管理学院正式成立了“中国移动营销研究中心”，充分体现了国内营销学术界对移动营销研究领域的重视。目前该领域在不断涌现新的移动营销策略以及相关研究成果。

第一节　移动营销策略及其效果研究

一、方向介绍

这个研究方向是随着移动互联网技术的发展而逐渐兴起的。营销学者们最早关注的是影响消费者是否采用移动端购物或社交应用的因素（洪红和徐迪，2015）。而近些年移动信息技术的成熟和完善为移动端的营销策略创新提供了更多的可能。移动端营销与线下渠道或传统的互联网渠道存在诸多不同，移动端的特殊性之一在于它可以提供消费者的（实时）位置信息，为企业创造更多营销机会的同时，也为学者们提供了诸多研究课题。国外很多营销学者的相关研究主要围绕移动端营销策略的创新及其营销效果展开，目前已经形成了较为丰富的研究成果，也有学者就移动端个性化营销策略进行了较为系统的综述（Tong 等，2020）。国内营销学者目前在这个方面的实证研究相对较少，但近几年有逐渐增多的趋势，已经有一些学者开始对移动端营销的效果进行探讨（车诚、戚晓琳、马万祺和邵冬雁，2017）。

二、文献导读

近年来，一些营销学者研究了移动端营销创新及其对消费者行为和企业竞争的影响（Fang 等，2015）。Luo 等（2014）研究了 Geo-targeting（即基于地理位置的定向）促销的效果，发现对于距离企业较近的消费者，移动屏幕端的即时促销的效果更好，而对于距离企业较远的消费者，提前一天进行促销的效果更好。在此基础上，Fong、Fang 和 Luo（2015）进一步研究了 Geo-conquesting 的营销策略（即企业根据消费者移动端的实时位置投放促销信息以争夺竞争对手的客户），他们采用实地实验法检验了这种移动营销创新的效果及其边界条件。另一些学者进一步探究了多个企业同时采取 Geo-conquesting 的营销策略时，企业之间的竞争态势会如何变化（Chen 等，2017；Dube 等，2017）。Ghose、Li 和 Liu（2019）的一项最新研究还探究了基于消费者移动轨迹模式的个性化促销策略，发现这种促销策略可以显著提升促销券的使用率。Zhang 等（2019）则针对移动 App 参与度低的问题，提出了结构化前瞻隐马尔可夫模型（structural forward-looking Hidden Markov Model），该模型可以识别消费者所处的（不可观测的）参与度状态，并据此投放定向移动 App 促销，可以取得比传统定向促销更好的效果。

在移动营销领域，营销学者们还探讨了消费者对一般移动端广告、促销等营销信息的响应模式及其作用机制等重要问题（Danaher 等，2015）。例如，Andrews 等（2016）研究了拥挤程度对移动定向广告效果的影响，他们发现拥挤的环境使得消费者倾向于将自己沉浸于手机屏幕，进而显著地提高他们对移动端定向广告的响应率。而 Li 等（2017）针对600 万消费者进行的实地实验探究了天气对移动端定向广告效果的系统性影响，他们发现，相对于在多云的天气中，消费者在晴天对移动定向广告的响应率更高，而在雨天对移动定向广告的响应率更低。Bart、Stephen 和 Sarvary（2014）还研究了产品特征与移动广告效果之间的关系，他们对美国近四万名消费者进行了实地实验，发现移动广告对消费者产品态度和购买意向的正向影响仅适用于卷入度较高的实用型商品。

三、研究评价

移动端营销是目前营销学者们较为关注的热点领域。在这个方面，虽然一些营销学者作了探索和尝试，但这些研究尚未形成系统的研究体系，该方向依然存在诸多的研究机会。例如，现有很多营销学者探索了考虑空间因素（基于地理位置）的促销、广告对消费者响应（即点击和购买）的影响，未来学者们可以进一步深入探究考虑时间因素（基于时间或其他情境因素）的促销、广告等营销刺激如何影响消费者对产品的态度和购买。

此外，现有研究大多致力于探究消费者对移动端广告的反应，但并未对移动端和 PC 端广告、促销等营销刺激的效果进行对比分析。而由于移动端屏幕和 PC 端屏幕存在诸多差异，消费者对促销等营销刺激的反应强度在不同屏幕终端也可能存在着系统性差异，而且这种差异可能还存在着明显的消费者异质性和产品品类差异，未来学者们可以开展实证研究以更为细致地探讨这些研究问题。

参考文献

[1] 车诚，戚晓琳，马万祺，邵冬雁．(2017)．移动社交网络营销效果的影响因素实证研究．中国管理科学，25（5），145－149.

[2] 洪红，徐迪．(2015)．移动社交应用的持续使用意愿影响因素研究——探讨网络外部性和羊群行为的共同作用．经济管理，37（5），51－61.

[3] Andrews, M., Luo, X., Fang, Z., Aspara, J. (2014). Cause marketing effectiveness and the moderating role of price discounts. *Journal of Marketing*, 78(6), 120－142.

[4] Andrews, M., Luo, X., Fang, Z., Ghose, A. (2015). Mobile ad effectiveness: Hyper-contextual targeting with crowdedness. *Marketing Science*, 35(2), 218－233.

[5] Bart, Y., Stephen, A. T., Sarvary, M. (2014). Which products are best suited to mobile advertising? A field study of mobile display advertising effects on consumer attitudes and inten-

tions. *Journal of Marketing Research*, 51(3), 270 – 285.

[6] Li, C., Luo, X., Zhang, C., Wang, X. (2017). Sunny, rainy, and cloudy with a chance of mobile promotion effectiveness. *Marketing Science*, 36(5), 762 – 779.

[7] Chen, Y., Li, X., Sun, M. (2017). Competitive mobile geo targeting. *Marketing Science*, 36(5), 666 – 682.

[8] Danaher, P. J., Smith, M. S., Ranasinghe, K., Danaher, T. S. (2015). Where, when and how long: Factors that influence the redemption of mobile phone coupons. *Journal of Marketing Research*, 52(5), 710 – 725.

[9] Dube, J. P., Fang, Z., Fong, N. M., Luo, X. (2017). Competitive price targeting with smartphone coupons. *Marketing Science*, 36(6), 944 – 975.

[10] Fang, Z., Gu, B., Luo, X., Xu, Y. (2015). Contemporaneous and delayed sales impact of location-based mobile promotions. *Information Systems Research*, 26(3), 552 – 564.

[11] Fong, N. M., Fang, Z., Luo, X. (2015). Geo-conquesting: Competitive locational targeting of mobile promotions. *Journal of Marketing Research*, 52(5), 726 – 735.

[12] Lian, S., Cha, T., Xu, Y. (2019). Enhancing geotargeting with temporal targeting, behavioral targeting and promotion for comprehensive contextual targeting. *Decision Support Systems*, 117, 28 – 37.

[13] Luo, X., Andrews, M., Fang, Z., Phang, C. W. (2014). Mobile targeting. *Management Science*, 60(7), 1738 – 1756.

[14] Ghose, A., Li, B., Liu, S. (2019). Mobile targeting using customer trajectory patterns. *Management Science*, 65(11), 5027 – 5049.

[15] Ghose, A., Kwon, H. E., Lee, D., Oh, W. (2019). Seizing the commuting moment: Contextual targeting based on mobile transportation apps. *Information Systems Research*, 30(1), 154 – 174.

[16] Shankar, V., Kleijnen, M., Ramanathan, S., Rizley, R., Holland, S., Morrissey, S. (2016). Mobile shopper marketing: Key issues, current insights, and future research avenues. *Journal of Interactive Marketing*, 34, 37 – 48.

[17] Tong, S., Luo, X., Xu, B. (2020). Personalized mobile marketing strategies. *Journal of the Academy of Marketing Science*, 48, 64 – 78.

[18] Zhang, Y., Li, B., Luo, X., Wang, X. (2019). Modeling User Engagement in Mobile Content Consumption with Tapstream Data and Field Experiment. *Information Systems Research*, 31(2), 556 – 575.

第二节　移动端购物体验与消费者行为

一、方向介绍

该研究方向主要关注消费者使用移动端时的购物体验和消费行为特点。与PC端相比，移动端屏幕便于携带，具有随时性和随地性的优点，消费者可以随时随地进行产品信息搜寻或网络购物，而且一些移动端具有触摸屏幕，因此消费者的移动端购物体验也与PC端购物存在显著不同。这个方向的早期研究主要从心理和行为学的角度探究移动端的特殊性（如触摸屏）对购物体验和购物行为的影响，主要采用实验室实验的方法，得出了一些有意思的研究结论。随着企业可以获取和追踪的PC端和移动端数据越来越多，营销模型领域的学者开始用建模的方法研究移动端采用（mobile adoption）对消费者购物行为的影响，随着移动端App的出现，还有些学者进一步探究了移动端App的采用对消费者购物行为的影响。近些年，这个研究方向已经取得了一些研究成果。

二、文献导读

目前关于移动端购物体验与消费者行为的学术研究主要分为两大类。第一类研究聚焦于消费者使用移动端触摸屏幕购物时的心理和行为特点，消费者行为学领域的一些学者在这方面进行了积极的探索，并且取得了有价值的研究成果。例如，Brasel和Gips（2014）研究了触摸屏幕终端（即Pad）与非触摸屏幕终端（即PC）对消费者购物行为影响的不同，采用两项实验室实验，他们发现触摸屏幕终端会加强禀赋效应（endowment effect），提高消费者对产品的心理拥有感（psychological ownership），而这一效应对于触摸感很重要的产品类型和拥有触摸屏幕终端设备的消费者会更强。而来自香港中文大学和密歇根大学的Shen、Zhang和Krishna（2016）研究了移动端触摸屏幕（的体验）如何影响消费者对不同类型产品的感知和购买行为，他们发现，相对于使用PC端屏幕，消费者使用移动端触摸屏幕（Pad）时会更易于心理模拟（mental simulation）与享乐型产品之间的交互，因而更加容易选择高热量、享乐型的产品（如巧克力蛋糕），他们称之为“Direct Touch”效应。同样采用实验室实验，Chung、Kramer和Wong（2018）发现，相对借助于鼠标的屏幕终端，移动触摸屏幕终端会让消费者的购物参与度更高，而这种高参与度及其带来的正面情感会进一步提高消费者的购买意向。而Zhu和Meyer（2017）则发现移动端触摸屏幕终端会激发消费者的体验式思考方式，而PC屏幕终端更多地激发理性的思考方式，因此，移动端触摸屏幕终端会提高消费者对享乐型商品的购买意向。

第二类研究采用消费者的真实购物行为数据和实证建模方法，分析了移动屏幕终端的采用对消费者购买过程和购买行为的影响。Wang、Malthouse 和 Krishnamurthi（2015）使用某大型网上零售商的真实数据研究了采用移动端购物对客户购买行为的影响，发现移动端的采用会显著提高客户的订单量和订单金额，而且客户使用移动端选购的通常是之前买过的习惯性商品。类似地，Xu 等（2017）使用淘宝平台四年间的网络浏览和购买数据，用自然实验的方法探究了淘宝平台在移动 Pad 端引入 app 对消费者真实购买行为的影响。他们发现使用移动端 App 会显著提升网络零售商的总体销售额，尤其是对于冲动性购买行为较常见的产品类别，使用移动端购物对网络零售商的销售提升作用更大。而 De Haan、Kannan、Verhoef 和 Wiesel（2018）使用来自欧洲某大型网上零售商的点击流数据，探索了消费者购物中从移动端到 PC 端的转换行为对消费者购物路径和购买转化的影响。结果发现，在购物过程中，从移动屏幕终端转移到 PC 端等更为固定的终端屏幕会显著提升消费者的购买转化率，而且，对于感知风险更高的产品类别、价格更高的产品、消费者对产品类别或网上零售商更不熟悉时，这个屏幕转换效应会更大。

三、研究评价

总体而言，这个方向的营销研究相对较为前沿，研究的视角也较为分散，大部分研究依然采用实验室实验法，探究移动端购物与消费者心理感知之间的联系。目前采用企业真实数据开展相关研究的文献还较为稀少，诸多营销学者正在这个方面进行一些尝试和探索。移动 app 的出现为该领域提供了更多可探索的研究方向，通过挖掘消费者使用不同移动端 app 的行为数据，营销学者们可以从中识别消费者的生活方式，还可以为企业在不同移动 app 内的广告投放提供指导建议。未来学者们还可以致力于研究消费者在移动 app 端的购物行为模式及其对营销策略的反应，从中探求帮助企业提升 app 内顾客活跃度和忠诚度的方法和策略。通过探究同一行业内消费者对不同企业 app 的使用行为，营销学者们还可以探究同一行业不同企业间的竞争及行业政策的影响，从行业的视角对企业竞争作出一些理论贡献。

现有的一些研究关注移动端的采用如何影响消费者购物行为，但并未深入分析消费者采用移动端购物的动机和在移动端完成的具体任务，未来研究可以借助于信息技术直接追踪消费者在不同屏幕终端的购物行为数据，系统性地分析消费者跨越不同屏幕终端的全渠道购物体验，探究移动终端如何与 PC 端互为补充地帮助消费者完成整个购物旅程，由此获取的客户洞察可以帮助企业协调在移动端和 PC 端的促销、广告等营销投入，从而最大化企业的营销回报。

参考文献

[1] Brasel, S. A., Gips, J. (2014). Tablets, touchscreens, and touchpads: How varying touch interfaces trigger psychological ownership and endowment. *Journal of Consumer Psychology*, 24(2), 226 - 233.

[2] Chung, S., Kramer, T., Wong, E. M. (2018). Do touch interface users feel more engaged? The impact of input device type on online shoppers' engagement, affect, and purchase decisions. *Psychology & Marketing*, 35(11), 795 - 806.

[3] De Haan, E., Kannan, P. K., Verhoef, P. C., Wiesel, T. (2018). Device switching in online purchasing: Examining the strategic contingencies. *Journal of Marketing*, 82 (September), 1 - 19.

[4] Einav, L., Levin, J., Popov, I., Sundaresan, N. (2014). Growth, adoption, and use of mobile e-commerce. *American Economic Review*, 104(5), 489 - 494.

[5] Ghose, A., Goldfarb, A., Han, S. P. (2013). How is the mobile internet different? Search costs and local activities. *Information Systems Research*, 24(3), 613 - 631.

[6] Melumad, S., Inman, J. J., Pham, M. T. (2019). Selectively emotional: How smartphone use changes user-generated content. *Journal of Marketing Research*, 56(2), 259 - 275.

[7] Shen, H., Zhang, M., Krishna, A. (2016). Computer interfaces and the "direct-touch" effect: Can iPads increase the choice of hedonic food? *Journal of Marketing Research*, 53(5), 745 - 758.

[8] Wang, R. J. H., Malthouse, E. C., Krishnamurthi, L. (2015). On the go: How mobile shopping affects customer purchase behavior. *Journal of Retailing*, 91(2), 217 - 234.

[9] Xu, K., Chan, J., Ghose, A., Han, S. P. (2017). Battle of the channels: The impact of tablets on digital commerce. *Management Science*, 63(5), 1469 - 1492.

[10] Xu, J., Forman, C., Kim, J. B., Van Ittersum, K. (2014). News media channels: Complements or substitutes? Evidence from mobile phone usage. *Journal of Marketing*, 78(4), 97 - 112.

[11] Zhu, Y., Meyer, J. (2017). Getting in touch with your thinking style: How touchscreens influence purchase. *Journal of Retailing and Consumer Services*, 38, 51 - 58.

第九章

大数据营销相关研究

大数据毫无疑问是最近几年最火的词汇之一，而大数据应用的重要领域之一就是营销管理和客户关系管理。大数据技术（如分布式文件系统、分布式计算框架等）的发展给企业的市场营销活动带来了翻天覆地的变化，越来越多的企业开始基于大数据来制定和执行市场营销决策。企业所收集和存储的海量消费者行为数据正在引领着一场新的营销理论与实践的革命——大数据营销。基于大数据的营销策略创新也已经成为国内外学术研究的重要方向，近几年均被列为国家自然科学基金委的重点资助领域（冯芷艳等，2013）。

在企业可获取的海量数据中，很多是文本、图像、视频、社交网络等非结构化和半结构化的数据，而这些数据中可能包含大量与消费者偏好和品牌感知相关的信息。因此，近几年来，很多营销领域的学者在致力于寻找将非结构化或半结构化数据进行结构化，进而用于营销研究的方法，尤其是对文本数据的挖掘和营销应用，目前已经形成了较为丰硕的成果。这个领域是随着大数据和人工智能的发展而新兴的研究领域，具体来讲，可以分为两大方面：基于新型非结构化数据的营销研究、基于文本数据的营销研究。

第一节 基于非结构化数据的营销研究

一、方向介绍

在营销领域，非结构化数据正受到来自业界和学界越来越多的关注，如图像数据、声音数据、社交网络结构数据、购物路径数据等。学界和业界都很关注如何从非结构化数据中提取有价值的营销知识，以获取客户洞察并辅助营销决策。然而，将非结构化数据转换为结构化数据，并与营销领域的相关知识和客户洞察结合起来，仍然是一个非常具有挑战性的问题，也是未来极为重要的研究机会。这个研究领域目前尚处于起步阶段，一些学者探究了如何从社交网络结构数据中识别意见领袖、如何通过分析非结构化的图像数据来更好地帮助企业选择平面广告模特等。通过提出新的建模方法或探索联结深度学习和营销知识的新方法，来处理非结构化数据和增强结果的可解读性，可以让非结构化数据更广泛地被应用于管理和营销的相关研究和实践中。目前很多领域的学者开始尝试结合机器学习的方法来处理各种类型的非结构化数据，营销领域的学者们也开始探索将深度学习和营销理论知识结合起来以辅助营销决策的方法，正在逐步形成一些创新性的研究成果（George等，2016）。

二、文献导读

商业大数据的来源广泛，且种类和形式多样。因此，在利用大数据进行营销策略创新时，一般需要学者们提出新型的建模方法和分析框架，或者需要引入一些其他学科的建模和数据处理技术（如机器学习、卷积神经网络、视频识别等）。目前，国内学者在该研究方向的贡献相对较为稀少，国外营销学者主要探索了非结构化数据、半结构化数据（社交网络数据）的建模方法及相关的营销创新和应用。

基于新型非结构化数据的建模方法主要包括对图象和视频等数据的深度挖掘和建模，以帮助企业更好地制定广告、促销等营销决策。例如，Xiao 和 Ding（2014）采用特征脸（eigenfaces）的方法对平面广告模特的脸部图像进行了量化和分析，并采用实证研究证明不同产品类别的平面广告所适合采用的最佳脸部特征存在着系统性差异，因此，企业可以通过有策略性地挑选具有一定脸部特征的模特，来显著提升某个产品品类的广告效果（如广告态度、购买意向）。还有一些营销学者将深度学习的方法引入图像处理和营销研究中，他们将图像与人们可以理解的具体图像特征（如图像的饱和度、颜色等）和营销知识联系起来，从中学习对于理解品牌感知和预测企业销售量有所帮助的图像维度（Liu 等，2018；Zhang 等，2022），可以在很大程度上提高模型的解释力度。近几年也有学者将图像与文本数据进行了结合，采用机器学习的方法量化了在线评论中文字与图片内容的相似性，并探究了图文相似性对评论有用性的影响（Ceylan 等，2021）。

在非结构化的视频数据处理方面，Zhang 等（2014）采用了人工标记和追踪消费者购物过程的方法，研究了消费者购物过程中的社交因素（如与现场销售人员的交谈、与陪同购物的朋友或伙伴间的沟通）如何影响其产品触摸和购买行为。Hui 等（2013）同样采用商店内的视频追踪数据，研究了消费者在线下商店内的非计划购买行为。得益于技术的进步，越来越多的学者开始借助于机器学习和计算机视觉领域的相关技术处理视频数据，并与营销研究进行了结合。Liu 等（2018）利用面部表情识别技术，提取了消费者对喜剧电影宣传片的情绪反应，并将之应用于观影意愿和电影票房的预测。Lu、Xiao 和 Ding（2016）则结合计算机领域的视频识别技术，对消费者试衣服的视频数据进行了解析，借助于协同过滤算法的思想，构建了个性化推荐系统来为消费者实时地推荐他们可能会感兴趣的衣服，该系统有希望被广泛地应用于线下零售商店中，帮助提升客户购物体验。Zhou 等（2021）提出了一个创新的视频特征框架，并将其应用于在线课程视频的观看和评价中，发现使用该框架提炼的视频特征不仅可以预测个体消费者层面的观看行为，还可以较为准确地预测视频整体层面的受欢迎程度。

在社交网络数据的分析方面，营销学者们探索了从品牌和消费者之间的网络联结中挖掘消费者品牌感知的定量方法，并通过该方法更高效、低成本地获取品牌在消费者心目中的定位（Culotta 和 Cutler，2016）。备受营销学者们关注的社交网络数据还包括社交标签（social tags）数据，通过挖掘消费者自发给企业、品牌、产品等相关内容打的标签，企业可以提取具有代表性的内容主题，对品牌竞争关系和舆论趋势进行监控，预测品牌表现，甚至企业股价的异常变化（Nam、Joshi 和 Kannan，2017；Nam 和 Kannan，2014）。另有一些研究则关注社交网络联结（social tie）数据与用户产生内容之间的关系（Shriver、Nair 和 Hofstetter，2013），以及商家之间的社交网络联结关系如何影响商家的市场表现（Stephen 和 Toubia，2010）。

自 2000 年以来，一些国外营销学者还对非结构化的购买路径数据进行了量化和研究。关于购买路径数据的研究最早始于 Montgomery 等（2004），他们利用消费者在互联网上的点击流数据对消费者的购买路径进行了建模。此后，Hui 及其合作者对消费者的购买路径信息进行了建模和文献综述，形成了一系列的研究成果（Hui、Bradlow 和 Fader，2009；Hui、Fader 和 Bradlow，2009）。还有一些学者聚焦于融合多种来源的结构化和非结构化大数据，帮助企业更好地预测产品或服务的销售量（Liu，Singh 和 Srinivasan，2016）。

三、研究评价

总体而言，目前很多营销学者都在尝试将非结构化数据引入营销研究中，尤其是社交网络、购买路径等非结构化数据的相关营销研究，起步较早，目前已经相对较为成熟。而关于图像、视频和音频等数据的分析，还处于起步和探索阶段，尚未形成系统、成熟的方法体系。未来学者们可以系统地梳理对这类非结构化数据进行量化的机器学习算法，分析其特点和优劣，为更多的营销学者提供一些借鉴。

作为营销领域非常重要的一类非结构化数据，图像对于营销中的很多研究领域至关重要，也是未来重要的研究机会和方向。目前仅有的几个利用图像数据的研究依然局限于图像的一些简单维度，并且未将这些抽象的维度与消费者心理感知紧密联系起来，难以被营销人员所解读。未来营销学者们可以在更广泛的营销情境中（如互联网广告、品牌感知）探索图像数据的作用，并将其与深入的营销洞察联系起来，更好地指导营销人员的管理实践、优化营销决策。

视频和音频方面的相关研究则更为稀少，而视频、音频数据在电视广告及广播广告等诸多领域极为常见，而且对广告效果和消费者品牌态度发挥着举足轻重的作用，因此，未来营销学者们可以进一步探究深度解析视频和音频数据的方法，进而帮助企业改善广告内容、声音元素的设计，从而实现广告决策的优化。

参考文献

[1] 冯芷艳，郭迅华，曾大军，陈煜波，陈国青．（2013）．大数据背景下商务管理研究若干前沿课题．管理科学学报，16（1），1 -9.

[2] 王毅，刘钾．（2018）．配音演员的声音对广告效果的影响研究——对非结构化音频数据的解读．中央财经大学学报，（12），99 - 107.

[3] Ceylan, G., Diehl, K., Proserpio, D. (2021). Words meet photos: When and why visual content increases review helpfulness. Electrical Engineering eJournal, 2021. Available at SSRN: https://papers.ssrn.com/sol3/papers.cfm?abstract_id=3896569.

[4] Culotta, A., Cutler, J. (2016). Mining Brand Perceptions from Twitter Social Networks. *Marketing Science*, 35(3), 343 - 362.

[5] George, G., Osinga, E. C., Lavie, D., Scott, B. A. (2016). Big data and data science methods for management research. *Academy of Management Journal*, 59(5), 1493 - 1507.

[6] Hui, S., Bradlow, E., Fader, P. (2009). Testing behavioral hypotheses using an integrated model of grocery store shopping path and purchase behavior. *Journal of Consumer Research*, 36

(3),478 - 493.

[7] Hui, S., Fader, P., Bradlow, E. (2009). Path data in marketing: An integrative framework and prospectus for model building. *Marketing Science*, 28(2), 320 - 335.

[8] Hui, S., Huang, Y., Suher, J., Inman, J. (2013). Deconstructing the "first moment of truth": Understanding unplanned consideration and purchase conversion using in-store video tracking. *Journal of Marketing Research*, 50(4), 445 - 462.

[9] Klostermann, J., Plumeyer, A., Böger, D., Decker, R. (2018). Extracting brand information from social networks: Integrating image, text, and social tagging data. *International Journal of Research in Marketing*, 35(4), 538 - 556.

[10] Liu, L., Dzyabura, D., Mizik, N (2018). Visual listening in: Extracting brand image portrayed on social media. *AAAI Workshops*, North America, June 2018. Available at: <https://aaai.org/ocs/index.php/WS/AAAIW18/paper/view/17094/15551>. Date accessed: 27 April, 2019.

[11] Liu, X., Singh, P. V., Srinivasan, K. (2016). A structured analysis of unstructured big data by leveraging cloud computing. *Marketing Science*, 35(3), 363 - 388.

[12] Liu, X., Wei Shi, S., Teixeira, T., Wedel, M. (2018). Video content marketing: The making of clips. *Journal of Marketing*, 82(4), 86 - 101.

[13] Lu, S., Xiao, L., Ding, M. (2016). A video-based automated recommender (VAR) system for garments. *Marketing Science*, 35(3), 484 - 510.

[14] Nam, H., Kannan, P. K. (2014). Informational value of social tagging networks. *Journal of Marketing*, 78(4), 21 - 40.

[15] Nam, H., Joshi, Y. V., Kannan, P. K. (2017). Harvesting brand information from social tags. *Journal of Marketing*, 81(4), 88 - 108.

[16] Montgomery, A. L., Li, S., Srinivasan, K., Liechty, J. C. (2004). Modeling online browsing and path analysis using clickstream data. *Marketing Science*, 23(4), 579 - 595.

[17] Shriver, S. K., Nair, H. S., Hofstetter, R. (2013). Social ties and user-generated content: Evidence from an online social network. *Management Science*, 59(6), 1425 - 1443.

[18] Stephen, A. T., Toubia, O. (2010). Deriving value from social commerce networks. *Journal of Marketing Research*, 47(2), 215 - 228.

[19] Xiao, L., Ding, M. (2014). Just the faces: Exploring the effects of facial features in print advertising. *Marketing Science*, 33(3), 338 - 352.

[20] Zhang, X., Li, S., Burke, R. R., Leykin, A. (2014). An examination of social influence on shopper behavior using video tracking data. *Journal of Marketing*, 78(5), 24 - 41.

[21] Zhang, S., Lee, D., Singh, P. V., Srinivasan, K. (2022). What makes a good image? Airbnb demand analytics leveraging interpretable image features. *Management Science*, 68(8),

5644 – 5666. Zhou, M., Chen, G. H., Ferreira, P., & Smith, M. D. (2021). Consumer behavior in the online classroom: Using video analytics and machine learning to understand the consumption of video courseware. *Journal of Marketing Research*, 58(6), 1079 – 1100.

第二节 基于文本数据的营销研究

一、方向介绍

文本数据属于较为典型的一类非结构化数据，也是最早被营销和管理领域的学者们所研究和关注的一类非结构化数据。基于文本数据的营销研究最早始于营销学者对产品评价（product review）的内容分析，早期采用的方法比较简单粗略，只是从文本中提取一些简单的关键词，而随着企业可获取和采集的文本数据越来越多元化（如社交媒体上的用户生成内容、论坛帖子、文本标签等），需要采用的分析技术也越来越复杂。但近些年，文本数据的相关量化和分析技术（如自然语言处理技术、主题模型、深度学习等）已逐渐成熟和完善。这促使大量营销学者以及管理领域的学者对文本数据进行更为细致的分析和挖掘，并融入其学术研究中。在营销领域，不管是对于消费者需求的挖掘、消费者情绪分析，还是对于消费者的品牌感知和评价分析，文本数据的分析和挖掘都发挥了非常重要的作用，目前也已经陆续形成了一些创新性的研究成果。

二、文献导读

文本数据挖掘目前已经被广泛地应用于管理和营销领域的学术研究中。在营销研究中，结合文本挖掘的相关研究在主题上相对较为分散。总体来看，这类研究主要包含两大方面，即消费者偏好和需求的挖掘、品牌和竞争舆情的监测。目前学者们在这些研究主题上已经形成了一些高水平的研究成果。

第一，大量营销学者采用社交网络的用户产生内容、消费者产品点评内容等数据对消费者偏好和需求进行挖掘和识别，并将之用于预测或营销决策优化（Trusov 等，2016）。例如，Archak、Ghose 和 Ipeirotis（2011）通过对消费者点评文本内容的挖掘，识别和解析消费者对不同产品属性的相对偏好，结合这些信息实现对产品销量更加准确的预测。Toubia 等（2019）采用有监督的 LDA（latent Dirichlet allocation）模型对娱乐型产品的描述内容进行了分析，可以自动地从产品描述中提取娱乐型产品的一系列特点或主题，他们将这个模型应用于电影描述内容数据的分析，发现提取的电影特征可以更好地帮助企业预测消费者个体层面的观影行为。Timoshenko 和 Hauser（2019）采用卷积神经网络等机器学习方法对用户产生内容（user-generated content）进行过滤和挖掘，从中识别消费者需求和偏好，比传统的深度访谈和焦点小组访谈方法更加高效，也能提取更有价值的消费者需求信息。而 Ghose、Ipeirotis 和 Li（2012）结合来自社交媒体的用户评价、地理标签等内容信息，采用文本挖掘、图像分类等技术生成完整的酒店特征并识别消费者偏好，打造了一个能够帮助消费者推荐出最优酒店的搜索排名系统。Liu 和 Toubia（2018）还提出了一个改进的主题模型（topic model），可以通过实时地挖掘搜索关键词信息来更好地提取和理解消费者对不同内容的偏好，并据此帮助企业优化内容产品的生产和促销决策。

第二，还有一些营销学者主要聚焦于利用社交上的用户产生内容、消费者点评内容等数据来挖掘消费者情绪，并将之用于品牌或企业舆情监测和品牌定位与竞争分析。例如，Das 和 Chen（2007）结合统计和自然语言处理技术从股票讨论内容中提取了小投资人的情绪反应信息，基于这些信息生成了投资人的股票情绪指数（sentiment index），可以实现对投资人投资信心和情感的追踪和监测以及预测企业的股市表现。Ordenes 等（2017）对大量消费者点评内容进行了细致的文本挖掘，识别出用户产生内容的内隐情绪表达、语篇模式（如不连贯性）等语言风格特征，并研究了这些特征对消费者总体评分的影响。Ordenes 等（2019）的一项最新研究对知名消费品品牌两年多来在 Facebook 和 Twitter 上发布的帖子内容进行了挖掘，提取了企业帖子的语言风格（如修辞风格等）以及不同帖子之间的动态关联，研究这些因素如何影响帖子的转发或分享行为。而 Netzer 等（2012）则采用文本挖掘方法和语义网络分析工具对博客、论坛等不同来源、关于产品的用户产生内容进行了分析，从中识别和获取某个产品类别（如轿车）的整体市场结构和品牌竞争情况。随后，Tirunillai 和 Tellis（2014）还提出了统一的分析框架，该分析框架利用 LDA 模型对消费者产品点评的文本数据进行系统的挖掘，不仅提炼出了产品质量的不同维度，还对消费者的质量感知及不同维度的重要性进行了分析，利用这些信息来帮助企业更高效、细致地分析品牌定位的现状。

三、研究评价

得益于文本处理和分析技术的快速发展和日益成熟，很多营销领域的学者近些年开始利用文本数据来解决营销问题和开展营销研究，目前已经积累了较为丰富的研究成果。现有相关研究采用的文本数据大多来自消费者点评数据和社交媒体上的用户生成内容，应用文本数据的情境和目标（如识别消费者的属性偏好或揭示市场竞争格局）存在较大的差异，因此难以在某个特定领域形成较为系统的分析框架和研究结论，但学者们依然可以在这个方向持续开展一些研究。例如，探索和挖掘企业积累较多的消费者搜索关键词数据或消费者与顾客的对话数据，这类文本数据更能反映消费者当前的需求和偏好，可能对于企业实时进行定向营销具有更强的指导价值。此外，学者们还可以对现有的文本挖掘方法进行一些改进，以更准确地挖掘顾客洞察。例如，采用更为强大的深度学习方法，从文本中提取一些更深层次的语义信息，并将之转换为顾客洞察，为企业制定营销策略提供更好的依据。

参考文献

[1] Archak, N., Ghose, A., Ipeirotis, P. G. (2011). Deriving the pricing power of product features by mining consumer reviews. *Management Science*, 57(8), 1485 - 1509.

[2] Büschken, J., Allenby, G. M. (2016). Sentence-based text analysis for customer reviews. *Marketing Science*, 35(6), 953 - 975.

[3] Das, S. R., Chen, M. Y. (2007). Yahoo! for Amazon: Sentiment extraction from small talk on the web. *Management Science*, 53(9), 1375 - 1388.

[4] Ghose, A., Ipeirotis, P. G., Li, B. (2012). Designing ranking systems for hotels on travel search engines by mining user-generated and crowdsourced content. *Marketing Science*, 31(3), 493 - 520.

[5] Liu, J., Toubia, O. (2018). A semantic approach for estimating consumer content preferences from online search queries. *Marketing Science*, 37(6), 930 - 952.

[6] Netzer, O., Feldman, R., Goldenberg, J., Fresko, M. (2012). Mine your own business: Market-structure surveillance through text mining. *Marketing Science*, 31(3), 521 - 543.

[7] Ordenes, F., Grewal, D., Ludwig, S., et al. (2019). Cutting through content clutter: How speech and image acts drive consumer sharing of social media brand messages. *Journal of Consumer Research*, 45(5), 988 - 1012.

[8] Ordenes, F. V., Ludwig, S., De Ruyter, K., et al. (2017). Unveiling what is written in the stars: Analyzing explicit, implicit, and discourse patterns of sentiment in social media. *Journal of Consumer Research*, 43(6), 875 - 894.

[9] Timoshenko, A., Hauser, J. R. (2019). Identifying customer needs from user-generated content. *Marketing Science*, 38(1), 1 - 20.

[10] Tirunillai, S., Tellis, G. J. (2014). Mining marketing meaning from online chatter: Strategic brand analysis of big data using latent Dirichlet allocation. *Journal of Marketing Research*, 51(4), 463 - 479.

[11] Toubia, O., Iyengar, G., Bunnell, R., et al. (2019). Extracting features of entertainment products: A guided latent Dirichlet allocation approach informed by the psychology of media consumption. *Journal of Marketing Research*, 56(1), 18 - 36.

[12] Trusov, M., Ma, L., Jamal, Z., et al. (2016). Crumbs of the cookie: User profiling in customer-base analysis and behavioral targeting. *Marketing Science*, 35(3), 405 - 426.

第四篇

财务管理

第十章

经济政策不确定对微观企业行为的影响

企业作为重要的微观主体，其行为受到宏观政策的显著影响。宏观与微观交叉研究是分析企业行为的重要视角，宏观因素在分析微观企业行为的框架中越来越受到重视。现有研究主要从经济周期、产业政策等视角，分析了宏观因素对企业投资、资本结构调整、创新等方面的影响。在众多宏观经济因素中，经济政策不确定对微观企业行为的影响不容忽视，特别是对于中国这种发展中国家而言，政府行为已经构成经济发展的重要配置机制，研究宏观经济政策对微观企业行为的影响不仅有利于探究宏观经济政策的微观影响机制，还为理解微观企业的行为提供了新的视角。

第一节 经济政策不确定与企业投资行为

一、方向介绍

关于经济政策不确定对微观企业影响的研究中，重要的挑战是如何度量经济政策不确定程度。现有研究主要采用三种方法：第一，Baker 等（2013）采用文本分析方法从财政政策、货币政策、公共政策等多个维度度量了一个国家的政策不确定程度；第二，一些文献采用国家或者地区领导人更替的事件作为度量政策不确定程度的指标（Julio 和 Yook，2012；Jens，2017）；第三，Stokey（2016）等文献则关注于某一项经济政策，如进出口政策、税收政策、货币政策等单一政策指标。基于三种不同指标，很多文献分析了经济政策不确定对企业投资行为的影响，基本发现当经济政策不确定程度对企业投资规模具有抑制作用。

二、文献导读

（一）总体情况

企业作为重要的微观主体，其行为受到宏观政策的显著影响。宏观与微观交叉研究是分析企业行为的重要视角，宏观因素在分析微观企业行为的框架中越来越受到重视。现有研究主要从经济周期、经济政策不确定等视角，分析了宏观因素对企业投资、资本结构调整、创新等方面的影响。

（二）研究主题

第一，经济政策不确定与企业投资规模。投资是企业价值创造过程中最重要的一项活动，受宏观政策的影响很大。最近研究发现，全球金融危机期间企业投资支出的下降可归因于经济政策不确定增加（Baker 等，2016；Gulen 和 Ion，2015；Julio 和 Yook，2012）。目前已经有大量学者对经济政策不确定与企业投资行为之间的关系进行了研究，并取得了一系列的成果。现有研究从实物期权价值、现金流、融资约束等角度分析了经济不确定性对企业投资行为的影响，得出了经济政策不确定会降低企业投资支出的结论。

第二，影响机制分析。经济政策不确定从哪些机制影响企业的投资行为也受到了最近很多文献的关注，其中企业现金水平、融资约束是重要的机制。一是经济政策不确定可以通过影响企业的现金需求来影响投资决策。经济政策不确定时期，企业面临的风险增大，预防性动机开始发挥作用，企业倾向于更多地保留现金以应对突发状况（张光利等，2017）。Almeida（2004）研究指出，经济政策不确定时期企业对现金持有增加，资金总额一定时，企业用于投资的资金减少，投资支出下降。Nguyen 和 Phan（2017）认为经济政策不确定可能会增加未来现金流的波动性，从而增加公司风险。面对经济政策不确定及其不利影响，公司预计将对其流动性保持谨慎，减少投资支出，防止因投资带来的资金链断裂。

二是经济政策不确定通过影响投资的期权价值来影响企业投资。企业投资的一个重要特点就是其不可逆性，目前已有很多文献从投资的不可逆性出发研究经济政策不确定对企业投资的影响。Bernanke（1983）认为如果投资项目不可逆转，则不确定性越高，期权的价值就越高，企业等待未来投资的回报越多，因此企业延迟投资，直到经济政策不确定得到好转或解决。Bloom 等（2007）的研究也指出由于投资不可逆，外部的经济政策不确定增加了实物期权价值，这使得公司在投资时更谨慎地权衡现在和未来投资的差异，进而导致投资支出减少，而且这类企业对政策刺激的反应能力在经济政策不确定时期也会弱得多。Gulen 和 Ion（2016）则研究采用实物期权理论，发现经济政策不确定对企业投资的负向影响主要是由于经济政策不确定增加了延迟投资的收益，并且对于投资不可逆以及依赖政府投资的企业来说，经济政策不确定所导致投资规模减少的程度更强。韩国高（2014）在对制造业企业的分析中发现，经济政策不确定情形下，企业为了避免预期收益的下降会减少企业投资，投资不可逆会加强这种负向效应。谭小芬和张文婧（2017）通过对经济政策不确定影响企业投资传导机制的分析发现，经济政策不确定主要通过对实物期权和金融摩擦两个渠道来降低企业投资，其中实物期权渠道占主导地位。王义中和宋敏（2014）从投资的外部需求、流动性资金需求和长期资金需求三个渠道分析了经济政策不确定对企业投资的消极影响。李凤羽和杨墨竹（2015）也从实物期权理论出发，发现政策不确定性对企业投资有消极影响。

三是经济政策不确定可以通过增强企业的融资约束来影响投资决策。首先，当经济政策不确定增加时，借款人和债权人之间的信息不对称将变得更加严重，导致外部融资成本上升（Zhang 等，2015）。其次，经济政策不确定使得企业未来现金流更加不稳定，违约风险提高，银行等金融机构对企业的信贷供给约束增强，企业更不容易获取融资（谭小芬和张文婧，2017）。融资约束使得企业获取资金难度加大，对现金流的敏感性增强，投资成本上升，因而会减少投资支出（Almeida 和 Campello，2007）。才国伟等（2015）认为经济政策不确定不仅能直接增加企业的融资成本，也能通过企业的债权或者股权融资渠道来降低企业投资。靳光辉等（2016）也证明经济政策不确定恶化了企业的融资约束预期和经营环境，从而使企业减少投资。Ghosal 和 Loungani（2019）发现经济政策不确定对企业投资有负向影响，并且由于小企业具有融资成本高、风险高以及没有抵押品等特点，经济政策不确定对小企业主导的行业影响更强。

但也有学者持有不同的观点，经济政策不确定不仅不会降低企业的投资支出，反而会促进企业投资。经济政策不确定不会降低企业的投资支出，主要是因为许多投资项目无法无限延迟，以及随着时间的推移，延迟投资所损失的现金流量可能超过等待政策不确定性消退的好处（Gulen 和 Ion，2016）。Kulatilaka（1998）从竞争角度出发认为，经济政策不确定不仅意味着更大的风险还意味着企业有机会获得更大的增长机会。在竞争激烈的市场中，企业投资具有先发优势，可以提高竞争力并阻止潜在竞争者进入，因此企业在经济政策不确定时期会增加投资支出。Atanassov 等（2015）的研究也得出了相同结论，经济政策不确定对的投资实际影响取决于投资的属性和产品市场竞争的程度，市场竞争越激烈，经济政策不确定与投资之间的正相关关系越强烈。Kang 等（2014）的研究还发现经济政策不确定对大型制造企业投资支出的影响不显著，可能的原因是大企业具有规模效应，资金实力更强，抗风险能力更高。

由于经济政策的制定是由中央政府或者地方政府完成，因此，通过政治权力变更成为度量经济政策不确定的重要标准，很多文献基于官员更替度量了经济政策不确定。An 等（2016）研究发现，政府官员变更会降低企业投资，尤其对于与政府有政治关联的企业而言这种负面作用更明显。因为地方政府官员往往与这些公司密切合作，企业与政府在政治上更具联系，对政治风险也较为敏感。Wang 等（2014）也得出了相似的结论，即政府关联少的企业可以削弱经济政策不确定对企业投资的消极影响。徐业坤等（2013）以市委书记变动作为经济政策不确定的替代指标，研究指出企业面临政治不确定性时会在当期减少投资，经济政策不确定会降低政治关联企业的信贷资源优势，因此具有政治关联以及管理者具有政治身份的企业投资减少的更多，但当经济政策不确定下降时，这类企业投资支出上升的也更多。Jens（2017）以美国州长选举作为替代指标来衡量经济政策不确定，研究发现州长选举对企业投资有消极影响，现任州长当选后投资增幅与选举前的下降幅度基本相同，这是由于现任州长的政策较为熟悉，当选后不确定性下降；而新任州长当选后，第一季度投资略有增加，但选举后一年的总投资较低，主要是因为公司对新州长尚未熟悉，政策仍然存在不确定性。但也有学者得出了不同的结论。Faccio 等（2006）发现政府和关联企业相互支持，政府在关联企业发生困难时进行救助并且为关联企业提供隐性担保使其可以利用更高的杠杆，而关联企业在选举时支持政府官员。因此政治关联企业可以提高其防御风险的能力，削弱经济政策不确定给企业投资带来的消极影响。吴一平和尹华（2016）从政企关系出发，发现政企关系强的企业可以通过与政府保持良好关系而提高防范经济政策不确定风险的能力。

三、研究评价

经济政策不确定性直接影响政府各项政策的持续性，对宏观经济和微观主体行为都具有重要影响。从宏观层面来看，目前已有大量研究分析了政策不确定性对经济发展的影响。从微观层面来看，政策不确定性是微观经济主体面临的重要外部风险，对企业的生存和发展也有重大影响。现有研究主要从企业投资、创新、资本结构调整等方面分析了政策不确定性对企业行为的影响。经济政策不确定性对微观企业的影响可以放到宏观经济政策与微观企业行为的研究框架下研究，目前已经存在多篇优秀研究成果。但由于经济政策不确定性是一种综合性的指标，要从宏观经济政策到微观企业行为的逻辑链条较长，因此，把宏观经济政策如何影响微观企业行为的中间传导渠道和机制讲清楚是未来高质量研究的重点。其中，可以尝试的做法是针对于某项经济政策不确定性，如财政政策、货币政策等，分析政策变动对微观行为主体的影响。另外，可以把经济政策不确定性拓展到政策不确定性对微观企业的影响，这将存在更多的研究空间。

参考文献

[1] 李凤羽，杨墨竹.（2015）. 经济政策不确定性会抑制企业投资吗？基于中国经济政策不确定指数的实证研究. 金融研究，(4)，115－129.

[2] 饶品贵，岳衡，姜国华.（2017）. 经济政策不确定性与企业投资行为研究. 世界经济，40（2），27－51.

[3] 谭小芬，张文婧.（2017）. 经济政策不确定性影响企业投资的渠道分析. 世界经济，40（12），3－26.

[4] 王义中，宋敏.（2014）. 宏观经济不确定性、资金需求与公司投资. 经济研究，(2)，4－17.

[5] 徐业坤，钱先航，李维安.（2013）. 政治不确定性、政治关联与民营企业投资——来自市委书记更替的证据. 管理世界，(5)，116－130.

[6] An, H., Chen, Y., Luo, D., Zhang, T. (2016). Political uncertainty and corporate investment: Evidence from China. *Journal of Corporate Finance*, 36, 174－189.

[7] Baker, S. R., Bloom, N., Davis, S. J. (2016). Measuring Economic Policy Uncertainty. *The Quarterly Journal of Economics*, 131(4), 1593－1636.

[8] Bernanke, B. S. (1983). Irreversibility, Uncertainty, and Cyclical Investment. *Nber Working Papers*, 98(1), 85－106.

[9] Bloom, N., Bond, S., Van Reenen, J. (2007). Uncertainty and investment dynamics. *The review of economic studies*, 74(2), 391－415.

[10] Ghosal, V., Loungani, P. (2000). The differential impact of uncertainty on investment in small and large businesses. *Review of Economics and Statistics*, 82(2), 338－343.

[11] Gulen, H., Ion, M. (2015). Policy uncertainty and corporate investment. *The Review of*

Financial Studies, 29(3), 523 – 564.

[12] Jens, C. E. (2017). Political uncertainty and investment: Causal evidence from U. S. gubernatorial elections. *Journal of Financial Economics*, 124(3), 563 – 579.

[13] Julio, B., Yook, Y. (2012). Political uncertainty and corporate investment cycles. *The Journal of Finance*, 67(1), 45 – 83.

[14] Pastor, L., Veronesi, P. (2012). Uncertainty about government policy and stock prices. *The journal of Finance*, 67(4), 1219 – 1264.

[15] Rodrik, D. (1991). Political uncertainty and private investment in developing countries. *Journal of Development Economics*, 36(2), 229 – 242.

[16] Xu, Z. (2019). Economic policy uncertainty, cost of capital, and corporate innovation. *Journal of Banking & Finance*, 111, 105698.

第二节 经济政策不确定与企业创新

一、方向介绍

创新是一种特殊的投资，同样具有高风险、不可逆等特征，学者们在研究经济政策不确定对企业创新投资的影响时借鉴了经济政策不确定与企业投资的研究。同企业投资一样，经济政策不确定通过影响创新投资的期权价值来影响企业的创新投资支出。经济政策不确定很高时，基于实物期权投资理论，企业可以通过推迟投资和等待有关市场的更多信息或不确定性的消失来减少损失（Czarnitzki 和 Toole，2007）。Manso（2011）研究指出创新具有高风险性、高失败的可能性，因此企业对创新投资会十分谨慎，在经济政策不确定时期降低创新投资支出，推迟创新项目，等待期权价值。

二、文献导读

经济政策不确定通过增强企业的融资约束来影响创新投资决策。企业现金流、注册资本和商业信用是企业创新投入的重要资金来源渠道，经济政策不确定时期企业现金流波动幅度增大、信息不对称增强使得企业融资变得困难，没有足够的资金进行创新投资（张杰等，2012）。陈德球等（2016）以地方政府官员变动作为政策不确定性的替代变量，研究发现经济政策不确定情况下企业的政府补助下降，融资约束增强，内部经营活动产生现金流的不确定性提高，导致研发投入成本提高，进而降低公司研发投入，企业创新效率下降。研究还发现当新任市委书记来自本市之外或者官员变动是非正常情况时，创新效率下降的更多。康志勇（2013）的研究也证明了融资约束对研发投入有消极影响。

经济政策不确定通过影响政府补贴来影响企业创新投资决策。现有研究已表明政府补贴能够促进企业创新投资。解维敏等（2009）以中国上市公司为样本，研究发现政府补助可以降低企业创新的投资成本，缓解企业创新投资失败的压力，增加了创新投资的回报率，进而企业愿意增加创新投资支出。并且企业还可以通过增加创新投资支出来吸引更多的政府补贴（白俊红，2011）。Czarnitzki 和 Toole（2007）使用德国制造企业的样本也得出了政府研发补贴对企业研发投入有正向影响的结论。而当经济政策不确定时，政府可能会降低对创新的补贴，从而降低了企业的创新投资（钟凯，2017）。Wang 等（2017）的研究也发现，对于获得较少政府补贴的企业来说，经济政策不确定对企业创新投资的负面影响更为显著。

目前也有学者从不同角度出发，发现经济政策不确定对企业创新投资有促进作用。从竞争角度来看，竞争激烈的市场的投资一般具有先发优势，当企业发现先发制人的预期收益超过延迟的期权价值时，经济政策不确定会增加企业创新投资（Atanassov 等，2015）。从专利角度来看，专利可被视为获得研发投资的可逆性选项，企业可以通过出售知识产权来（至少部分地）收回专利中的创新投资，部分抵消了研发投资的不可逆转性。同时，专利为公司提供了防止模仿和阻止产品市场进入者的合法权利，增强了企业的竞争优势。因此，企业会在经济政策不确定时增加创新投资（Bloom 和 Van Reenen，2002）。Czarnitzki 和 Toole（2011）研究也发现专利保护可以降低公司对市场不确定性的敏感度和等待所带来的价值，进而削弱经济政策不确定对企业创新投入的消极影响。从创新成本的角度来看，Bloom（2007）指出在政策不确定时期企业会因为“谨慎效应”而对投资、就业和生产率等方面产生负面影响。但由于创新投资特殊的调整成本方式可能会导致其在经济政策不确定条件下与普通投资的表现不同。孟庆斌和师倩（2017）的研究还表明经济政策不确定时期，企业与顾客的信息不对称程度加大，企业为了减轻信息不对称的消极影响会增加创新投入。

三、研究评价

创新是一个经济体塑造竞争优势和保持长期增长的重要途径，也是保持企业竞争优势的重要渠道。当企业创新作为一种风险性较高的投资活动，受到经济政策不确定性的直接冲击。经济政策不确定性对企业创新行为的影响是经济政策不确定性影响企业一般性投资行为的延伸和拓展，但经济政策不确定性是否一定抑制了企业的创新投资，对于这个核心问题目前仍然没有定论。从经济政策不确定性的角度分析企业创新行为，为理解企业创新投资决策提供了新的视角。例如，顾夏铭等（2018）认为经济政策不确定性对创新活动具有激励效应和选择效应，这导致经济政策不确定性的提高激励企业增加了创新投资。但正如上一部分所提出的，经济政策不确定性的综合性导致经济政策不确定性对企业创新行为的影响存在多种影响机制，未来的研究可以专注于某项影响企业创新行为的政策（如税收优惠政策等），分析经济政策不确定性对企业创新行为的影响，而且围绕单一相关政策的研究也能比较好地解决内生性问题带来的影响。

参考文献

［1］顾夏铭，陈勇民，潘士远．（2018）．经济政策不确定性与创新——基于我国上市公司的实证分析．经济研究，2，109－123.

［2］黎文靖，郑曼妮．（2016）．实质性创新还是策略性创新？——宏观产业政策对

微观企业创新的影响．经济研究，51（4），60－73.

［3］孟庆斌，师倩．（2017）．宏观经济政策不确定性对企业研发的影响：理论与经验研究．世界经济，（9），75－98.

［4］倪骁然，朱玉杰．（2016）．劳动保护，劳动密集度与企业创新——来自2008年《劳动合同法》实施的证据．管理世界，（7），154－167.

［5］解维敏，唐清泉，陆姗姗．（2009）．政府R&D资助，企业R&D支出与自主创新——来自中国上市公司的经验证据．金融研究，（6），86－99.

［6］余明桂，范蕊，钟慧洁．（2016）．中国产业政策与企业技术创新．中国工业经济，（12），5－22.

［7］张杰，陈志远，杨连星，新夫．（2015）．中国创新补贴政策的绩效评估：理论与证据．经济研究，50（10），4－17.

［8］钟凯，程小可，肖翔，郑立东．（2017）．宏观经济政策影响企业创新投资吗．南开管理评论，20（6），4.

[9] Acharya, V. V., Baghai, R. P., Subramanian, K. V. (2013). Labor laws and innovation. *The Journal of Law and Economics*, 56(4), 997－1037.

[10] Acharya, V. V., Baghai, R. P., Subramanian, K. V. (2013). Wrongful discharge laws and innovation. *The Review of Financial Studies*, 27(1), 301－346.

[11] Bhattacharya, U., Hsu, P. H., Tian, X., Xu, Y. (2017). What affects innovation more: Policy or policy uncertainty? *Journal of Financial and Quantitative Analysis*, 52(5), 1869－1901.

[12] Bloom, N., Bond, S., Reenen, J. V. (2007). Uncertainty and Investment Dynamics. *Review of Economic Studies*, 74(2), 391－415.

[13] Bloom, N., Van Reenen, J. (2002). Patents, real options and firm performance. *The Economic Journal*, 112(478), C97-C116.

[14] Czarnitzki, D., Toole, A. A. (2011). Patent protection, market uncertainty, and R&D investment. *The Review of Economics and Statistics*, 93(1), 147－159.

[15] Manso, G. (2011). Motivating innovation. *The Journal of Finance*, 66(5), 1823－1860.

第三节　经济政策不确定与资本结构

一、方向介绍

资本结构对企业的发展至关重要，合理的资本结构可以提高企业价值，有利于企业的可持续发展。经济政策不确定对企业资本结构影响引起了越来越多学者的关注，并取得了一系列研究成果。现有研究发现经济政策不确定将提高企业的融资约束，进而影响企业的资本结构调整速度。

二、文献导读

经济政策不确定带来的融资约束对企业资本结构有重要影响。经济政策不确定使得债权人面临的风险加大，他们会要求更高的风险溢价从而提高企业债务成本（Bradley 等，2016）。Zhang 等（2015）记录了经济政策不确定对企业资本结构具有负向影响，研究认为造成企业资本结构与经济政策不确定之间负相关关系的原因主要是经济政策不确定使得企业外部融资环境恶化，企业难以获得外部资金，企业倾向于调整资本结构，以应对经济政策不确定。于蔚等（2012）研究表明宏观经济政策波动（宏观冲击）影响了信贷环境和融资环境，融资约束增强，致使企业调整资本结构。

融资约束高的企业资本结构调整与经济周期变化趋势相同。闵亮和沈悦（2011）以中国上市制造业企业为样本，研究发现融资约束强的公司面临宏观冲击时，资本结构调整顺周期，调整速度变慢，原因在于宏观冲击使得企业获得外源融资变得困难，企业会较少地关注融资成本问题。Korajczyk 和 Levy（2003）将目标资本结构定义为宏观环境变量和公司特征变量的函数。当宏观经济状况良好时，融资约束型公司则具有较高的杠杆，更加偏好债权融资。Cook 和 Tang（2010）研究也表明企业在良好的宏观经济条件下能更快地调整其资本结构，并且有利于企业目标杠杆率的提升。Bhamra 等（2010）也得出了相同的结论，具有融资约束的公司更愿意采取顺周期政策，即在宏观经济繁荣风险小的时期，使用更高的债务融资，公司杠杆率提高。

经济政策不确定下企业的资本结构也受政治因素的影响。Gu 等（2019）以中国公司为样本研究了政治因素（包括宏观政治环境和微观层面的政治关系），如何影响企业资本结构的调整速度。研究发现，在宏观层面上，在具有较高政治优势的环境中运营的公司有更快的资本结构调整速度；在微观层面上，国有企业和对政策不确定性承受能力弱的企业资本结构的调整速度较慢。还有学者从企业异质性角度出发研究经济政策不确定对不同所有权性质的企业的资本结构影响。纪洋等（2018）研究发现，政策不确定对企业国有企业与非国有企业杠杆率的走势分化有显著影响。政策不确定性指数每增加一个标准差，国有企业杠杆率增加2.05%，非国有企业杠杆率下降1.35%。这主要是因为：一方面，国有企业政治关联更强，享受政府的隐性担保，更容易进行外部融资；另一方面，国有企业更容易从政府获得相关信息以降低经济政策不确定。

还有部分学者从其他角度对经济政策不确定与企业资本结构之间的关系进行探究。顾研和周强龙（2018）从财务柔性角度出发，研究认为经济政策不确定提高了企业财务柔性价值，进而使得企业资本结构决策趋于保守，更多地采用增加权益的方式实现资本结构的保守调整。Cao 等（2013）的研究也指出当经济政策不确定提高时，企业更愿意保持低杠杆，维持财务灵活性并增加现金持有量。Chen（2010）认为宏观经济条件会影响企业决策，进而影响企业面临的风险。在经济衰退时期，风险价格、违约概率和违约损失的反周期变化提高了企业预期违约损失的现值，从而导致高信贷利差和低杠杆率。

三、研究评价

资本结构是财务管理领域的经典但重要的研究话题，自从MM理论提出以来，大量文献从企业所得税、破产成本、信息不对称等因素讨论了企业资本结构决策的影响因素。在当下去杠杆、稳增长的现实背景下，探讨经济政策不确定性对资本结构的影响具有重要的现实意义。经济政策影响了企业的融资环境，同时也影响了企业的投资行为。所以，经济政策不确定性从供给和需求都对企业资本结构产生了影响，在分析这一问题的过程中需要从供给和需求两个维度分析经济政策不确定性影响资本结构的渠道。资本结构具有动态调整的特性，分析经济政策不确定性的变化如何影响企业资本结构的动态调整也成为重要的研究方向。

参考文献

[1] 程六兵，叶凡，刘峰.（2017）. 资本市场管制与企业资本结构. 中国工业经济，(11)，155-173.

[2] 顾研，周强龙.（2018）. 政策不确定性，财务柔性价值与资本结构动态调整. 世界经济，(6)，102-126.

[3] 宋献中，吴一能，宁吉安.（2014）. 货币政策，企业成长性与资本结构动态调整. 国际金融研究，(11)，46-55.

[4] 王宇伟，盛天翔，周耿.（2018）. 宏观政策，金融资源配置与企业部门高杠杆

率．金融研究，(1)，36－52.

[5] 王朝阳，张雪兰，包慧娜．(2018)．经济政策不确定性与企业资本结构动态调整及稳杠杆．中国工业经济，(12)，134－151.

[6] 伍中信，张娅，张雯．(2013)．信贷政策与企业资本结构——来自中国上市公司的经验证据．会计研究，(3)，51－58.

[7] 于蔚，金祥荣，钱彦敏．(2012)．宏观冲击，融资约束与公司资本结构动态调整．世界经济，(3)，24－47.

[8] Bradley, D., Pantzalis, C., Yuan, X. (2016). Policy risk, corporate political strategies, and the cost of debt. *Journal of Corporate Finance*, 40, 254－275.

[9] Cook, D. O., Tang, T. (2010). Macroeconomic conditions and capital structure adjustment speed. *Journal of Corporate Finance*, 16(1), 73－87.

[10] Francis, B. B., Hasan, I., Zhu, Y. (2014). Political uncertainty and bank loan contracting. *Journal of Empirical Finance*, 29, 281－286.

[11] Korajczyk, R. A., Levy, A. (2003). Capital structure choice: macroeconomic conditions and financial constraints. *Journal of financial economics*, 68(1), 75－109.

[12] Zhang, G., Han, J., Pan, Z., Huang, H. (2015). Economic policy uncertainty and capital structure choice: Evidence from China. *Economic Systems*, 39(3), 439－457.

第十一章

企业高管激励问题研究

从 Jensen 和 Meckling（1976）提出了代理成本理论以来，如何降低委托人与代理人之间的代理成本一直是公司治理研究的重要话题。在不完全契约环境下，为了更加有效地激励高管，股东提供给高管多样化的激励方式，包括显性激励契约和隐性激励契约（Chen 等，2009），其中货币薪酬、股权激励属于显性激励，以明确的合同为约束，而在职消费、政治晋升以及内部人交易收益等都是隐性激励，不完全契约的现实环境使高管激励措施往往是多种激励契约的组合（陈冬华等，2010）。而在中国，在国有企业高管限薪的制度背景下，如何对国有企业高管进行有效激励也成为学术和业界的重要话题。

高管激励主要有货币薪酬激励，股权激励，晋升激励以及在职消费这几种形式。其中，货币薪酬和股权激励属于显性激励，以明确的合同为约束，通常学者们也将货币薪酬视为短期激励方式，而股权称为长期激励的一种；而在职消费、政治晋升以及内部人交易收益等都是隐性激励，不完全契约的现实环境使高管激励措施往往是多种激励契约的组合（陈冬华等，2010）。无论哪种激励方式，其作用都是为了鼓励管理者提升管理效率，促进企业业绩提升。因此，本综述对高管激励对企业经营的影响从这几种主要的激励形式展开。

第一节 高管货币薪酬激励

一、方向介绍

高管激励是公司治理研究领域的重要话题，在所有权与控制权分立的现代企业制度中，有效的高管激励制度能够降低企业的代理成本进而有利于实现股东价值最大化的目标（Jensen 和 Meckling，1976）。在不完全契约环境下，为了更加有效地激励高管，股东提供给高管多样化的激励方式，包括显性激励契约和隐性激励契约（Chen 等，2009），其中货币薪酬属于显性激励，以明确的合同为约束，以货币薪酬为代表的显性激励最早成为高管激励领域的研究对象。

二、文献导读

货币薪酬是高管激励中最为直接也是早期关于高管激励的主要方式，随着高管薪酬体系的多样化发展，货币薪酬在高管激励中的作用也产生了一些变化。当前的研究中，大多是对于高管总体薪酬的研究，没有对高管的货币薪酬进行单方面的研究，主要是基于货币薪酬与其他类型的组合或者薪酬的支付方式等方面的探索。Murphy（1985）通过建立模型发现高管薪酬变化与股价绩效是正相关的，其薪酬随营业收入的增加而增加，该文使用的模型被很多文献所采用。Murphy（1999）认为薪酬绩效敏感度可以通过显性和隐形两种方式产生变化，显性是通过奖金和股票价格增值，而隐性的变化是通过年度工资奖金、股票等，并认为行业因素会对薪酬绩效敏感度产生较大影响。Liu 和 Mauer（2011）研究了CEO 薪酬激励对公司现金持有与价值的影响，研究发现 CEO 风险承担激励与企业现金持有存在负相关关系，并且进行公司治理后风险承担激励对股东现金价值的负向影响更加显著。尽管对于高管激励有多重方式，但货币薪酬对高管的激励作用仍是高管激励的一个有效方式，如 Guaya 等（2019）提出尽管当前股权激励已经成为高管激励的主要方式，但现金激励仍具有相当的业绩敏感度，对于企业来说个性化的奖金激励方案能够更有效地促进个体和团队绩效的提升。

国内学者也从高管薪酬的支付方式，企业经营成本以及薪酬的组合类型等角度进行了相关研究。何靖（2016）通过对银行高管延付薪酬与银行风险承担的关系研究得出了延付高管薪酬在降低了银行收益波动性的同时增强了其通过 LLP 进行盈余管理的动机，并且由于银行高管延付薪酬的考核期为 3 年，银行通过 LLP 进行盈余管理的动机在薪酬延付后的第3年尤为显著。汪平等（2014）研究表明中国公司的高管薪酬与资本成本之间具有负相关关系，高管薪酬具有显著的资本成本敏感性，像地狱资本成本，货币薪酬具有向下黏性，股权薪酬具有向上刚性。王艳妮（2011）研究表明高管的短期报酬与研发投入呈正相关关系，高管短期报酬越高，研发投入越多。黎文靖等（2018）考察了外部薪酬差距对高管及企业绩效的影响，结果表明非国有企业的高管外部薪酬差距与企业绩效正相关，但国有企业的高管外部薪酬差距与企业业绩不存在显著相关关系，外部薪酬差距对非国有企业高管的正向激励金存在于高管薪酬高于行业平均薪酬的样本中。还有部分学者从企业角度研究了企业业绩与不同的薪酬策略之间的关系。梁上坤和陈冬华（2014）研究了企业的业绩波动对高管薪酬契约选择的影响，实证结果表明业绩波动性较大时在职消费契约可以更有效地降低信息不对称带来的代理成本因而在契约组合中会更多被采用，并且，这一关系在保护性行业中更为明显。

三、研究评价

当企业两权分离之后，高管薪酬激励作为缓解委托代理问题的重要公司治理机制广受关注。薪酬激励是企业激励的主要构成部分，大部分研究从企业业绩的角度分析了高管薪酬激励的有效性。高管薪酬激励的有效性受到董事会特征、高管股权激励、行业竞争环境、企业产权属性等多个因素的影响。从现有研究来看，除了分析高管薪酬激励的有效性之外，高管薪酬激励对企业行为的影响也成为一类重要研究话题。高管薪酬激励能够影响企业的投资行为、风险承担、财务行为、信息披露行为等方面。但在分析高管薪酬激励有效性和对企业其他行为影响的过程中，内生性问题不可避免且比较难以解决。另外，分析中国企业高管薪酬激励的问题需要特别注意国有企业和民营企业在高管薪酬激励方面的本质差别。

参考文献

[1] 柴才，黄世忠，叶钦华．(2017)．竞争战略，高管薪酬激励与公司业绩——基于三种薪酬激励视角下的经验研究．会计研究，(6)，45－52.

[2] 何靖．(2016)．延付高管薪酬对银行风险承担的政策效应——基于银行盈余管理动机视角的PSM—DID分析．中国工业经济，(11)，126－143.

[3] 洪正，申宇，吴玮．(2014)．高管薪酬激励会导致银行过度冒险吗？——来自中国房地产信贷市场的证据．经济学（季刊），13 (4)，1585－1614.

[4] 梁上坤，陈冬华．(2014)．业绩波动性与高管薪酬契约选择——来自中国上市公司的经验证据．金融研究，(1)，167－179.

［5］潘红波，余明桂．(2014)．集团内关联交易，高管薪酬激励与资本配置效率．会计研究，(10)，20－27.

［6］汪平，邹颖，黄丽凤．(2014)．高管薪酬激励的核心重构：资本成本约束观．中国工业经济，(5)，109－121.

［7］王新，李彦霖，李方舒．(2015)．企业社会责任与经理人薪酬激励有效性研究——战略性动机还是卸责借口？会计研究，(10)，51－58.

［8］晏艳阳，乔嗣佳，苑莹．(2015)．高管薪酬激励效果——基于投资—现金流敏感度的分析．中国工业经济，(6)，122－134.

[9] Comprix, J., Muller, K. A. (2011). Pension plan accounting estimates and the freezing of defined benefit pension plans. *Journal of Accounting and Economics*, 51(1), 115－133.

[10] Gaver, J. J., Gaver, K. M., Austin, J. R. (1995). Additional evidence on bonus plans and income management. *Journal of Accounting & Economics*, 19(1), 3－28.

[11] Jensen, M. C., Meckling, W. H. (1976). Theory of the Firm: Managerial Behavior, Agency Costs and Ownership Structure. *Journal of Financial Economics*, 3(4), 305－360.

[12] Liu, Y., Mauer, D. C. (2011). Corporate cash holdings and CEO compensation incentives. *Journal of Financial Economics*, 102(1), 183－198.

[13] Murphy, K. J. (1985). Corporate performance and managerial remuneration: An empirical analysis. *Journal of Accounting and Economics*, 7(1－3), 11－42.

[14] Murphy, K. J. (1999). Executive compensation. *Handbook of Labor Economics*, 3, 2485－2563.

第二节　高管股权激励

一、方向介绍

股权激励作为一种长期的激励方式，具有其自身的独特性。在所有权与经营权分离的现代企业制度中，企业管理层和股东之间具有明显的利益冲突。为缓解股东与高管之间的利益冲突、实现高管与股东的利益趋同，使高管持有企业一部分股权是一种普遍的解决方案。然而，现有研究认为高管持股也是一把双刃剑，既会产生利益趋同效应，也会产生管理防御效应。我们将从企业绩效、盈余管理水平、企业创新、风险承担四个维度讨论高管股权激励措施对企业经营的影响。学术界对高管股权激励措施对企业经营的影响有较多研究成果，主要集中于股权激励对企业绩效、盈余管理水平、企业创新、风险承担等的影响。

二、文献导读

（一）股权激励与企业绩效

关于高管持股与企业绩效关系的研究中，有三种理论假说：利益趋同假说认为，随着管理层持股数量的增加，管理者与所有者的利益协同效应或管理者激励效应增强，有利于降低代理成本，提高企业价值（Jensen 和 Meckling，1976），因此，管理层持股与企业价值存在正相关关系。Jensen 和 Meckling（1976）认为高管持股使得高管与股东共同分享经营利润和承担企业风险，其降低代理成本的途径是将高管层和股东利益捆绑，管理者的经营决策可以代表股东和公司利益，有利于企业整体发展。Palia 等（2001）发现管理层持股比例越高，其作出决策时越会对公司长远利益特别是股票价格产生影响。Kato 等（2005）研究表明的企业具有较股权计划能够较好的改进企业经营业绩，并且较好的股权激励薪酬计划意味着更高的股东价值。Kraus 和 Rubin（2010）研究表明股东多元化时期采用股权激励的方式有利于管理者保护股东价值。国内学者们对于股权激励与企业价值之间的关系也进行了实证研究，如周仁俊等（2010）研究发现高管持股规模与企业绩效显著正相关。

管理者防御假说则认为，管理层持股数量越多，内部人控制的程度就越高，从而更倾向于掏空公司，即管理层持股的堑壕效应或侵占效应增强，有损企业价值（Fama 和 Jensen，1983），因此，二者之间并不存在相关关系。Fama 和 Jensen（1983）研究认为高管持有较高的公司股份时倾向于利用这种控制权力巩固自己的地位而较少地考虑股东利益。Morck（1998）等研究表明高管持股比例的正激励效应存在某个“度”，低于（或超过）这个“度”高管持股与企业绩效正（或负）相关。Demsetz 和 Lehn（1985）以及 Himmelberg 等（1999）的实证研究均发现，管理者持股和企业价值之间并不存在相关关系。Arslan-Ayaydin 等（2016）研究表明股权激励的幅度会影响股票收益的异常波动，并且对外披露利润报告的基调会影响股权激励和股价波动之间的关系。国内的大量实证研究也表明二者之间存在弱相关关系或者不相关（俞鸿琳，2006；顾斌和周立烨，2007）。

还有一种理论将协同效应和侵占效应结合起来，形成了区间效应论或曲线关系论。该理论假说认为，由于协同效应与侵占效应同时存在，使得管理层持股与企业价值之间存在区间效应或曲线关系，Stulz（1988）首次以理论模型证明了这一观点，Morck（1998）等研究表明高管持股比例对企业绩效的正向激励作用存在一定的限度，低于（或超过）这个限度时高管持股与企业绩效存在正（或负）相关。

（二）股权激励与盈余管理

股权激励对企业绩效的影响是通过管理层的管理与决策，其中包括高管对企业的盈余管理，盈余管理是高管管理企业经营绩效的重要措施，现有研究发现由于存在内部人控制、信息不对称以及契约不完备等原因，股权激励也是导致管理层盈余管理行为的主要因素（Cheng 和 Warfiel，2005；Bergstresse 和 Philippon，2006；吕长江等，2009），甚至能够削弱股权激励与公司业绩之间的内在关联（Cornett 等，2008；林大庞和苏冬蔚，2011）。

对于管理层股权激励诱发盈余管理行为的内在机制，也有不同的说法，有学者认为管理者对企业的盈余管理与股票和期权的限售期等存在关联，Ofek 和 Yermack（2000）认为，当股权激励水平较高时，随着股票期权等待期和限制性股票锁定期的终止，管理层将通过出售手中持有的股票以分散投资风险，在此过程中，出于抬高股票价格以最大化自身利益的盈余管理行为在所难免，Cheng 和 Warfield（2005）也认为，股权激励正是基于未来交易而诱发的盈余管理行为。还有研究表明，高管的行权时期前后，企业的盈余管理与经营业绩会出现较大变化，Beneish 和 Vargus（2002）研究表明调增盈余幅度最高的时期正是 CEO 及其他内部股东套现或行权的高峰期，Bergstresser 和 Philippon（2006）也得出了一致结论，而在这种高管集中行权交易后公司业绩普遍显著下降（Bartov 和 Mohanram，2004；Kedia 和 Philippon，2009；苏冬蔚和林大庞，2010），表现出负面的公司治理效应。事实上，管理层的盈余管理行为主要通过调整应计利润来实现，由于在企业的整个生命周期内其应计利润总和为零，任何一个时期的高于正常应计利润都要通过另一个时期的低于正常应计利润来抵消，因此，这种情况容易促使企业高管为了个人利益忽略企业的整体经营，导致 CEO 行权后上市公司业绩下滑的现象发生。

从股权激励对企业盈余管理的影响上看，国外的研究大多表明二者呈正相关关系。如 Cheng 和 Warfield（2005）研究表明，股权激励水平越高，管理层报告的盈余符合或略高于分析师预测的可能性越大，尤其是对于持续性的高股权激励企业，管理层报告正向影响盈余的可能性更小。原因在于这些管理层的财富对股票绩效更为敏感，所以当公司利润超出市场预期时，管理层将隐藏部分利润作为盈余储备，以避免企业未来利润大幅下滑造成财富损失。Bergstresser 和 Philippon（2006）的研究也表明股权激励与盈余管理正相关。但也有学者对二者的关系持不同观点，如 Warfield 等（1995）针对美国数据的经验分析则表明，随着管理层持股比例的增加，企业财务报告的透明度不断提升，从而改善了盈余信息的质量。

国内的研究也支持"股权激励与盈余管理正相关"的基本结论。如苏冬蔚和林大庞（2010）的实证研究就表明，尚未实施股权激励的上市公司 CEO 持股与盈余管理呈显著的负相关关系，而已经实施股权激励计划的上市公司 CEO 股权激励水平与盈余管理却不再相关，说明正式的股权激励具有负面的公司治理效应。

（三）股权激励与企业创新

企业创新是一项高风险的投资活动，企业需要对高管进行全方位的激励才能有效促进企业创新活动（Manso，2011），其中高管股权激励是重要的一方面。从现有研究来看，多数研究发现了股权激励对于企业创新的促进作用，Wu 和 Tu（2007）发现高管股票期权能够显著提高企业的创新研发支出，Chang 等（2015）则发现对于非高管的股权激励同样具有促进企业创新活动的作用，特别是当普通员工对于创新更加重要，股票的行权日期更长久时，股权对企业创新的激励作用更显著。王艳妮（2011）研究表明高管的长期股权激励与研发投入呈正相关关系，高管持股比例越大，研发投入越多。相比非国有企业、非高新技术企业，国有企业、高新技术企业的高管激励对研发投入的影响更显著；高成长性和高盈利性企业的研发投入主要受长期股权激励的影响，低成长性和低盈利性企业的研发投入主要受短期报酬激励的影响。唐清泉等（2011）发现中国股改显著影响了高管股权激励与企业创新的关系，在股改之前股权激励与研发投资之间存在"倒 U 型"关系，而股改之后股权激励对企业研究投资的影响显著为正。田轩和孟清扬（2018）研究了股权激励对企业创新的影响，结果表明股权激励对企业创新投入和产出都具有显著促进作用，其中，股票期权、限制性股票都对企业创新有显著的激励作用，然而在股价距离行权价（授予价）较近时，限制性股票对高管的惩罚性会影响创新的动力，而股票期权能对高管形成保护并激励企业创新。并且，股权激励对于企业创新的正向影响在民营企业、股价信息含量高的企业以及激励对象包含核心技术人员的企业中效果更大。

（四）股权激励与风险承担

高管激励对于企业风险的影响一直以来都是学术界研究的重点，研究表明高管激励对企业风险承担具有显著影响，激励越有效，企业的风险承担水平越高（Coles 等，2006），在众多高管激励措施中，股权激励通过影响高管行为也对企业风险承担行为产生了显著影响。Armstrong 和 Vashishtha（2012）发现股权激励提高了企业风险承担水平，而企业风险水平的提高主要来自系统性风险而非企业的个体风险。Savaser 和 Ciamarra（2017）认为，管理层薪酬绩效激励与风险承担之间的关系是顺周期性的，实证结果表明，当经济陷入低迷时，一定程度的绩效薪酬激励导致公司风险显著降低。Kim 等（2017）研究发现企业杠杆率对期权激励与管理者风险承担的关系存在影响，实证结果表明企业杠杆率能够显著减小期权激励对管理者风险承担的正向作用。Hong（2019）研究了基于企业债务期限选择的期权补偿对于风险承担激励的影响，并根据会计准则（FAS）123R 作为实验的因果条件，结果表明由于（FAS）123R 要求企业以公允价格支付股票期权，这使得企业的期权薪酬和风险激励措施大幅度减少。国内学者李小荣和张瑞君（2014）研究了股权激励与风险承担之间的关系，实证结果表明：股权激励与风险承担呈“倒 U 形”关系，这种“倒 U 形”关系只存在于产品市场竞争高的组别，这两个发现支持了代理成本假说；用管理费用率和总资产周转率作为代理成本的替代变量，发现代理成本越高，风险承担水平越低。股权激励能激励高管和企业共享利润、共担风险，消除高管的短期行为，有助于企业长期发展。

三、研究评价

当企业的所有权与经营权分离之后，高管股权激励一直被西方国家的企业奉为解决代理问题的重要法宝。中国企业的股权激励实践起步较晚，但发展速度较快。从理论层面来讲，股权激励具有“利益趋同”和“管理者防御假”的双重影响，实证分析也得到了关于股权激励有效性的不同结论。现有研究主要从股权激励的经济后果分析股权激励的有效性以及股权激励对企业行为的影响。例如，很多文献分析了股权激励对企业投资、创新行为、财务行为、风险承担等方面的影响。但在研究中国企业的股权激励问题的过程中，需要特别注意：股权激励是否一定是降低代理问题的有效措施；股权激励在国有企业和非国有企业中的有哪些不同影响；股权激励影响企业行为的内生性问题。

参考文献

［1］陈效东，周嘉南，黄登仕．（2016）．高管人员股权激励与公司非效率投资：抑制或者加剧？会计研究，（7），42－49.

［2］梁上坤．（2016）．股权激励强度是否会影响公司费用黏性．世界经济，（6），168－192.

[3] 吕长江，郑慧莲，严明珠，许静静．（2009）．上市公司股权激励制度设计：是激励还是福利？管理世界，（9），133－147.

[4] 苏冬蔚，林大庞．（2010）．股权激励，盈余管理与公司治理．经济研究，11，88－100.

[5] 田轩，孟清扬．（2018）．股权激励计划能促进企业创新吗．南开管理评论，120（3），178－192.

[6] 王栋，吴德胜．（2016）．股权激励与风险承担——来自中国上市公司的证据．南开管理评论，19（3），157－167.

[7] 肖淑芳，石琦，王婷，易肃．（2016）．上市公司股权激励方式选择偏好——基于激励对象视角的研究．会计研究，（6），55－62.

[8] 徐倩．（2014）．不确定性，股权激励与非效率投资．会计研究，（3），41－48.

[9] Bergstresser, D., Philippon, T. (2006). CEO Incentives and Earnings Management. *Journal of Financial Economics*, 80(3), 511－529.

[10] Fama, E. F., Jensen, M. C. (1983). Separation of Ownership and Control. *The Journal of Law and Economics*, 26(2), 301－325.

[11] Kato, H. K., Lemmon, M., Luo, M. James S. (2005). An Empirical Examination of the Costs and Benefits of Executive Stock Options: Evidence from Japan. *Journal of Financial Economics*, 78(2), 435－461.

[12] Mehran, H. (1995). Executive compensation structure, ownership, and firm performance. *Journal of financial economics*, 38(2), 163－184.

[13] Morck, R., Shleifer, A., Vishny, R. (1988). Management ownership and market valuation: An empirical analysis. *Journal of Financial Economics*, 20(88), 293－315.

[14] Palia, D. (2001). The Endogeneity of Managerial Compensation in Firm Valuation: A Solution. *Review of Financial Studies*, 14(3), 735－764.

第三节 高管在职消费激励

一、方向介绍

在职消费指工资之外的报酬或利得，是高管凭借特权而获得的特殊待遇，如豪华办公室、专车或专机、娱乐与餐饮消费等，是企业必要支出的一部分。通常认为，1 元的在职消费对于管理层的效用，比不上 1 元的货币薪酬，因为，货币薪酬是一种没有被指定用途的激励，而在职消费最多只是被规定了用途的激励，属于是产权不完整的激励方式。但这并不意味着企业应该更多地或者完全采用货币薪酬作为激励手段。这最终取决于，高管效用的变动方向是否与公司价值的变动方向一致。而规定了用途的在职消费可能比没有规定用途的货币薪酬更容易实现二者方向的一致。企业为高管设置在执行消费这类激励措施的原因在于在职消费的用途往往是与公司利益一致的，在职消费这种模式有利于企业的发展，而没有规定用途的货币薪酬则意味着可以被用于与公司利益不一致的支出。学术界对于在职消费的研究较多，下面主要从高管在职消费的成因和在职消费给企业带来的后果两方面进行分析和总结。

二、文献导读

关于在职消费的成因在学术界主要有三种观点：一是机会主义观，Jensen 和 Meckling（1976）认为由于委托人和代理人双方信息不对称，代理人往往会作出背离委托人意愿的决策，未持有或少量持有公司股份的高管更倾向于选择在职消费这类非货币性薪酬的激励方式来完成自我激励，从而损害委托人的利益；二是信息成本观，如 Alchian 和 Demsetz（1975）认为杜绝上述机会主义行为所需要付出的代价可能高于其带来的收益，因此在职消费的存在具有一定的合理性；三是薪酬管制观，薪酬管制是中国特有的现象，中国经理人市场尤其是国有企业内部的经理人市场在管理层薪酬上受到一定程度的管制，而薪酬管制的存在会导致薪酬契约的安排脱离实际，使得在职消费等具有替代性的激励方式应运而生（陈冬华等，2005）。在职消费的三种产生原因都具有一定的合理性，在职消费作为一种隐性的高管激励措施不仅能够促进高管采取更多有利于企业发展的决策，也能够给自身带来适当的激励，对于我国国有企业的高管来说，由于高管限薪政策的实施，在职消费成为了我国国企高管补充薪酬的重要组成部分。

高管在职消费与企业绩效的研究结论有两类，第一类观点是高管在职消费“代理观”，认为在职消费是股东与高管之间的一种代理成本，对公司绩效产生负面影响。Jensen 和 Meckling（1976）指出在职消费是高管与股东之间委托代理机制不完备的产物，是为解决高管与股东之间代理冲突的一种外在表现，过高的在职消费会降低企业价值。Fama（1980）从机会主义理论角度分析高管在职消费行为，认为在职消费只有当事后薪资调整不足以弥补在职消费所消耗的企业资源时，才构成代理成本的一部分，在职消费被视为经理人的一种机会主义行为。Grinstein（2004）研究证实在职消费对股东利益有不利影响，支持了在职消费“代理观”。Yermack（2006）通过实证分析发现 CEO 使用企业专用飞机的特权对企业市场价值产生显著的负面影响。

第二类观点是高管在职消费“效率观”，认为在职消费是一种隐性激励机制，能够激励高管努力工作，从而提升企业绩效。Demsetz（1972）以信息成本理论为支撑，探讨高管在职消费的内生性，认为企业高管的在职消费会降低其机会主义行为，在职消费在一定程度上提高了企业的绩效表现，但与薪酬激励相比，在职消费激励的效率较低（陈冬华等，2005）。正常的在职消费对不足的薪酬激励形成替代效应，能够对企业价值产生积极影响（张月明、吴春雷，2014），也有文献发现在职消费能够激励高管提高当前和未来的企业绩效（Adithipyangkul 等，2011）。Rajan 和 Wulf（2006）认为在职消费是一种地位的象征，象征着高管在企业内部的声望，它在给高管们带来荣誉感的同时也促使高管提高公司运营效率。周仁俊等（2011）研究了不同薪酬形式的激励效果，结果表明：高薪低在职消费型激励效果最佳，低薪高在职消费型激励效果最差，其余的薪酬结构激励效果居中；货币薪酬的提高会增强薪酬结构的激励效果，在职消费水平的提高则会降低薪酬结构的激励效果，股权激励对薪酬结构的影响是双向的并在一定程度上受货币薪酬的影响；货币薪酬、持股比例与经营业绩正相关，在职消费与经营业绩负相关，但显著性水平存在差异。

三、研究评价

企业管理层的薪酬契约组合一般分为显性激励和隐性激励，显性激励包括货币薪酬、股权激励等，而隐性激励则主要表现为在职消费、晋升激励等。高管在职消费激励存在现代化的企业制度中普遍存在，但国有企业和非国有企业的高管在职消费激励产生的制度背景差别较大。在中国的国有企业中，高管薪酬存在管制，在职消费成为一种更加普遍的隐性激励方式。不同产权属性的企业中，高管在职消费产生的主导因素存在差异，这导致高管在职消费的有效性不同。在分析高管在职消费的影响时，需要同时关注高管在职消费“代理观”和高管在职消费“效率观”。高管在职消费受到外部监管环境的影响较为明显，例如，党的十八大以来，反腐直接降低了国有企业高管在职消费的规模，这为探讨中国国有企业高管在职消费的有效性提供了检验窗口。

参考文献

[1] 陈冬华，陈富生，沈永建，尤海峰．(2011)．高管继任，职工薪酬与隐性契约——基于中国上市公司的经验证据．经济研究，2，100－111.

[2] 陈冬华，陈信元，万华林．(2005)．国有企业中的薪酬管制与在职消费．经济研究，2 (92)，101.

[3] 陈冬华，梁上坤，蒋德权．(2010)．不同市场化进程下高管激励契约的成本与选择：货币薪酬与在职消费．会计研究，(11)，56－64.

[4] 周仁俊，杨战兵，李勇．(2011)．管理层薪酬结构的激励效果研究．中国管理科学，19 (1)，185－192.

[5] Alchian, A. A., Demsetz, H. (1975). Production, information costs, and economic organization. *IEEE Engineering Management Review*, 3(2), 21－41.

[6] Chen, D., Li, O. Z., Liang, S. (2016). Perk consumption as a suboptimal outcome under pay regulations. *Asia-Pacific Journal of Accounting & Economics*, 23(4), 373－399.

[7] Gul, F. A., Cheng, L. T., Leung, T. Y. (2011). Perks and the informativeness of stock prices in the Chinese market. *Journal of Corporate Finance*, 17(5), 1410－1429.

[8] Rajan, R. G., Wulf, J. (2006). Are perks purely managerial excess? *Journal of Financial Economics*, 79(1), 1－33.

[9] Rajan, R. G., Wulf, J. (2006). The flattening firm: Evidence from panel data on the changing nature of corporate hierarchies. *The Review of Economics and Statistics*, 88(4), 759－773.

[10] Xu, N., Li, X., Yuan, Q., Chan, K. C. (2014). Excess perks and stock price crash risk: Evidence from China. *Journal of Corporate Finance*, 25, 419－434.

[11] Yermack D., (2006), Flights of Fancy: Corporate Jets, CEO Perquisites, and Inferior Shareholder Returns. *Journal of Financial Economics*, 80(1), 211－242.

第十二章

风险资本问题研究

风险资本（Venture Capital，VC）是新兴企业的重要融资方式，风险资本的发展对整个国家的创新和创业都有重要意义。与欧美等发达国家相比，中国风险资本起步相对较晚，但在“大众创业，万众创新”的大环境下，我国的风险资本正在经历着井喷式的发展，相比传统金融企业，风险资本在项目筛选、过程监督等方面更具专业性，能够有效满足初创企业特别是创新型创业企业的融资需求，这对于国家产业升级和经济增长质量具有重要推动作用，因此，风险资本也被喻为“经济增长的发动机”。风险资本对企业行为的影响以及影响机制的分析是现有相关研究的重点方向，本部分将围绕这两个方面对现有文献进行梳理。

第一节 风险投资对企业的影响

一、方向介绍

相比一般的企业投资行为，风险资本的投资具有特殊性。风险资本专注于股权投资，而且投资项目成熟度相对较低，风险水平较高。因此在投资之前，风险资本对投资项目要经过更加严格的筛选过程，其中项目的创新能力和技术优势是风险资本筛选项目的重要标准之一（Baum 和 Silverman，2004）。当风险资本投资之后，风险资本对企业行为的监督又成为提高微观企业价值的重要途径。从长期来看，风险投资对经济的长期增长和维持竞争优势具有重要的推动作用。正因为如此，各个国家的政府都出台了很多措施鼓励风险投资的经营活动（Gilson，2003；Lerner，2009）。现有大量文献分析了风险资本投资对企业行为的影响，主要集中于企业绩效、创新行为等方面的研究。

二、文献导读

相比传统金融企业，风险资本在项目筛选、过程监督等方面更具专业性，能够有效满足初创企业特别是创新型创业企业的融资需求，这对于国家产业升级和经济增长质量具有重要推动作用，因此，风险资本也被喻为“经济增长的发动机”。一些研究从宏观层面分析了风险资本的经济后果，如 Samila 和 Sorenson（2011）采用美国大城市的数据，发现风险资本供给的增加能够显著促进新企业的创立，就业岗位和总产出的增加。Kortum 和 Lerner（2000）研究了风险投资对美国 20 个行业专利发明的影响，结果发现从行业的角度看，风险投资活动的增加往往伴随着专利数目的增长。

大部分研究还是主要基于微观企业层面，分析了风险资本对企业行为的影响。Masako（2004）研究了一个对风险投资融资决策的决定因素进行预测的模型，表明通过风险投资进行融资的项目有更高的回报、增长速度更快、企业规模也会更大。到底是风险资本促进了企业的创新活动还是风险资本直接选择了有潜力的企业进行投资，这是回答风险投资与企业绩效或者创新活动的关键，Croce 等（2013）分析了风险资本影响企业绩效的机制，提出了风险资本到底是通过“筛选”（screening）还是“价值增加”（value added）提高了欧洲高科技行业中企业绩效的问题，通过比较分析实验组和控制组在风险资本进入前后的绩效表现差异，发现风险资本对企业绩效的提高主要通过提供价值增加服务实现，而非通过筛选企业实现。Bernstein 等（2016）采用风险资本与被投资企业之间航线的开通作为外生冲击事件，使用双重差分的方法，分析了风险资本监督作用对企业创新行为的影响，发现监督成本的降低提高了企业的专利数量和专利被引用次数。Guo 和 Jiang（2013）以中国 1998 年至 2007 年的制造业企业为样本，证实了风险投资对企业研发投入的密度有显著的正向影响。Chemmanur 等（2014）分析了不同风险资本类型对被投资企业经营行为的影响，作者将风险资本分为公司型风险资本（Corporate Venture Capital，CVC）和独立风险资本（Independent Venture Capital，IVC），研究发现公司型风险资本对促进企业的创新行为影响更强。Tian（2012）发现风险资本联合投资能够提高企业的价值，联合投资更倾向于投资年轻公司、更早期轮次的投资。Cao 等（2013）从创新能力的视角分析了风险资本对上市企业绩效表现的影响，发现如果 IPO 企业股东中有风险资本并且企业拥有至少一项专利，那么这类企业上市之后的绩效表现更强，然而即使 IPO 企业被风险资本投资但没有专利，这类企业的市场表现与没有风险资本投资的企业市场表现基本相当。

张学勇和张叶青（2016）则基于中国企业样本，分析了风险资本支持对企业 IPO 之后市场表现的影响，作者发现风险资本能够显著提高上市之前企业的创新能力，而且这类企业在上市之后的长期回报率更高，然而缺乏创新能力的公司与没有风险投资支持的公司相比，在市场表现方面并没有显著差异，作者认为提高企业创新能力是风险投资促进企业长期绩效的重要驱动力。齐绍洲等（2017）基于中国的新能源企业，分析了风险投资对企业创新能力的影响，发现风险投资能够显著提升新能源企业的创新能力。但温军和冯根福（2018）发现中国的风险投资对中小企业的创新水平具有分线性关系，风险投资对创新的影响呈现先递减而后递增的“U 型”关系，曲线的低点出现在持股企业 IPO 当年或前一年，其原因是临近 IPO 时风险投资的攫取效应更为显著而增值服务却无明显的变化。

三、研究评价

学术界一般将专注于企业早期阶段投资的投资人称为风险资本，主要包括风险投资（VC）和私人股权投资（PE）两类。现有研究主要分析了风险资本对企业价值、创新能力、资本市场表现的影响，并发现风险资本具有非常正向的影响，风险资本的介入能够有效促进企业的创新能力、价值提高以及市场表现。但风险资本通过什么机制影响企业行为是需要分析的重点内容。在研究风险资本影响企业行为的过程中，面临比较明显的内生性问题，由于风险资本具有很强的项目筛选能力，因此，风险资本选择的项目本身跟没有被选择的项目之间存在很多差异性，这些差异性可能将直接导致两类企业未来发展质量的差别。在研究中，如何区分风险资本的项目筛选能力与价值增加能力是研究风险资本影响企业行为中的难点。

参考文献

[1] 黄福广，彭涛，田利辉．(2013). 风险资本对创业企业投资行为的影响．金融研究，(8)，180－192.

[2] 雷光勇，曹雅丽，齐云飞．(2017). 风险资本，制度效率与企业投资偏好．会计研究，(8)，48－54.

[3] 齐绍洲，张倩，王班班．(2017). 新能源企业创新的市场化激励——基于风险投资和企业专利数据的研究．中国工业经济，(12)，95－112.

[4] 吴超鹏，吴世农，程静雅，王璐．(2012). 风险投资对上市公司投融资行为影响的实证研究．经济研究，1，105－119.

[5] 张学勇，张叶青．(2016). 风险投资，创新能力与公司 IPO 的市场表现．经济研究，51 (10)，112－125.

[6] Baum, J. A., Silverman, B. S. (2004). Picking winners or building them? Alliance, intellectual, and human capital as selection criteria in venture financing and performance of biotechnology startups. *Journal of Business Venturing*, 19(3), 411－436.

[7] Chemmanur, T. J., Loutskina, E., & Tian, X. (2014), Corporate venture capital, value creation, and innovation. *The Review of Financial Studies*, 27(8), 2434－2473.

[8] Guo, D., Jiang, K. (2013). Venture capital investment and the performance of entrepreneurial firms: Evidence from China. *Journal of Corporate Finance*, 22, 375－395.

[9] Hellmann, T., Puri, M. (2002). Venture capital and the professionalization of start-up firms: Empirical evidence. *The journal of finance*, 57(1), 169－197.

[10] Inderst, R., Mueller, H. M. (2009). Early-stage financing and firm growth in new industries. *Journal of Financial Economics*, 93(2), 276－291.

[11] Kaplan, S. N., Stromberg, P. (2001). Venture capitals as principals: contracting, screening, and monitoring. *American Economic Review*, 91(2), 426－430.

[12] Samila, S., Sorenson, O. (2011). Venture capital, entrepreneurship, and economic growth. *The Review of Economics and Statistics*, 93(1), 338－349.

第二节 风险投资对企业的影响机制

一、方向介绍

随着研究的深入，更多研究开始关注风险资本对企业行为影响的内在机制。其中风险资本对企业创新行为的促进作用是现有文献主要的关注点，另外，风险资本对被投资企业的监督以及提供相应的咨询服务，也成为风险资本提高企业绩效表现的重要机制。但由于风险资本在投资过程中具有筛选投资项目的功能，因此，在分析风险资本影响企业绩效的过程中，面临着比较严重的内生性问题。

二、文献导读

现有很多文献研究了风险投资到底通过哪些机制影响了企业的表现。第一，风险资本在投资之前需要对被投资企业进行严格筛选，MacMillan 等（1986）通过调查问卷发现，风险资本在投资过程中更加看重企业家的素质而非商业模式，然而，Kaplan 等（2009）发现了与 MacMillan 等（1986）不一样的结论，作者发现企业从被风险投资投资到上市的过程中，往往商业模式保持一致但管理团队则历经更换，这表明风险投资筛选企业的关键因素是商业模式而非管理团队。Puri 和 Zarutskie（2012）则从企业经营特征的视角验证了风险投资的筛选功能，文章发现企业的经营历史、成长特征和规模特征是影响风险资本筛选企业的重要因素。此外，风险投资的契约设置至关重要。风险投资与企业签订的投资契约的一大特征是采用阶段融资，Bergemann 等（2009）通过理论模型分析了风险资本的最优阶段融资行为，认为当企业失败的风险较高时，阶段融资是风险资本更优的投资模式。Tian（2011）通过实证研究发现，当风险资本与被投资企业距离越远时，风险投资更倾向于使用阶段融资，而且阶段融资对于企业是否上市、财务和市场表现以及存活概率都有显著的正向影响，说明阶段融资对企业发展产生了积极的促进作用。Tian 和 Wang（2014）从企业阶段融资的视角刻画了风险资本对创新失败的忍耐力，发现风险资本较高的失败容忍度能够显著提高企业的创新行为。

第二，风险资本对企业创新的促进作用。风险资本提高企业绩效的重要渠道是促进企业创新（Lerner，2009），而创新是提高企业竞争力的核心因素。Tian（2012）分析了风险资本联合投资对企业的影响，发现风险资本联合投资能够显著提高企业的创新能力，并能够提高企业的账面绩效。Thomas（2013）发现风险投资所支持的公司创新性更强，Chemmanur 等（2014）认为公司型风险资本能够更好促进企业创新的原因在于，这类风险资本拥有更强的行业知识和更强的创新失败忍耐程度。此外，还有风险资本对被投资企业的投后服务功能，这些功能包括公司治理功能、咨询管理功能等。

第三，Rosenstein 等（1993）、Fried 等（1998）、Wright 和 Robbie（1998）等文献发现风险资本投资企业的董事具有更强的监督能力，而这也是风险资本监督被投资企业的重要途径。而且风险资本也通过董事会实现了对被投资企业的咨询、帮助等投后管理服务（Fried 和 Hisrich，1995；Sapienza 等，1997）。Bernstein 等（2016）提供了关于风险资本监督功能的直接证据，在降低内生性的前提下，发现风险资本企业进行现场监督能够显著提高企业的创新能力，同时也提高了风险资本成功推出的可能性。De Bettignies 和 Brander（2007），Bottazzi 等（2008）同时发现风险投资能够在融资后提供银行所不能提供的增值服务，尤其体现在企业管理经验等方面，即当风险投资具备充分的行业经验时最能帮助企业创造价值。风险投资通常专注于一小部门的行业，专业化加深风险投资的专业技术，帮助风险投资专家精准评估被投资企业未来发展前景（Masako，2004）。国内研究方面，董静等（2017）发现风险投资机构提供的增值服务对创业企业绩效有显著的正向影响，且风险投资机构的行业专长越高，越能增强这种影响，但风险投资机构实施的监督控制对创业企业绩效的影响不显著，但是当创业企业面临的不确定性越高时，过多的监督控制对企业绩效会产生负向影响。风投机构的投资经验越丰富，对公司创新能力的促进作用越强（苟燕楠，2014），陈思（2017）在此基础上进一步研究得到，外资和联合投资的风投机构对企业创新促进作用更强，风险投资的时间越长，促进作用越明显。

三、研究评价

现有研究对风险资本的研究可以按照研究对象的差异分为两类：第一类文献从被投资企业的角度出发，分析风险资本对企业行为的影响；第二类文献将风险资本作为研究主体，分析影响风险资本投资行为的因素。探讨风险资本影响企业行为的机制是讲清楚风险资本作用的关键方面，一部分文献研究了风险资本的监督作用，发现相比银行等传统融资机构，除了提供资金之外，风险投资家还会积极参与企业的经营管理，提高初创期企业的经营管理能力。风险资本的价值创造方面，现有研究发现风险资本的专业化可以通过参与公司战略决策、人力资源安排、财务决策等方面提高企业价值。由于风险资本在促进企业创新方面更具专业性，很多研究也分析了风险资本对企业创新能力的影响，大部分文献的结论是风险资本对企业创新能力具有正向的影响。但不同类型的风险资本具有不同的影响，公司风险资本（CVC）比单纯的风险资本（IVC）对被投资企业的创新能力具有更加显著的影响。关于公司风险资本（CVC）如何影响企业行为是重要的研究趋势。在平台经济快速扩张的现实背景下，分析大型平台经济中的风险资本部分对平台经济发展的贡献也具有很重要的研究价值。

参考文献

[1] 陈思，何文龙，张然.（2017）. 风险投资与企业创新：影响和潜在机制. 管理世界，（1），158－169.

[2] 董静，汪江平，翟海燕，汪立.（2017）. 服务还是监控：风险投资机构对创业企业的管理——行业专长与不确定性的视角. 管理世界，（6），82－103.

[3] 徐向阳，陆海天，孟为.（2018）. 风险投资与企业创新：基于风险资本专利信号敏感度的视角. 管理评论，30（10），58－72.

[4] 张天舒，陈信元，黄俊.（2015）. 政治关联，风险资本投资与企业绩效. 南开管理评论，（05），18－27.

[5] Bottazzi, L., Rin, M. Da., Hellmann, T. (2008). Who are the Active Investors? Evidence from Venture Capital, *Journal of Financial Economics*, 89, 488－512.

[6] Hellmann, T., Puri, M. (2000). The interaction between product market and financing strategy: The role of venture capital. *The review of financial studies*, 13(4), 959－984.

[7] Lee, P. M., Wahal, S. (2004). Grandstanding, certification and the underpricing of venture capital backed IPOs. *Journal of Financial Economics*, 73(2), 375－407.

[8] Lerner, J., Sorensen, M., Strömberg, P. (2011). Private equity and long-run investment: The case of innovation. *The Journal of Finance*, 66(2), 445－477.

[9] Puri, M., Zarutskie, R. (2012). On the life cycle dynamics of venture capital and non-venture capital financed firms. *The Journal of Finance*, 67(6), 2247－2293.

[10] Samila, S., Sorenson, O. (2011). Venture capital, entrepreneurship, and economic growth. *The Review of Economics and Statistics*, 93(1), 338－349.

[11] Tian, X. (2011). The causes and consequences of venture capital stage financing. *Journal of Financial Economics*, 101(1), 132－159.

[12] Tian, X. (2011). The role of venture capital syndication in value creation for entrepreneurial firms. *Review of Finance*, 16(1), 245－283.

[13] Tian, X, Wang, T. Y. (2011). Tolerance for failure and corporate innovation. *The Review of Financial Studies*, 27(1), 211－255.

第五篇

领导力与人力资源管理

第十三章

领导力研究

在企业管理研究领域，领导力（leadership）一直是一个备受关注的课题。1950年以来，研究者开始以科学的方式探究不同领导力在有效性方面的差异，先后从特质、行为和权变视角对领导有效性进行了考察，取得了丰富成果。随着研究的深入和管理实践的需要，近年来涌现了一些新兴研究主题，其中领导力的传递作用和积极领导的消极作用受到了广泛关注。

第一节　领导力的传递作用

一、方向介绍

传统上，领导力研究以下属和团队反应为领导有效性指标，对各种领导形态的影响效果、内在机制和边界条件进行考察。其中，有一类较为特殊，它们关注领导—下属互动中领导者某些特征和行为对下属/团队同类特征和行为的影响，这被称为传递作用（trickle-down effect）。自 Tepper 和 Taylor（2003）关注并证实公平感的传递作用后，此类研究陆续出现。领导力的传递作用提供了一个探究领导影响下属和团队的独特视角（王震等，2015）。

总体而言，领导力的传递作用是指在组织情境下，领导者的特征和行为通过组织垂直的管理层次自上而下地进行传递，最终引发下属和团队相同特征和行为的过程。截至 2019 年年初，有关领导传递作用的研究已有 70 多项，且还在不断涌现。其中有代表性的研究如下。

二、文献导读

（一）总体情况

对领导力传递作用的探讨逐渐兴起并取得了一系列进展。从现有研究来看：(1) 研究者主要考察了类状态特征、情感、认知、态度、行为和关系六类传递作用；(2) 传递作用主要通过情绪传染和情感事件、社会交换、社会认同、社会学习、社会信息加工机制而发生。

（二）研究主题

现有研究主要考察了类状态特征、情感、认知、态度、行为和关系的传递作用（图 13－1）。

类状态特征是个体的一种介于特质和状态间的心理状态，这些特征比较容易改变和开发，典型的变量包括心理资本、幸福感、感恩、宽恕等。目前考察的包括心理资本（Avey 等，2011，2012；Hodges，2010；Story 等，2013；任皓等，2013）、目标导向（Dragoni 和 Kuenzi，2012）、工作倦怠（Ten Brummelhuis 等，2014）、工作投入（Ten Brummelhuis 等，

2014）、底线思维等（Greenbaum 等，2012）。

情感是个体短时的情绪体验和持续时间相对较长的心境状态。目前主要考察领导的情感对下属情感和团队情感（Bono 和 Ilies，2006；Eberly 和 Fong，2013；Johnson，2009；Lewis，2000；Sy 等，2005；Ten Brummelhuis 等，2014；van Kleef 等，2009；Visser 等，2013；Volmer，2012）的传递。

认知的传递作用主要有两类：第一类是领导者的认知首先影响他们对组织和下属的行为表现，这些行为表现再进一步影响下属的认知判断；第二类则是直接影响，主要考察的传递变量包括组织公平感（Ambrose 等，2013；Aryee 等，2007；Tepper 和 Taylor，2003）、心理契约破裂感（Bordia 等，2010）、企业社会责任感（Vlachos 等，2014）。

态度的传递作用主要考察了组织认同（Lichtenstein 等，2010；Schuh 等，2012；van Dick 和 Schuh，2010；van Dick 等，2007；Wieseke 等，2009）、组织承诺（Loi 等，2012）、组织嵌入（Ng 和 Feldman，2013）、犬儒主义（Rubin 等，2009）。

行为的传递作用主要考察了组织公民行为（Bordia 等，2010；Tepper 和 Taylor，2003；Yaffe 和 Kark，2010）、亲组织非道德行为（Yu 等，2014）、创造力/创新行为（Jaussi 和 Donnie，2003；潘静洲等，2013）、言行一致（Palanski 和 Yammarino，2011）、企业社会责任绩效（Vlachos 等，2014）以及道德（Mayer 等，2009；Ruiz 等，2011；Schaubroeck 等，2012；Wang 等，2018）、服务（凌茜等，2010，2011；Liden 等，2014）、威权（Li 和 Sun，2014）和辱虐领导行为（Liu 等，2012；Mawritz 等，2012）。

关系的传递作用主要考察了组织支持感（Eisenberger 等，2014；Hu 等，2013；Shanock 和 Eisenberger，2006）和领导—下属交换关系（Venkataramani 等，2010；Zhou 等，2012）。

（三）解释机制

领导的类状态特征、情感、认知、态度、行为和关系通过什么机制传递给下属和团队？这是领导力传递作用的重要考察内容。根据各研究的论证逻辑，可以将传递作用的发生机制归纳为 5 种（王震等，2015）。

情绪传染理论和情感事件理论是阐释情感传递最常用的框架。由于心理资本是以积极心理状态为基础的概念，它的传递作用大多也用这两种理论来解释。

很多研究基于社会交换理论阐述了传递作用。这些研究大多是探讨组织支持感、领导—下属交换等关系类变量和组织公平感等认知类变量的传递作用。

社会认同理论主要用来解释组织认同的传递。对组织高度认同的领导倾向于将组织的目标内化，会为了实现组织目标和提高组织地位做出有利于组织的行为，因而会激发下属对组织的认同。

社会学习理论是解释行为类传递作用的主要框架。该理论指出个体会模仿那些有吸引力和可信赖的榜样而表现出特定态度和行为。在组织中，拥有较高地位和权力的领导者是下属学习的榜样，因此，社会学习理论能解释领导为什么能对下属造成影响。

社会信息加工理论认为，员工会以组织中各种信息为线索去构建和解释事件，进而表现某些反应。研究者采用此理论对情感承诺、心理资本、组织嵌入、企业社会责任感和企业社会责任绩效的传递作用进行了论证。从根本上讲，社会信息加工理论是解释传递作用的根源性理论，原因是领导的情感、认知、态度和行为是工作情境中的重要信息，下属和团队成员会根据这些信息作出反应，而且只有当下属和团队成员对领导在工作环境中发出的信息进行处理后，领导对下属和团队的影响才能发挥。

总体来看，学者们在探讨心理资本和情感的传递时多用情绪传染理论和情感事件理论；社会交换理论是解释认知类和关系类变量传递时最常用的框架；社会认同理论主要用来解释组织认同的传递作用；社会学习理论是论证行为类变量传递作用时最常用的理论框架；社会信息加工理论则是解释传递作用存在的根源性机制（王震等，2015）。

三、研究评价

近年来，领导学研究中的下行传递效应引起了学术界的关注。作为一种新范式，它仍有很多方面亟待未来研究探讨。

第一，研究内容方面，未来可在传递主体、变量和层次上进一步拓宽。首先，在传递主体上，现有研究多是探讨领导和下属间的传递，未来可更多地关注领导与团队互动过程中的传递（Ambrose 等，2013）。其次，在传递变量上，当前研究涉及的变量很有限。领导对下属和团队的影响是方方面面的，其他的传递表现也需要关注。例如，领导的工作投入是否会促成团队工作投入？上级的谦卑型领导方式是否会传递给下级领导？此外，以往文献聚焦于积极变量。未来可对消极变量的传递进行研究，如离职意愿、越轨行为等。最后，在传递层次上，以往研究集中在中基层领导与下属两个层次。根据角色扮演理论，高层领导对组织的影响是全局性的，因此，有必要将高层领导纳入研究，考察高层领导—中基层领导—基层员工的层层传递，以系统揭示组织自上而下的传递过程（Schaubroeck 等，2012）。

第二，影响效果方面，现有研究大多讨论下行传递效应对下属/团队的作用，很少关注其对领导的影响。组织中的传递是双向的，因此领导和下属是相互作用的，领导对下属施加影响的同时也会受下属影响。基于此，传递效应可能是一个开放的环形结构：下行传递效应对下属/团队产生影响后，下属/团队的态度和行为又会反过来作用于领导。因此，未来还应探讨下行传递效应对领导者认知、情绪、态度、行为等方面的影响，从领导—下属/团队双向视角全面看待下行传递的作用效果。

第三，作用机制方面，未来可关注三个问题。首先，现有研究大多仅证明了传递变量在领导和下属/团队之间进行传递。究竟通过什么中介机制进行传递，多数研究并未深入

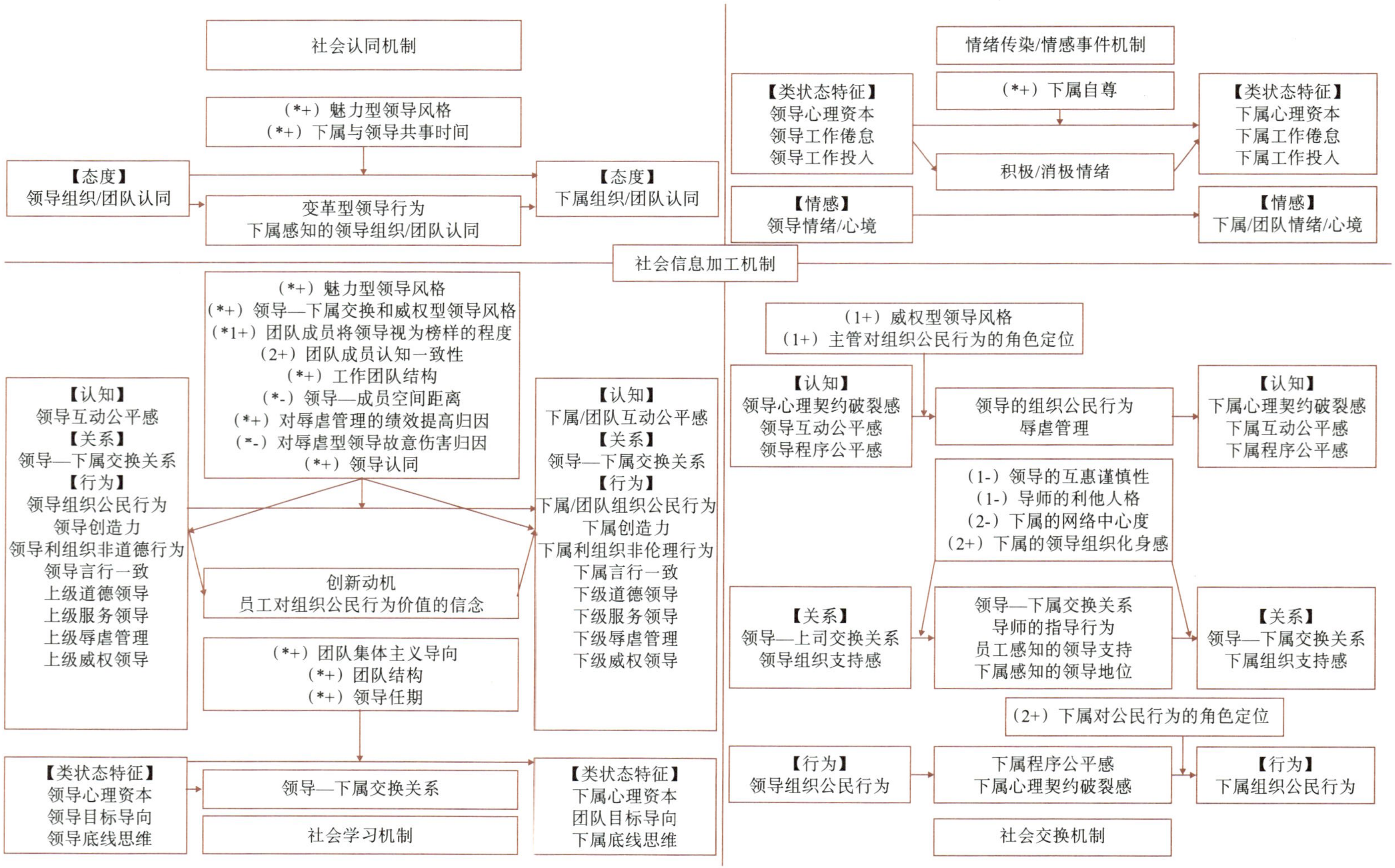

图 13－1　领导力传递作用的研究主题和解释机制

探讨。未来可在探讨下行传递效应过程中加入中介变量以更清楚地揭示其发生机制。其次，下行传递效应的不同发生机制是否相互替代或相互补充，需进一步探讨。最后，对下行传递效应边界条件的探讨应成为一个重要方向。尤其是现有研究多以领导和下属/团队特征为调节变量而忽视了情境的调节作用，故未来可更多地考虑情境方面的边界条件。

第四，研究情境方面，目前研究多采取普适视角，未考虑文化权变性问题。未来研究可从三个方面入手。首先，目前大部分研究是在西方文化下进行的，其结果是否具有跨文化适用性值得商榷。研究可通过在不同文化背景下重复研究或收集多个文化样本进行检验。其次，文化是否会影响下行传递效应的发生与表现，有待探索。最后，下行传递效应在不同文化背景下的解释框架是否一样？例如，西方研究者将社会交换理论作为一个主要解释框架，但这一理论并不适合解释中国文化情境下的人际互动过程。在高权力距离和集体主义情境下，员工会更多地根据自身角色规范和义务（而不是社会交换）来回馈他人。除了国家/民族层面的跨文化和本土化讨论，未来研究还可从个体文化价值观出发，考察下属/团队的集体主义、权力距离等文化导向在下行传递过程中的作用。

参考文献

［1］潘静洲，娄雅婷，周文霞．（2013）．龙生龙，凤生凤？领导创新性工作表现对下属创造力的影响．心理学报，45（10），1147－1162.

［2］任皓，温忠麟，陈启山，叶宝娟．（2013）．工作团队领导心理资本对成员组织公民行为的影响机制：多层次模型．心理学报，45（1），82－93.

［3］王震，许灏颖，杜晨朵．（2015）．领导学研究中的下行传递效应：表现、机制与条件．心理科学进展，23（6），1079－1094.

[4] Aryee, S., Chen, Z. X., Sun, L. Y., Debrah, Y. A. (2007). Antecedents and outcomes of abusive supervision: Test of a trickle-down model. *Journal of Applied Psychology*, 92(1), 191－201.

[5] Avey, J. B., Avolio, B. J., Luthans, F. (2011). Experimentally analyzing the impact of leader positivity on follower positivity and performance. *The Leadership Quarterly*, 22(2), 282－294.

[6] Barsade, S. G. (2002). The ripple effect: Emotional contagion and its influence on group behavior. *Administrative Science Quarterly*, 47(4), 644－675.

[7] Bordia, P., Restubog, S. L. D., Bordia, S., Tang, R. L. (2010). Breach begets breach: Trickle-down effects of psychological contract breach on customer service. *Journal of Management*, 36(6), 1578－1607.

[8] Eisenberger, R., Shoss, M. K., Karagonlar, G., Gonzalez-morales, M. G., Wickham, R. E., Buffardi, L. C. (2014). The supervisor POS-LMX-subordinate POS chain: Moderation by reciproca-

tion wariness and supervisor's organizational embodiment. *Journal of Organizational Behavior*, 35 (5), 635 - 656.

[9] Erdogan, B., Enders, J. (2007). Support from the top: Supervisors' perceived organizational support as a moderator of leader-member exchange to satisfaction and performance relationships. *Journal of Applied Psychology*, 92(2), 321 - 330.

[10] Jaussi, K. S., Dionne, S. D. (2003). Leading for creativity: The role of unconventional leader behavior. *The Leadership Quarterly*, 14(4 - 5), 475 - 498.

[11] Lian, H., Ferris, D. L., Brown, D. J. (2011). Does power distance exacerbate or mitigate the effects of abusive supervision? It depends on the outcome. *Journal of Applied Psychology*, 97 (1), 107 - 123.

[12] Liu, D., Liao, H., Loi, R. (2012). The dark side of leadership: A three-level investigation of the cascading effect of abusive supervision on employee creativity. *Academy of Management Journal*, 55(5), 1187 - 1212.

[13] Loi, R., Lai, J. Y. M., Lam, L. W. (2012). Working under a committed boss: A test of the relationship between supervisors' and subordinates' affective commitment. *The Leadership Quarterly*, 23(3), 466 - 475.

[14] Mawritz, M. B., Mayer, D. M., Hoobler, J. M., Wayne, S. J., Marinova, S. V. (2012). A trickle-down model of abusive supervision. *Personnel Psychology*, 65(2), 325 - 357.

[15] Mayer, D. M., Kuenzi, M., Greenbaum, R., Bardes, M., Salvador, R. (2009). How low does ethical leadership flow? Test of a trickle-down model. *Organizational Behavior and Human Decision Processes*, 108(1), 1 - 13.

[16] Ng, T. W. H., Feldman, D. C. (2013). Changes in perceived supervisor embeddedness: Effects on employees' embeddedness, organizational trust, and voice behavior. *Personnel Psychology*, 66(3), 645 - 685.

[17] Schaubroeck, J. M., Hannah, S. T., Avolio, B. J., Kozlowski, S. W. J., Lord, R. G., Treviño, L. K., Peng, A. C. (2012). Embedding ethical leadership within and across organization levels. *Academy of Management Journal*, 55(5), 1053 - 1078.

[18] Taylor, S. G., Griffith, M. D., Vadera, A. K., Folger, R., Letwin, C. R. (2019). Breaking the cycle of abusive supervision: How disidentification and moral identity help the trickle-down change course. *Journal of Applied Psychology*, 104(1), 164 - 182.

[19] Tepper, B. I., Taylor, E. C. (2003). Relationships among supervisors' and subordinates' procedural justice perceptions and organizational citizenship behaviors. *Academy of Management Journal*, 46(1), 97 - 105.

[20] Venkataramani, V., Green, S. G., Schleicher, D. J. (2010). Well-connected leaders: The

impact of leaders' social network ties on LMX and members' work attitudes. *Journal of Applied Psychology*,95(6),1071 - 1084.

[21] Vlachos, P. A., Panagopoulos, N. G., Rapp, A. A. (2014). Employee judgments of and behaviors toward corporate social responsibility: A multi-study investigation of direct, cascading, and moderating effects. *Journal of Organizational Behavior*,35(7),990 - 1017.

[22] Wang, Z., Xu, H., Liu, Y. (2018). How does ethical leadership trickle down? Test of an integrative dual-process model. *Journal of Business Ethics*,153(3),691 - 705.

[23] Wo, D. X. H., Schminke, M., Ambrose, M. L. (in press). Trickle-down, trickle-out, trickle-up, trickle-in, and trickle-around effects: An integrative perspective on indirect social influence phenomena. *Journal of Management*. doi:10. 1177/0149206318812951.

[24] Yaffe, T., Kark, R. (2011). Leading by example: The case of leader OCB. *Journal of Applied Psychology*,96(4),806 - 826.

[25] Zhou, L., Wang, M, Chen, G., Shi, J. Q. (2012). Supervisors' upward exchange relationships and subordinate outcomes: Testing the multilevel mediation role of empowerment. *Journal of Applied Psychology*,97(3),668 - 680.

第二节 积极领导的消极作用

一、方向介绍

在领导力研究领域，一般将领导形态分为“积极领导”和“消极领导”两类。“积极领导”（positive leadership）是那些能提升下属、团队和组织产出的领导形态，如变革型、授权型、道德型等行为导向的和领导—下属交换等关系导向的领导风格、特征和行为。在过去的30多年里，研究者着重考察这些积极领导形态何时、何地对谁如何产生怎样的影响。然而，新近有学者指出以往的研究可能忽略了积极领导潜在的消极作用。自从Kark等（2003）发现变革型领导会导致员工依赖，研究者陆续揭开了积极领导的消极作用。从实践角度讲，领导力实践中对利益相关者的全面考虑（如对下属是好的，对领导是坏的）、对产出结果的全面考虑（如对绩效是好的，对幸福感是坏的）以及对作用时间的全面考虑（如短期是好的，长期是坏的）均极大地助推了这种思路的转向。

总体而言，探究积极领导的消极作用已成为领导力领域一个新兴热点并逐渐发展为一种新范式。与传统范式相比，这种范式提供了一个探究领导有效性的独特视角，能帮助研究者更全面地评估领导风格的作用，有助于领导理论的丰富和深化。在实践方面，若能识别出积极领导可能产生的消极后果及原因，组织便可以采取相应措施进行有效干预，保证组织的良好运作。因此，这类研究具有重要的理论和实践意义。截至2019年初，有关积极领导消极作用的研究已有40余项，其中超过80%的为近5年发表（王震等，2019）。

二、文献导读

（一）总体情况

近年来，积极领导力潜在的消极作用得到了学术界的广泛关注，已成为一个领导力领域的一个前沿课题。（1）在研究主题上，现有研究主要考察了行为导向和导向领导风格的消极作用；（2）在分析视角上，主要包括两大类——构建兼具“积极效应”和“消极作用”的模型和单纯只考虑某一领导风格潜在的“消极作用”；（3）在理论机制上，积极领导风格的消极作用主要用社会认定、社会交换、精神分析、认知加工和资源相关理论进行了解释。

（二）研究主题

在积极领导消极作用的研究主题上，现有研究主要考察了变革、授权、道德、包容和仁慈等行为导向和领导—下属交换等关系导向领导风格的消极作用，涉及对下属、团队和领导自身三类主体的消极作用。表 13－1 呈现了 6 种领导风格对 3 类对象的消极作用。其中，变革型领导受到最广泛的考察，其次是授权和道德型领导，关系导向的领导理论也受到一些关注。在消极影响的作用对象上，主要集中在下属方面，对团队和领导的考察相对较少。从考察的消极作用表现上，大多数研究关注于这些积极领导对组织受益（如个体对组织积极的态度、行为表现、工作绩效等）的影响，仅有变革型领导和领导—下属交换的研究者考察了这些积极领导对领导和员工个人福祉的潜在消极作用。

表 13－1　积极领导消极效应的研究主题

作用对象	变革型领导（18）	授权型领导（8）	道德型领导（8）	包容型领导（1）	仁慈领导（1）	领导—下属交换（6）
下属	依赖性（Eisenbeiβ 等，2013；Kark 等，2003；Kollmann 等，2013） 压力（Diebig 等，2016；Franke 等，2011；蔡亚华等，2015） 角色模糊（Diebig 等，2016） 任务绩效（Chen 等，2018） 创造力（Eisenbeiβ 等，2013；Kollmann 等，2013；蔡亚华等，2015） 亲社会违规行为（石冠峰等，2015；杨梦园，2016） 亲组织/领导不道德行为（Effelsberg 等，2014；王晓辰等，2018；颜爱民等，2018） 因病缺勤（Nielsen 等，2016） 顾客导向工作价值观（Mullins 等，2014）	压力（Cheong 等，2016） 工作绩效（Cheong 等，2016；Hao 等，2017；Humborstad 等，2014；Lee 等，2016；尹奎等，2016） 创新绩效（Hao 等，2017） 亲社会违规行为（何燕珍等，2016；颜爱民等，2017）	组织公民行为（Stouten 等，2013） 内在动机、创造力（Feng 等，2018） 亲组织不道德行为（Kalshoven 等，2016；Miao 等，2013；李根强，2016；张永军等，2017）	依赖性、创造力（古银华等，2017）	/	工作要求（Jiang 等，2014） 情绪耗竭（Jiang 等，2014；陆欣欣等，2016） 压力（Harris 等，2006） 职场被嫉妒和被排斥（Wang 等，2018） 亲组织，领导不道德行为（林英晖等，2016；颜爱民等，2018）
团队/组织	团队创新（Eisenbeiβ 等，2010） 组织合作创新（宋晶等，2013）	/	团队创造力（Mo 等，2019）	/	团队过程/绩效（Li 等，2018）	/
领导	情绪耗竭（Lin 等，in press；Zwingmann 等，2016） 离职意愿（Lin 等，in press）	放任领导行为、领导有效性（Wong 等，2018）	道德积分/证书、自我控制、辱虐行为（Lin 等，2016）	/	/	/

注：截至 2018 年底共 41 项实证研究，其中 1 项研究同时考察了变革型领导和领导—下属交换的消极效应。本表权列出第一作者。

（三）分析视角

当前对积极领导消极作用采用的分析视角主要包括两大类——构建兼具“积极效应”和“消极作用”的模型和单纯只考虑某一领导风格潜在的“消极作用”。前者可以进一步分为双刃剑效应（double-edged sword effect）和非线性效应（nonlinear effect）。双刃剑效应又可以分为三小种，即不同维度的不同作用、直接与间接效应的不同作用和不同中介带来的不同作用；非线性效应可以分为基于“物极必反”的过犹不及效应（too-much-of-a-good-thing effect，“倒 U 型”关系）和基于“要么多要么少”的“居中不良效应”（too confusing to be a good thing，“U 型”关系）。表 13－2 列出了每种视角及其代表性研究。

表 13－2　积极领导消极效应的分析视角

分析视角类别	分析视角	具体的分析视角	示例
同时考察积极和消极效应	双刃剑效应	不同维度的不同作用	Diebig 等（2016）
		直接与间接效应的不同作用	Eisenbeiβ 等（2013）
		不同中介带来的不同作用	Cheong 等（2016）
	非线性效应	过犹不及效应	Stouten 等（2013）
		居中不良效应	Humborstad 等（2014）
只考虑消极效应	消极效应	直接或单一的间接负面效应	Lin 等（2016）

（四）理论机制

积极领导为什么会有消极作用，这涉及理论机制问题。在上述不同的分析视角下，用于解释积极领导消极作用的理论机制不尽相同。其中，有一些理论被用于解释多种领导风格的消极作用；也有一些对特定领导的特定消极作用有解释力的理论。总体来看，有 5 种理论被广泛用于现有研究，其解释力也得到了充分论证，它们构成了解释积极领导消极作用的“主流”理论机制（表 13－3）。

表 13－3　解释积极领导消极效应的主要理论机制

使用的理论机制	变革型领导	授权型领导	道德型领导	领导—下属交换	其他领导风格
社会认定理论	5		3		
社会交换理论	2	1	3	4	
精神分析理论	3				1
社会信息加工理论	1	3			
资源相关理论	2	2	1	1	1

社会认定理论是解释领导有效性的重要机制，但其也可用于理解积极领导为何具有消极作用。目前将其作为理论依据的研究涉及变革型和道德型两类领导风格，因为变革型领导和道德型领导都有助于塑造和提升下属的认同感。

根据社会交换理论，积极的领导风格会让领导与下属之间建立一种互相信任、尊重的交换关系；尽管这种高质量交换关系会让下属产生积极的认知、态度和行为，但也会让下属因为互惠、亏欠、平衡成本—收益而表现出消极反应。该理论主要被用来解释道德型领导和领导—下属交换的消极影响。

根据精神分析理论，幼儿因认为其父母是全能的而感到安全，虽然这种被完全保护的需求在青春期会逐渐消退，但某些领导风格可能又重新唤醒这种潜在的需求。对变革型领导和包容型领导阴暗面的部分研究采用了这一理论机制。

认知加工理论视角主要涉及社会信息加工理论和领导分类理论，用以解释下属如何借由领导行为传递的信息对工作和领导进行认知解读，从而塑造后续的消极感知或行为。目前这一类研究涉及的领导风格包括变革型和授权型两种。

一些学者从资源角度考察了积极领导的消极作用，包括资源保存理论、自我损耗理论、资源配置理论、工作要求—资源模型以及道德许可理论和双任务加工理论。这些理论视角关注积极领导行为如何影响领导者自身或下属的心理或工作资源情况，继而对幸福感或工作行为产生影响。

这些理论机制可以进一步地归纳为三类（图 13－2）。

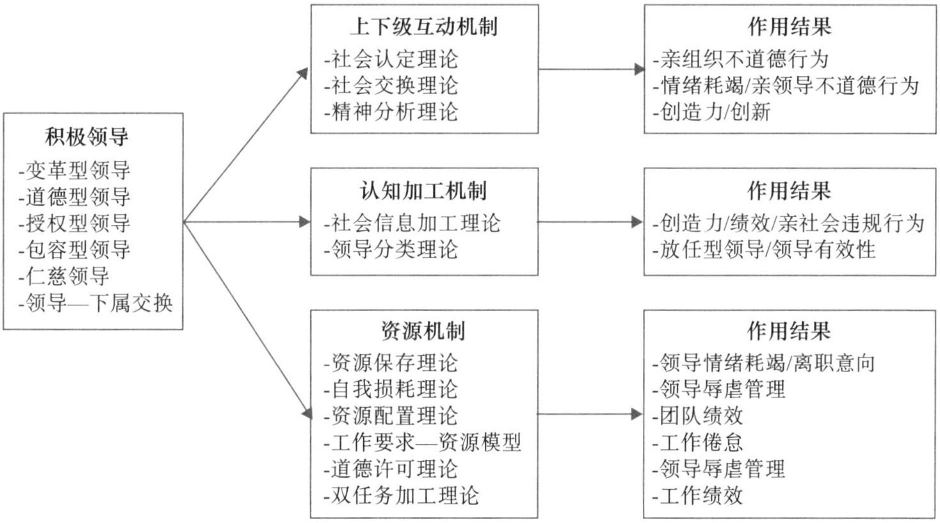

图 13－2　积极领导消极效应的理论机制整合模型

第一类为积极领导风格通过影响领导—下属互动关系而带来消极作用。这类机制通常使用社会认定、社会交换和精神分析理论进行阐述，并从“认同领导”“亏欠领导”和“依赖领导”阐释积极领导为何具有消极作用。基于这类机制，研究者指出变革型、授权型、道德型、包容型等领导行为和高质量领导—下属交换关系会激发下属的认同感、亏欠感和依赖感，而这些认知和情感体验会带来负面作用。例如，认同会带来亲组织非道德行为，依赖会抑制创造力和创新，亏欠会诱发压力和不道德行为等。

第二类为积极领导风格通过影响个体的认知加工进而带来消极作用。这类机制主要依托社会信息加工理论和领导分类理论。在组织情境下，个体会收集与工作有关的信息并进行加工处理。领导作为与个体密切联系和频繁互动的主体，是下属获取工作信息的重要来源。面对积极领导行为所传递的信息，个体将以不同的方式进行解读，继而产生不同的认知和情感反应，最终引发不同的后续结果。例如，变革型领导行为会让下属感到工作负荷和工作压力增加；授权型领导行为会让下属产生一种对工作的不确定感和模糊感，也会让下属产生对工作的强迫性情感，这些对工作的认知和情感会对下属的态度和行为产生消极作用。另外，若实际感知的领导风格与下属对领导原型的认知不一致，则该种积极领导风格会被下属判定为无效。

第三类为积极领导风格通过影响个体资源的保存、损耗和配置而带来消极作用。资源保存理论、自我损耗理论、资源配置理论、工作要求—资源模型、道德许可理论和双任务加工理论均属于这一类。根据资源保存和自我损耗理论，变革型领导行为会损耗自身与工作相关的资源，这种损耗会影响领导者的心理和行为，诱发消极的行为表现和幸福体验等。资源配置理论指出，高程度的仁慈领导会在人际关系上投入大量资源，这会影响他们在工作事务上的资源投入，不利于团队目标的执行过程，最终损害团队绩效。工作要求—资源模型指出，高质量领导—下属交换关系在为下属带来工作资源的同时也带来了工作要求，而这种要求会造成负面作用。道德许可理论阐述了管理者做出道德领导行为后道德资源得以增加，而这为其提供了消耗这些道德资源（如做出不道德行为）的砝码。双任务加工理论阐述了下属在领导授权情形下注意力资源转换和损耗所带来的消极结果。相比前两种机制，资源机制既可以解释积极领导风格对下属和团队的消极作用，也能解释对领导者本人的负面作用。

三、研究评价

近年来，积极领导风格的消极效应引发了领导力学术界的特别关注。随着研究的深入，越来越多的消极效应相继被揭示，但作为一种新范式，它仍有很多方面亟待未来研究探讨。

第一，建构能系统解释积极领导消极效应的整合性理论框架或模型。理论是管理学实证研究的根基。理论的深度、广度及其与管理实践的关联性在很大程度上决定了实证研究的合理性、合法性和对管理实践的启示价值。与积极领导的积极面相比，积极领导的消极效应在理论上存在先天缺陷，以至于研究者只能借用相关理论作为支撑。这种借用使得研究结论并不一致，却都能被合理地解释。例如，在变革型领导与创新的关系以及授权型领导与工作绩效的关系上，有研究发现了“U 型”关系，也有研究发现了“倒 U 型”关系；在道德型领导发挥最佳作用的水平上，当前研究也有截然不同的结论。这些矛盾和冲突限制了我们对相关知识的了解，也限制了其在管理实践领域的应用。积极领导的消极效应是一个非常抽象的话题，既要回答“什么样”的积极领导对“谁”有“什么样”的消极效应，也要回答“何时”和“如何”产生消极效应。因此，提出一个整合性的理论、框架或模型是这一研究领域的当务之急。

第二，从领导类型、消极效应表现和作用机制方面进行实证研究。未来可在领导类型和消极效应的表现形式上作进一步拓展，丰富学术界对积极领导消极效应的认识。首先，除了当前探讨的变革、道德、授权型领导以及领导—下属交换，其他领导风格也需要引起关注，尤其是新兴的领导风格。服务型领导（servant leadership）是新近较受关注的领导风格，这种领导者通过服务下属从而实现领导功能。尽管元分析已证实了其积极作用（激发下属积极的态度和绩效），但对领导者而言，将下属利益放在首位可能损耗领导者的自我资源，对自身带来不利影响，如情绪耗竭、工作家庭冲突等（Panaccio 等，2015）。因此，服务型领导是否有可能“燃烧自己，点亮他人”值得我们思考。其次，在消极效应的表现形式方面，研究者可进一步考察领导风格的其他消极效应，这有助于学术界更为全面和客观地了解和评价每种领导风格。尽管领导对自身、下属和团队可能造成的“阴暗”涉及方方面面，但当前研究涉及的效标变量非常有限。未来可以从增加负面影响和减少正面影响这两种思路出发，尝试探寻每种领导风格其他可能的消极效应。再次，在消极效应的影响对象上，仅有少数考察了积极领导对领导者本人的潜在消极效应。实际上，作为施动者的领导者和接受者的下属/团队共同构成了领导过程，但现有研究多聚焦于员工个体层面的结果变量，未来应加强对团队产出尤其是领导自身方面的关注。最后，采用实证研究范式，未来研究可进一步探索和挖掘新的作用机制。例如，在并列中介框架之下，除了工作激情双模型，还存在其他机制，如认知与情感、趋利与弊害等。

第三，挖掘积极领导消极效应的边界条件和破解因素。从应用的角度来看，当前对积极领导消极效应的考察会使管理者陷入一种困境。此前，在学术界的呼吁下，管理实践者已在招聘甄选、培训开发、团队建设等人力资源管理活动中广泛应用了诸如变革、授权等积极领导行为，然而新近的研究却暗示这些积极领导行为存在消极作用。因此，从做负责任的研究来看（徐淑英，2016），未来研究应将重点放在挖掘积极领导消极效应的边界条件，尤其是能够避免这些消极作用的因素。相比传统的积极领导积极面的研究，探讨积极领导的消极效应是一个进步，但研究者应继续往前一步，厘清那些能减弱或避免积极领导消极作用的因素，指导实践界科学使用领导力。例如，既然存在过犹不及效应，那么研究者应进一步明确使领导风格性质发生变化的拐点以及决定拐点位置的关键条件（Pierce 和 Aguinis，2013；邢璐等，2018）。总体而言，未来研究应尽可能识别出那些可能诱发积极领导消极效应的因素，使这些积极领导风格扬长避短，充分发挥其对组织管理实践的积极作用。

第四，开展跨群体和针对特定群体的探讨。现有研究大多旨在揭示一种普遍的现象和规律，但任何领导风格的作用都不是放之四海皆准的。因此，从群体差异角度探讨积极领导“是否”“何时”和“如何”具有消极效应需要引起关注。对群体的界定是多元化的，在边界上可以大到一种文化群体，也可以小到一种职业群体，在属性上既可以是一种按照浅层属性划分的性别群体、行业群体，也可以按照深层属性划分的具备某种价值理念的群体。例如，从文化群体来看，目前大部分研究是在西方文化下进行的，未来可更多地基于中国文化和针对中国文化开展研究。在中国文化体系里有“物极必反”的思想，在管理实践中也推崇矛盾领导（paradoxical leadership）的理念（Zhang 等，2015）。总体来说，中国传统文化为积极领导消极效应研究提供了先天土壤。

参考文献

[1] 古银华，卿涛，杨付，张征.（2017）. 包容型领导对下属创造力的双刃剑效应. 管理科学，30（1），119－130.

[2] 林英晖，程垦.（2016）. 领导—部属交换与员工亲组织非伦理行为：差序格局视角. 管理科学，29（5），57－70.

[3] 陆欣欣，孙嘉卿.（2016）. 领导—成员交换与情绪枯竭：互惠信念和权力距离导向的作用. 心理学报，48（5），566－577.

[4] 王震，龙昱帆，彭坚.（2019）. 积极领导的消极效应：研究主题、分析视角和理论机制. 心理科学进展，27（6），1123－1140.

[5] 张永军，张鹏程，赵君.（2017）. 家长式领导对员工亲组织非伦理行为的影响：基于传统性的调节效应. 南开管理评论，20（2），169－179.

[6] Cheong, M., Spain, S. M., Yammarino, F. J., Yun, S. (2016). Two faces of empowering leadership: Enabling and burdening. *Leadership Quarterly*, 27(4), 602－616.

[7] Diebig, M., Kai, C. B., Rowold, J. (2016). A double-edged sword: Relationship between full-range leadership behaviors and followers' hair cortisol level. *Leadership Quarterly*, 27(4), 684－696.

[8] Eisenbeiβ, S. A., Boerner, S. (2013). A double-edged sword: Transformational leadership and individual creativity. *British Journal of Management*, 24(1), 54－68.

[9] Harris, K. J., Kacmar, K. M. (2006). Too much of a good thing: The curvilinear effect of leader-member exchange on stress. *The Journal of Social Psychology*, 146(1), 65－84.

[10] Kalshoven, K., van Dijk, H., Boon, C. (2016). Why and when does ethical leadership evoke unethical follower behavior? *Journal of Managerial Psychology*, 31(2), 500－515.

[11] Kark, R., Shamir, B., Chen, G. (2003). The two faces of transformational leadership: Empowerment and dependency. *Journal of Applied Psychology*, 88(2), 246－255.

[12] Lee, S., Cheong, M., Kim, M., Yun, S. (2016). Never too much? The curvilinear relationship between empowering leadership and task performance. *Group & Organization Management*, 42(1), 1 – 28.

[13] Li, G., Rubenstein, A. L., Lin, W., Wang, M., Chen, X. (2018). The curvilinear effect of benevolent leadership on team performance: The mediating role of team action processes and the moderating role of team commitment. *Personnel Psychology*, 71(3), 369 – 397.

[14] Lin, S. -H., Ma, J., Johnson, R. E. (2016). When ethical leader behavior breaks bad: How ethical leader behavior can turn abusive via ego depletion and moral licensing. *Journal of Applied Psychology*, 101(6), 815 – 830.

[15] Lin, S. -H., Scott, B. A., Matta, F. K. (in press). The dark side of transformational leader behaviors for leaders themselves: A conservation of resources perspective. *Academy of Management Journal*. https://doi.org/10.5465/amj.2016.1255

[16] Nielsen, K., Daniels, K. (2016). The relationship between transformational leadership and follower sickness absence: The role of presenteeism. *Work & Stress*, 30(2), 193 – 208.

[17] Stouten, J., van Dijke, M., Mayer, D. M., de Cremer, D., Euwema, M. C. (2013). Can a leader be seen as too ethical? The curvilinear effects of ethical leadership. *Leadership Quarterly*, 24(5), 680 – 695.

[18] Zwingmann, I., Wolf, S., Richter, P. (2016). Every light has its shadow: A longitudinal study of transformational leadership and leaders' emotional exhaustion. *Journal of Applied Social Psychology*, 46(1), 19 – 33.

第十四章

人力资源管理研究

尽管人力资源管理（human resource management）在实践中一直存在，但对人力资源管理的系统化研究直到20世纪90年代才开始。尽管时间不长，但研究者取得了丰硕成果。近年来，随着经济环境的变化和管理实践的不断变革，人力资源管理研究出现了转向，带来了一些新的研究机会。其中两个较受关注的前沿为：从关注通用型（general）人力资源管理转向关注特定导向（specific）人力资源管理，从聚焦人力资源从业者的人力资源管理转向关注直线经理的人力资源管理。

第一节　服务导向人力资源管理

一、方向介绍

很长时间以来，人力资源管理研究者着重探讨通用型的人力资源管理，即对于各个行业、各类组织、针对各种战略目标都适用的人力资源管理系统和实践。然而，一系列的实证和实践表明并不存在这样的系统和实践。为此，研究者提出了特定性的人力资源管理体系，如创新导向的人力资源管理、安全导向的人力资源管理等。其中，服务导向人力资源管理就是针对服务行业和服务企业的人力资源管理系统。

服务导向人力资源管理系统的兴起得益于现实需要。服务产业占据了多数发达市场 GDP 的 70% 以上；服务业收入占全国 GDP 的 60% 以上。总体来看，服务导向人力资源管理，是指组织为了激发服务人员提供高质量服务并更好地满足顾客需要所实施的一系列人力资源管理实践活动（Liao 等，2009）。元分析表明，虽然一般性人力资源管理和服务导向人力资源管理均会正向影响服务绩效，但后者的作用更强，即更有助于组织服务绩效的提升。截至 2019 年初，有关服务导向人力资源管理的研究已有 20 余项，并呈持续增长趋势。其中，有代表性的研究如下。

二、文献导读

（一）总体情况

针对服务导向人力资源管理，学术界已进行了较为深入的考察。在结构和测量方面，研究者已从单一实践观转向系统观，并开发出一系列量表。在影响效果方面，当前研究中涉及的服务产出变量可归为三类，即员工结果、顾客结果和财务结果，并且这三类结果之间基本呈现一种递进关系。在作用机制方面，当前研究大多按照中介所在层次来分类变量，并分别考察了各个中介变量的作用机制。这些变量可根据其理论视角归为四类，即资源视角、动机视角、氛围视角和其他视角。

（二）结构和测量

什么是服务导向人力资源管理系统？这涉及结构和测量问题。在早期的实证研究中，研究者大多从人力资源管理实践的各模块出发，考察服务导向的人员甄选、培训、奖励、自主权和员工参与等不同的人力资源活动对服务产出的影响，并开发了一系列不同的量表。随着资源基础观、战略人力资源管理等理论的不断发展，人们逐渐意识到，与单项人力资源管理实践相比，人力资源管理系统是由一套互相补充、互相依赖的实践活动构成。近年来，越来越多的学者开始考虑系统性人力资源管理，并在以往研究的基础上开发了新的测量工具。目前，常用量表主要有三种，研究者多通过结合研究背景的需要进行有选择地使用或是对这些量表作适当调整。这三种测量体系分别由不同维度构成（见表 14-1）。

表 14-1　服务导向人力资源管理的测量量表

研究者	量表维度	量表内容
Liao 等（2009）	8 个维度	服务培训；信息共享；自我管理型服务团队和参与；基于服务质量的薪酬；工作设计；基于服务质量的绩效评估；内部服务；服务项目
Chuang 和 Liao（2010）	6 个维度	人员配置；培训；投入/参与；绩效评估；薪酬与奖励；关怀
Hoang（2014）	5 个维度	服务导向的招聘；服务导向的培训；服务导向的奖励和认可；服务导向的员工自治和参与；服务导向的员工福利

（三）作用效果

在当前研究中所涉及的服务导向人力资源管理的影响效果可被归为三类，即员工结果、顾客结果和财务结果（见图 14-1）。

在服务导向人力资源管理的影响效果上，研究者最先考虑的是其对组织内员工的作用。早期研究针对人力资源管理的各项职能活动进行了考察，这些研究证实了某些人力资源管理活动对员工服务产出的积极作用。新近研究开始考察服务导向人力资源管理系统对员工服务绩效的作用。服务导向人力资源管理的宗旨就是激发员工的高质量服务表现来满足顾客需要，因此这类人力资源实践能够增加员工向顾客提供满意服务的能力、动机和机会，使他们表现出更多的助人行为、角色内绩效、组织公民行为和创新行为（Aryee 等，2016；Chuang 和 Liao，2010；Jiang 等，2015；Liao 等，2009；Wang 和 Xu，2018；王震等，2018）。

服务导向人力资源管理带来的顾客结果包括顾客服务质量感知、顾客满意度和顾客忠诚度（Feng 等，2014；Hong 等，2013；Liao 等，2004；Scotti 等，2009；Steinke，2008）。

服务导向人力资源管理的另一结果变量是组织的市场表现（Antioco 等，2008；Hong 等，2013；Yavas 等，2010）。有研究证明，服务导向人力资源管理实践活动与产品销量、市场收入和利润之间均有着十分紧密的联系。值得注意的是，在这些实证研究中财务绩效大多被作为远端结果变量。

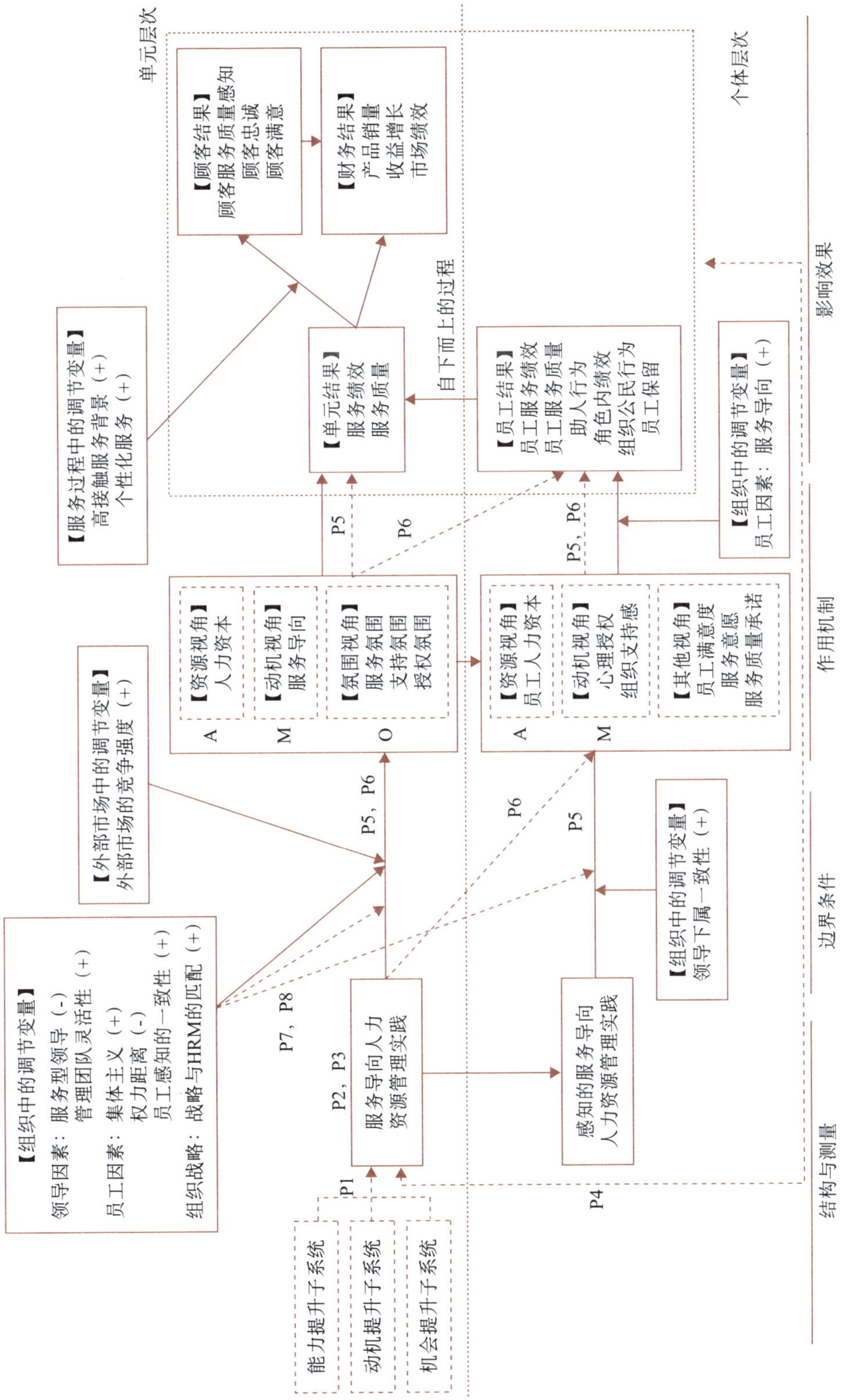

图 14－1　服务导向人力资源管理的内容结构、影响效果、作用机制和边界条件

实际上，在这三类结果变量之间呈现出一种递进的关系。换句话说，服务型人力资源管理的实施首先对员工的行为和绩效产生作用，继而通过员工提供的高质量服务来影响顾客的看法和态度，最终帮助组织取得经济收益。

（四）作用机制

既然服务导向人力资源管理对服务产出有一定的促进作用，那么其内在机制是什么，或者说哪些变量中介了这些关系？这些变量又是如何发挥作用的？对这个问题的回答有助于了解服务导向人力资源管理是“为何”和“如何”带来积极服务产出的。从现有研究来看，服务导向人力资源管理对服务产出的解释视角分为四类（王震等，2017）。

基于资源视角的实证研究主要从员工人力资本和集体性人力资本两个方面考虑中介作用。基于资源视角的中介作用仅考虑了员工所具有的为组织作出贡献的能力，但最终绩效在很大程度上还依赖于员工是否愿意利用他们的能力为组织作贡献。只有当人力资源管理实践符合员工利益时，员工才会做出对组织有利的行为。以动机理论为基础的中介变量主要包括心理授权、组织支持感和服务导向。氛围视角的研究主要基于 Bowen 和 Ostroff（2004）的观点，即人力资源管理系统应该是一个能够使员工的行为和态度趋于组织特定目标的信号系统。例如，组织要想提升其服务质量，可以通过实施激励性人力资源管理实践作为一种信号，向员工表明服务质量的重要性，而这有利于特定氛围在组织中的产生。进一步地，该氛围将有利于激发服务绩效。这一类中介变量主要包括服务氛围、支持氛围和授权氛围。除了这三种视角，还有研究从其他角度阐释了服务导向人力资源管理对服务产出的作用，如职业特征视角、强化视角、自我一致视角和环境匹配视角等。这类理论视角涉及的中介变量主要包括员工满意度、服务意愿和服务质量承诺。

三、研究评价

近年来，服务导向人力资源管理得到了学术界的关注。研究者对服务导向人力资源管理的内涵结构、影响效果、作用机制和边界条件进行了研究。但作为一类特殊的人力资源管理系统，它仍有许多方面亟待研究者在未来研究中探讨和完善。

第一，在测量方面，未来研究可以关注以下三个问题。首先，在当前研究中关于服务导向人力资源管理结构和测量的看法存在两类观点。一类仅针对人力资源管理中的一个或多个实践活动进行讨论，另一类则针对整个人力资源管理系统进行测量，但这两类测量方法都未明确指出服务导向人力资源管理的具体组成，并且大多数量表的测量条目并不是完全针对服务导向的。例如，Chuang 和 Liao（2010）开发的量表虽然被之后的研究使用，但其测量条目不仅包含了服务导向高绩效工作系统，还包含了一般性高绩效工作系统。未来研究可开发一套专门的量表明确服务导向人力资源管理系统到底包括哪些具体实践。其次，现有量表大多数是基于员工样本开发，并在后来研究中被应用于对员工和管理人员的测量。然而 Liao 等（2009）发现虽然管理人员和员工对服务导向高绩效工作系统的看法总体上的方向是一致的，但当采用同一量表对二者进行测量时，管理人员评分会明显高于员工评分，因此未来研究可基于管理人员样本开发新的量表。最后，目前研究中使用的量表多采用普适视角，研究者在对不同国家不同类型的企业进行研究时大多采用翻译过去问卷的方法，这就忽略了文化背景造成的差异，未来研究一方面可对现有量表的跨文化适用性进行检验，另一方面也可基于研究背景的需要开发新的量表。

第二，在影响效果方面，未来可从三个角度继续拓宽对其结果变量的考察。首先，虽然当前研究已经证实了服务导向人力资源管理对员工结果、顾客结果和组织财务结果的正向作用，但到目前为止研究者还未能明确揭示三类结果变量之间复杂关系，未来研究可深入探讨各类结果变量之间的作用机制和边界条件。其次，现有研究相对集中于讨论服务导向人力资源管理系统对员工态度和行为的直接影响，事实上组织的管理者作为直线经理，会对人力资源管理的实际落实情况产生影响，未来研究可探索管理者在人力资源管理和员工反应之间的传递作用（Purcell 和 Hutchinson，2007）。最后，当前研究更多地关注内部工作系统对外部结果的作用效果，但影响通常是相互的，在服务人员对顾客产生影响的过程中，势必也会受到来自顾客的影响，而这种影响是否会通过自下而上的效应对组织人力资源系统产生作用？同时，良好的组织财务结果是否有助于组织服务导向人力资源管理系统的继续实施？基于此，未来研究可验证服务导向人力资源管理系统与服务产出之间是否存在互惠效应。

第三，在中介机制方面，现有研究多以层次划分中介作用，未来研究可从其他角度考虑中介作用的归类。基于 AMO 模型，Jiang 等（2012；2013）将中介作用的研究视角从作用发生层次转向了作用发生路径。根据此模型，人力资源实践主要从三个方面影响组织产出，即能力、动机和机会。能力是指员工为了完成工作所应具有的知识、技术、能力等；动机主要涉及员工在工作中的态度、情感和积极性；机会则是指员工的哪些能力和贡献能够真正作用于最终结果，并且不同类型的人力资源实践会通过不同的路径来影响组织产出。这为研究服务导向人力资源管理提供了新角度，未来研究可考虑利用 AMO 模型来探讨服务导向人力资源管理系统和服务产出之间的中介过程（Aryee 等，2016）。例如，能力、机会和机会是如何在服务导向人力资源管理与服务产出之间起中介作用的？哪些具体的服务导向人力资源实践更能影响能力、动机或机会？又有哪些变量会对这一过程起到调节作用？除此之外，对中介机制的研究还可以引入其他理论视角，如社会信息加工理论等。

第四，在现有的关于服务导向人力资源管理与服务产出的实证研究中，只有少数研究对其边界条件进行讨论，未来研究可进一步拓宽对调节变量的研究。首先，有研究证明在关于组织服务导向人力资源管理的看法和体验上，员工和管理者之间、员工和员工之间存在很大差异（Liao 等，2009；Liao 和 Chuang，2004），而不同的看法会使员工产生不同的态度和行为，未来研究可关注员工的个人特质对服务导向人力资源管理和服务产出关系的调节作用。其次，由于人力资源实践在多大程度上能够发挥作用不只依赖系统本身，还依赖于组织中的其他因素，如组织类型、组织情境、工作系统与组织类型的匹配程度等（Ostroff 和 Bowen，2000），因此未来研究还应在更加多样化的组织类型中检验服务导向人力资源管理与服务产出之间的关系。最后，尽管研究者已在多种文化背景下的企业中进行了考察，但主要还是采取普适性视角，现有研究大多还未考虑“文化”因素。未来研究可考察服务导向人力资源管理在不同文化背景下的影响效果是否存在差异。另外，还应深入探讨在不同文化中各中介机制理论框架的文化适用性。

参考文献

[1] 王震，宋萌，彭坚，张雨奇.（2018）. 服务创新靠“领导”，还是靠“制度”？服务型领导和服务导向人力资源管理制度对员工服务创新的影响. 管理评论，30（11），46－56；67.

[2] 王震，张雨奇.（2017）. 服务导向人力资源管理研究回顾与展望. 外国经济与管理，（2），86－101.

[3] Antioco, M., Moenaert, R. K., Lindgreen, A. (2008). Organizational antecedents to and consequences of service business orientations in manufacturing companies. *Journal of the Academy of Marketing Science*, 36(3), 337－358.

[4] Aryee, S., Walumbwa, F. O., Seidu, E. Y. (2012). Impact of high-performance work systems on individual-and branch-level performance: Test of a multilevel model of intermediate linkages. *Journal of Applied Psychology*, 97(2), 287－300.

[5] Aryee, S., Walumbwa, F. O., Seidu, E. Y. (2016). Developing and leveraging human capital resource to promote service quality testing a theory of performance. *Journal of Management*, 42(2), 480－499.

[6] Batt, R. (2002). Managing customer services: Human resource practices, quit rates, and sales growth. *Academy of Management Journal*, 45(3), 587－597.

[7] Chao, M., Shih, C. T. (in press). Customer service-focused HRM systems and firm performance: evidence from the service industry in Taiwan. *International Journal of Human Resource Management*. DOI: 10. 1080/09585192. 2016. 1256904.

[8] Chuang, C. H., Liao, H. (2010). Strategic human resource management in service context: Taking care of business by taking care of employees and customers. *Personnel Psychology*, 63(1), 153－196.

[9] Hong, Y., Liao, H., Hu, J. (2013). Missing link in the service profit chain: A meta-analytic review of the antecedents, consequences, and moderators of service climate. *Journal of Applied Psychology*, 98(2), 237 - 267.

[10] Hong, Y., Jiang, Y., Liao, H., Sturman, M. C. (in press). High performance work systems for service quality: Boundary conditions and influence processes. *Human Resource Management*. DOI: 10. 1002/hrm. 21801.

[11] Hoang, H. T., Rao, Hill. S., Freeman, S. (2015). Developing service climate in local vs. foreign firms in smaller Asian emerging markets: A resource-based and social exchange perspective. *International Journal of Human Resource Management*. DOI: 10. 1080/09585192. 2015. 1119707.

[12] Jiang, K., Chuang, C. H., Chiao, Y. C. (2015). Developing collective customer knowledge and service climate: The interaction between service-oriented high-performance work systems and service leadership. *Journal of Applied Psychology*, 100(4), 1089 - 1106.

[13] Lepak, D. P., Jiang, K., Han, K., Castellano, W., Hu, J. (2012). Strategic HRM moving forward: What can we learn from micro perspectives? *International Review of Industrial and Organizational Psychology*, 27, 231 - 260.

[14] Lepak, D. P., Liao, H., Chung, Y., Harden, E. E. (2006). A conceptual review of human resource management systems in strategic human resource management research. *Research in Personnel and Human Resource Management*, 25, 217 - 271.

[15] Liao, H., Chuang, A. (2004). A multilevel investigation of factors influencing employee service performance and customer outcome. *Academy of Management Journal*, 47(1), 41 - 58.

[16] Liao, H., Toya, K., Lepak, D. P., Hong, Y. (2009). Do they see eye to eye? Management and employee perspectives of high-performance work systems and influence processes on service quality. *Journal of Applied Psychology*, 94(2), 371 - 391.

[17] Lytle, R. S., Hom, P. W., Mokwa, M. P. (1998). SERV * OR: A managerial measure of organizational service-orientation. *Journal of Retailing*, 74(4), 455 - 489.

[18] Martinaityte, I., Sacramento, C., Aryee, S. (2019). Delighting the customer: Creativity-oriented high-performance work systems, frontline employee creative performance, and customer satisfaction. *Journal of Management*, 45(2), 728 - 751.

[19] Schneider, B., Bowen, D. E. (1993). The service organization: Human resources management is crucial. *Organizational Dynamics*, 21(4), 39 - 52.

[20] Wang, Z., Xing, L., Zhang, Y. (in press). Do high-performance work systems harm employees' health? An investigation of service-oriented HPWS in the Chinese healthcare sector. *International Journal of Human Resource Management*.

第二节　人力资源管理与直线经理

一、方向介绍

人力资源管理要实现预期功效，很大程度上取决于人力资源管理的落地实施，而直线经理在人力资源管理实施过程中发挥着重要作用。

直线经理（line manager），严格来说是指那些只对组织提供的产品和服务负责，而不承担诸如营销、人力资源管理等服务职能的高层经理、中层经理和基层经理。然而，在组织实践过程中，直线经理在 HRM 中承担起更多的责任已经成为全球性的趋势，并会对 HRM 的有效实施和员工的 HRM 感知产生重要影响。随着实践的发展和研究的深入，越来越多的学者开始关注 HRM 中的直线经理问题，并开展了一系列的研究。实际上，对这一问题的考察具有重要的理论和实践意义：从理论方面看，考察直线经理在 HRM 中的角色和作用，不仅能为解释 HRM 与组织绩效间的作用机制提供一个新视角，还有助于学界更加深入地认识 HRM 的实施过程；在实践方面，能够帮助组织将 HRM 更好地落地并发挥价值。

近年来，国内外不少学者从直线经理角度对人力资源管理进行了研究探索，并取得了丰富成果。总体而言，当前研究主要聚焦在直线经理的人力资源管理认知、人力资源管理职责以及人力资源管理效能三个方面。其中有代表性的研究如下。

二、文献导读

（一）总体情况

现有研究可归为三类：第一类也是较为早期的一类，大多采用质化方法考察直线经理对 HRM 重要性、有效性和责任承担的看法，以及这些看法产生的影响；第二类研究主要针对 HRM 责任向直线经理下放这一趋势所产生的一系列问题展开；第三类研究则是在前两类研究的基础上，进一步考虑了直线经理人力资源管理效能的影响因素和影响效果，考察了直线经理在 HRM 落地实施和员工感知中发挥的作用。

（二）直线经理的 HRM 认知及其影响研究

关于 HRM 中的直线经理问题，研究者最先关注到的是直线经理对 HRM 的看法。这类研究大多采用质化方法，以访谈的形式将直线经理关于 HRM 的评价与人力资源专员、经理或部门方面的评价进行比较（Brandl 等，2009；Larsen 和 Brewster，2003；Maxwell 和 Watson，2006；Renwick，2000；Wright 等，2001），并分析了二者产生这些差异评价的原因（Beeck 等，2016；John 和 Bjorkman，2015；Mitsuhashi 等，2000；Sanders 和 Frenkel，2011）。也有部分研究通过量化分析，考察直线经理对 HRM 的这些看法可能带来的影响效果（Chen 等，2011；Guest 和 Conway，2011）。具体包括直线经理对 HRM 重要性和有效性的看法、直线经理对 HRM 责任承担的看法、直线经理 HRM 认知的影响效果。

（三）HRM 向直线经理的下放研究

通常来讲，组织中的 HRM 相关问题应由组织内的人力资源部门负责。然而，随着人力资源部门越来越多地被纳入到与组织战略相关的活动中，人力资源经理和专员更多地承担起了战略角色。在这种情况下，一些日常的 HRM 活动逐渐开始由直线经理或外部人力专员负责开展，HRM 下放至直线经理（The devolution of HRM to line manager）的这一趋势也日渐明显。基于这一趋势，部分研究者开始关注组织中 HRM 向直线经理的下放及其相关问题。这一领域具体考察了 HRM 向直线经理下放的影响因素、HRM 向直线经理下放的影响后果及边界条件（Brewster 等，2015）。

（四）直线经理 HRM 效能的影响因素和影响效果研究

HRM 是一个多层次活动。以往大多数研究并不严格区分不同层次的 HRM 活动，而是将其作为一个整体进行考察。HRM 的“计划—实施—感知”框架的提出使研究者逐渐认识到，从组织层面的 HRM 到最终的绩效结果，要经过一个漫长的过程，而过去的大多数研究都忽略了这一过程。从前两类研究可以看出，在 HRM 实施过程中，直线经理扮演着越来越重要的角色，在研究这一系统的具体实施和作用机制时，直线经理是一个不可忽视的重要因素。因此，部分研究者开始关注直线经理的 HRM 效能的限制和影响因素，考察其对 HRM 实施过程的影响效果。具体研究问题包括直线经理 HRM 效能的影响因素、直线经理 HRM 效能的影响效果（Bos-Nehles 等，2013；Makhecha 等，in press；Ozcelik 和 Uyargil，2015；Trullen 等，2016）。

三、研究评价

虽然 HRM 中的直线经理问题已得到了一定的关注，但是仍有许多方面亟待考察。通过对当前研究的梳理与整合，我们将针对这类研究的不足，提出一些可供未来研究思考的问题，以期为后续研究提供借鉴。

第一，随着 HRM 角色定位越来越具有战略导向，直线经理对 HRM 重要性、有效性的认知可能会发生变化，尤其是在中国组织情境下更是如此（Wu 和 Pan，2009；Gao 等，

2016）。例如，越来越多的企业开始重构 HRM 系统，将其从原来的传统 HR 部门转变为 HR-COE（人力资源专家中心）、HR-SSC（人力资源共享服务中心）和 HR-BP 的三支柱形态。对于这种 HRM 布局，直线经理的认知可能会发生变化。未来研究可从动态的视角来考察直线经理对 HRM 的认知以及这种认知对其态度、行为和 HRM 效能的影响。

第二，在当前研究中，HRM 向直线经理下放这一趋势已得到广泛关注，但直线经理对 HRM 责任的承担到底会对 HRM 效能产生何种影响（积极影响还是消极影响），至今还尚未得到统一回答。通过对过去研究的总结，我们认为其可能存在一个“双刃剑”效应。一方面，通过在 HRM 中给予直线经理更多的自主权，使其能够在实施过程中迅速地做出调整，并更有针对性地实施具体活动，从而提高 HRM 的实施效果；另一方面，承担额外的角色也可能会占用直线经理更多的资源，产生自我损耗，这不仅会阻碍直线经理有效实施 HRM 活动，甚至还会对其本职工作和绩效表现带来消极影响。未来研究可对此进行考察。

第三，有关 HRM 向直线经理下放所产生效果的边界条件也并未得到充分的关注，这一趋势对组织和直线经理带来影响的性质和程度高低还可能因组织方面、人力资源部门方面和直线经理个人方面的因素而有所不同。明确这一问题对理论和实践都有重要意义，对此未来研究应继续挖掘其边界条件。

第四，在“计划—实施—感知”这一框架下，当前研究大多关注直线经理对 HRM 的落地实施和员工感知的影响。事实上，较高层次的直线经理在 HRM 政策的制定和形成过程中，也扮演着重要的角色。例如，他们需要对组织或团队实施何种 HRM 作出决策，并能够决定对这一系统的投资力度（Arthur 等，2014）。因此，未来研究应同时考虑直线经理对 HRM 的计划过程、真正实施和员工感知的影响。此外，现有研究主要考察直线经理的 HRM 效能对 HRM 实施和感知的影响。实际上，在计划的 HRM、实施的 HRM 与员工感知的 HRM 之间存在着偏差（gap），而直线经理在 HRM 方面的认知和效能会增大或减少这些偏差，从而影响 HRM 在组织中的自上而下的落地效果。例如当直线经理认为开展 HRM 工作是自己份内的工作时，组织计划的 HRM 更容易在直接经理管辖的团队内贯彻实施。目前除了少数案例研究（Makhecha 等，in press；Piening 等，2014），还鲜少有大样本实证研究考察这一问题。

第五，如前所述，直线经理是指那些对组织提供的产品和服务负责的高层经理、中层经理和基层经理（Brewster 等，2015；Farndale 和 Kelliher，2013）。过去虽有少数研究考察了基层直线经理在 HRM 中的问题，但多数研究并未对直线经理的管理层次进行分类讨论。然而，不同层次的直线经理在组织中的责任承担和角色扮演方面有所不同。例如，相比高层经理和中层经理，基层管理人员有更多与员工接触的机会，因此对员工的态度和行为会产生更加直接的影响；而在政策制定和形成过程中，与高层经理相比，中层和基层管理人员参与这一过程的机会则大大减少。未来研究可对直线经理按照管理层次进行分类，并与“计划—实施—感知”这一框架相对应，考察不同层次的直线经理人员是如何分别影响这一过程的。

第六，今后研究者在考察组织计划的 HRM 对绩效结果的作用机制时，可以更多地考虑直线经理在 HRM 和员工态度、行为之间的中介作用，而不是仅仅从员工角度出发解释这一作用机制。

参考文献

[1] 刘向阳，冼志涛，张程程．(2015)．一线管理者人力资源管理效能的实证研究：政策程序与人力资源部门支持的调节作用．中国人力资源开发，(3)，47－54.

[2] 孙健敏，王宏蕾，陆欣欣．(2016)．多层次视角下人力资源管理系统的测量．中国人力资源开发，(5)，56－66.

[3] 王震，张雨奇，尹奎．(2017)．直线经理的人力资源管理认知、职责与效能：研究回顾与展望．中国人力资源开发，(3)，38－48.

[4] 尹奎，陈乐妮，王震，彭坚，许灏颖．(2018)．领导行为与人力资源管理实践的关系：因果、联合、替代还是强化？心理科学进展，26 (1)，144－155.

[5] 赵曙明，孙秀丽．(2016)．中小企业 CEO 变革型领导行为、战略人力资源管理与企业绩效：HRM 能力的调节作用．南开管理评论，19 (5)，66－76.

[6] Alfes, K., Truss, C., Soane, E. C., Rees, C. (2013). The relationship between line manager behavior, perceived HRM practices, and individual performance: Examining the mediating role of engagement. *Human Resource Management*, 52(6), 839－859.

[7] Beeck, S. O., Wynen, J., Hondeghem, A. (2016). HRM implementation by line managers: Explaining the discrepancy in HR-line perceptions of HR devolution. *International Journal of Human Resource Management*, 27(17), 1901－1919.

[8] Bos-Nehles, A. C., Van Riemsdijk, M. J., Looise, J. K. (2013). Employee perceptions of line management performance: Applying the AMO theory to explain the effectiveness of line managers' HRM implementation. *Human Resource Management*, 52(6), 861－877.

[9] Bowen, D. E., Ostroff, C. (2004). Understanding HRM-firm performance linkages: The role of the “strength” of the HRM system. *Academy of Management Review*, 29(2), 203－221.

[10] Brewster, C., Gollan, P. J., Wright, P. M. (2013). Guest editors' note: Human resource management and the line. *Human Resource Management*, 52(6), 829－838.

[11] Chuang, C. H., Jackson, S. E., Jiang, Y. (2016). Can knowledge-intensive teamwork be managed? Examining the roles of HRM systems, leadership, and tacit knowledge. *Journal of Management*, 42(2), 524－554.

[12] Jiang, K., Chuang, C. H., Chiao, Y. C. (2015). Developing collective customer knowledge and service climate: The interaction between service-oriented high-performance work systems and service leadership. *Journal of Applied Psychology*, 100(4), 1089 – 1106.

[13] Jiang, K., Hu, J., Liu, S., Lepak, D. P. (2017). Understanding employees' perceptions of human resource practices: Effects of demographic dissimilarity to managers and coworkers. *Human Resource Management*, 56(1), 69 – 91.

[14] Makhecha, U. P., Srinivasan, V., Prabhu, G. N., Mukherji, S. (in press). Multi-level gaps: A study of intended, actual and experienced human resource practices in a hypermarket chain in India. *International Journal of Human Resource Management*. DOI: 10. 1080/09585192. 2015. 1126336

[15] Mitsuhashi, H., Park, H. J., Wright, P. M., Chua, R. S. (2000). Line and HR executives' perceptions of HR effectiveness in firms in the People's Republic of China. *International Journal of Human Resource Management*, 11(2), 197 – 216.

[16] Nishii, L. H., Wright, P. M. (2008). *Variability within organizations: Implications for strategic human resources management*. In D. B. Smith (Ed.), The people make the place: Dynamic linkages between individuals and organizations (pp. 225 – 248). New York: Lawrence Erlbaum.

[17] Pereira, C. M. M., Gomes, J. F. S. (2012). The strength of human resource practices and transformational leadership: Impact on organisational performance. *International Journal of Human Resource Management*, 23(20), 4301 – 4318.

[18] Piening, E. P., Baluch, A. M., Ridder, H. G. (2014). Mind the intended-implemented gap: Understanding employees' perceptions of HRM. *Human Resource Management*, 3 (4), 545 – 567.

[19] Purcell, J., Hutchinson, S. (2007). Front-line managers as agents in the HRM-performance causal chain: Theory, analysis and evidence. *Human Resource Management Journal*, 17 (1), 3 – 20.

[20] Sikora, D. M., Ferris, G. R., Van Iddekinge, C. H. (2015). Line manager implementation perceptions as a mediator of relations between high-performance work practices and employee outcomes. *Journal of Applied Psychology*, 100(6), 1908 – 1918.

[21] Trullen, J., Stirpe, L., Bonache, J., Valverde, M. (2016). The HR department's contribution to line managers' effective implementation of HR practices. *Human Resource Management Journal*, 26(4), 449 – 470.

[22] Vermeeren, B. (2014). Variability in HRM implementation among line managers and its effect on performance: A 2 – 1 – 2 mediational multilevel approach. *International Journal of Human Resource Management*, 25(22), 3039 – 3059.

[23] Wang, Z., Xing, L., Zhang, Y. (in press). Do high-performance work systems harm employees' health? An investigation of service-oriented HPWS in the Chinese healthcare sector. *International Journal of Human Resource Management.*

[24] Xie, Y., Zhu, Y., Warner, M. (2013). Exploring the reality of educated middle managers' capability and involvement in human resource management in China. *International Journal of Human Resource Management*, 24(18), 3478 – 3495.

第十五章

领导力与人力资源管理研究的新范式

近些年，领导力和人力资源管理领域出现了很多新的研究范式，如匹配效应、过犹不及效应、居中不良效应、双刃剑效应、三维交互效应等。其中，匹配效应和过犹不及效应得到了最广泛的应用。

第一节　匹配效应

一、方向介绍

匹配/不匹配效应（fit/misfit effect）是指 A 和 B 的一致与不一致所产生的影响。在领导力与人力资源管理研究领域，任何现象的产生都是多方作用的结果。例如，下属创新既受领导工作动机的影响（成就动机强的领导会激发下属的创新行为），也受下属自身工作动机的影响（成就动机强的下属有更强的内驱力而创新）。因此，如果想系统了解下属创新的诱发机制，就需要同时考虑领导和下属的作用。再比如，组织的绩效是人力资源管理战略与市场环境共同作用的产物，如果只考察人力资源管理战略或市场环境对组织绩效的影响，就难以系统解释组织绩效的形成原因。如果要考察双方因素，就涉及匹配和不匹配问题。进一步来讲，匹配会涉及双高或双低的问题；不匹配会涉及 A 高 B 低或 A 低 B 高的问题。

匹配/不匹配效应既包括不同主体的同一变量的匹配/不匹配（如领导工作动机和下属工作动机），同一主体的不同变量的匹配/不匹配（员工工作能力和工作动机），也包括不同主体的不同变量的匹配/不匹配（企业的人力资源管理战略和行业特征）。这几种不同类型的匹配在研究范式和分析方法大同小异，其中领导力研究中的匹配效应最为典型。在以往研究中，领导占据着焦点位置（领导中心视角）；此时，下属则是以配角的身份出现，被动地接受来自领导的影响。随着外部环境的快速变化，学术界和实践界开始认识到，仅凭领导一人难以作出快速而精准的决策。换言之，下属在实现组织目标过程中的重要性逐渐彰显（彭坚等，2019）。在此背景下，不少学者开始将研究焦点转向下属，呼吁“下属中心”的研究（Uhl-Bien 等，2014）。人与领导匹配理论的出现，有效整合了“领导中心”和“下属中心”两个视角，将领导和下属置于同等重要的对称位置，以探讨领导特征和下属特征如何共同地产生化学反应并影响到工作产出，即“领导—下属匹配或不匹配效应”研究。这些研究从领导—下属组合、搭配的角度，为提高工作产出提供了富有洞见的理论与实践启发。截至 2019 年年初，有关领导—下属匹配效应的研究有 80 余项，其中有代表性的研究如下。

二、文献导读

（一）总体情况

总体来看，领导—下属匹配，作为影响领导—下属良性互动的关键因素，近几年逐渐成为组织管理研究中的前沿话题。研究数量上，自 2010 年以后呈上升趋势并维持至今。研究者主要考察了一致性匹配和互补性匹配两种类型，其测量方式也涉及直接测量与间接测量。在研究方法上，研究者们陆续采用前沿技术来替代传统的差值分析法，揭示领导—下属匹配的四种基本组合（高高、低低、高低和低高）的作用效果。在研究内容上，研究者主要考察了领导—下属在人格特质、社会认知、心理状态、工作行为和关系因素等方面的匹配效应，涉及心理过程和互动过程两大中介机制，个体因素和情境因素两大调节机制。

（二）测量问题

有效地测量领导—下属匹配，是将研究思路予以可操作化的必经之路。目前，学者们主要采取直接和间接两种方式来测量（见表 15－1）。

表 15－1　服务导向人力资源管理的测量量表

比较内容	直接测量法	间接测量法	
		差值分析法	多项式回归与响应面分析
测量内容	主观感知的匹配	较为客观、实际的匹配	较为客观、实际的匹配
方法用途	比较匹配与不匹配的情形	比较匹配与不匹配的情形	不仅可以比较匹配与不匹配的情形，还可以比较两种匹配情形（高—高、低—低）、两种不匹配情形（高—低、低—高）。
结果精准性	很容易出现伪相关	容易出现伪相关	伪相关出现可能性不高

资料来源：依据文献整理所得。

直接测量主要聚焦在个体对领导—下属匹配情况的主观感知，研究者通常要求下属来直接评定其与领导的总体匹配程度。例如，“我的价值观与领导的价值观相匹配”。直接测量法虽然比较容易操作，但这种测量的效度往往容易遭受质疑，尤其是主观评价的匹配情况可能受到社会赞许性或作答定势的干扰，以及出现“主观评定的匹配并不能代表实际的匹配”这种困境。

为了弥补直接测量法的局限，一些学者开始倡议采用间接方式来进行测量，即分别测量领导和下属的生理特征或心理、行为特征，然后通过差值法或多项式回归来表征匹配情形。差值法操作简单，但容易增加误差，导致结果出现伪相关，且掩盖了匹配情形下（同高与同低）的独立效应。多项式回归和响应面分析的出现，为对比领导和下属的多种组合情况（领导高—下属高、领导低—下属低、领导高—下属低、领导低—下属高）提供了可能。这是目前的主流方法。

（三）研究主题

领导—下属匹配涉及方方面面的主题。总体上可以分为人格特质、社会认知、心理状态、工作行为和关系因素等五个方面的匹配（见图 15-1）。

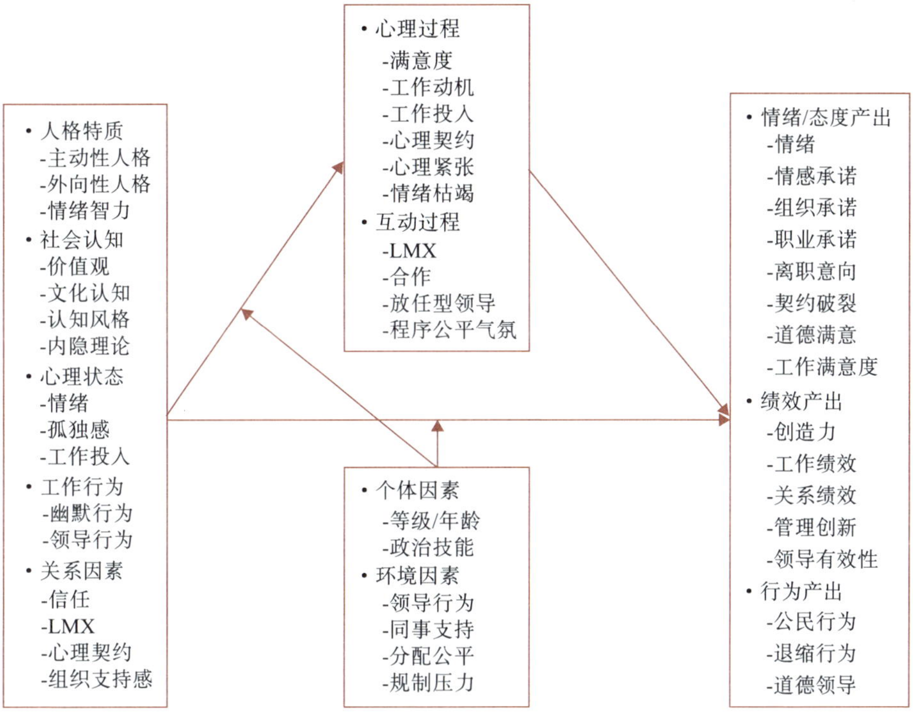

图 15-1 上下级匹配研究全景图

人格特质方面涉及外向性人格（Wang 等，2014；Hrivnak 和 Nielsen，2014；陈乐妮和王桢，2016）、主动性人格（Zhang 等，2012；Yang 等，2017）、情绪智力（Sears 和 Holmvall，2010）。社会认知方面涉及价值观（Markham 等，2010；Kang 等，2014；Spanjol 等，2015；Van Vianen 等，2011）、文化认知（Zyphur 等，2016；刘海洋等，2016）、认知风格（Jordan 等，2013）、内隐领导/追随（Coyle 和 Foti，2015）。心理状态方面涉及情绪（Yu 和 Chu，2007）、职场孤独感（Chen 等，2016）、工作投入（张珊珊和张建新，2014）。工作行为方面涉及幽默行为（Wisse 和 Rietzschel，2014）、领导行为（Amundsen 和 Martinsen，2014；Humborstad 和 Giessner，2015）。关系方面涉及领导—成员交换（Markham 等，2010；Matta 等，2014）、心理契约（Kim 等，2015）、组织支持感（Bashshur 等，2011）等。

（四）作用机制

领导—下属匹配研究中，一个关键问题是，这种匹配或不匹配为何会对领导、下属和团队产生影响，以及产生什么样的影响。这涉及中介机制的问题。纵观现状，中介机制主要集中在两方面：心理过程与互动过程（见图 15-2）。

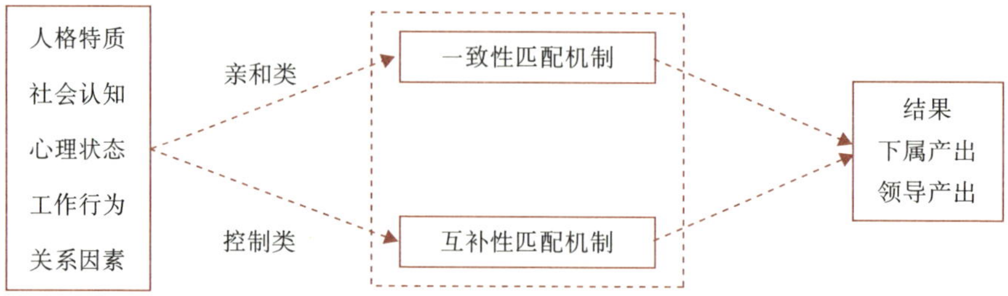

图 15－2　上下级匹配的作用功效之整合模型

心理过程，尤其是下属在工作中的一系列心理感受或工作态度，是连接领导—下属匹配与下属心理、行为结果的重要纽带。目前，能够解释了领导—下属匹配功效的心理过程机制主要包括：内部动机、工作满意度、工作投入、心理契约、心理紧张和情绪耗竭。

互动过程，即领导和下属在工作中的人际互动模式或行为，被广泛用于解释领导—下属匹配如何作用于下属产出。纵观现状，现有研究涉及的互动机制主要集中在领导—下属交换、合作、程序公平气氛和放任型领导四个方面。

三、研究评价

虽然有关上下级匹配的研究成果正日渐增多，现有的大部分研究关注的是西方背景下提出的概念，诞生了较多西方文化的产物。鉴于此，未来研究在中国情境下探索上下级匹配议题，还需考虑中国社会的一些特有现象或结合一些具有中国特色的构念。

第一，探讨领导—下属在一些本土心理特征上是否具有一致性效应或互补性效应。中国文化源远流长，一些传统文化观念通过代际传承、耳濡目染，依然渗透进现代人的心灵。为了表征这些中国传统文化烙印，一些华人学者提出了传统性（杨国枢、余安邦和叶明华，1989）和面子观等本土概念。就传统性而言，它是个体对社会传统文化的认知和接受程度，主要表现为遵从权威、孝亲敬祖、安分守己、宿命自保和男性优越（杨国枢等，1989）。当领导—下属的传统性价值观处于一致水平时，双方能够就“上尊下卑”的角色定位达成共识，有利于双方在工作中建立合作关系。建议未来研究可对此议题进行探索。

第二，在中国情境下进一步深化上下级匹配影响下属产出的中介机制。目前，大量研究认为，上下级匹配影响下属产出的一个最普遍的机制是 LMX。LMX 是根植于西方社会交换理论而提出的概念，主要反映了领导—下属在工作中的交换，因为在西方社会领导关心下属私事容易被视为一种隐私侵犯，从而导致 LMX 的内涵主要聚焦在工作情境。然而，中国社会重视“人情”和“关系”，这赋予了中国情境中上下级交换的范畴拓展至工作之外的“私事”。于是，Law 等（2002）基于中国情境，提出了领导—下属关系的概念，以刻画领导—下属在私人生活中建立的交换关系。未来研究可在中国情境下探索上下级匹配的作用功效时，不仅可以考虑工作关系，还可以将私人关系纳入研究设计，更深入、全面地剖析上下级匹配影响下属产出的中介机制。

第三，探究中国本土文化在上下级匹配作用功效中的调节/权变作用。虽然现有研究陆续揭示了上下级匹配发挥作用功效的权变条件，但至今还较少有研究考虑中国文化的权变作用。在中国情境下，大众往往会表现出高不确定性规避的特征，即面对未来不确定情景而产生一种回避心理。当个体具有高水平的不确定性规避时，其更偏好于可预测的人际互动，且更难忍受人际互动中的个体差异和不可预测性（Zlomke 和 Jeter，2014）。循此逻辑，在高不确定性规避下，领导和下属往往具有回避不确定情形的心理需求。此时，倘若上下级之间能够达成匹配，领导和下属在一定程度上能够预测对方的行为，这有利于满足双方的不确定性规避需求，从而有助于提升领导、下属的幸福体验工作产出。由此可见，不确定性规避会强化上下级匹配的作用功效，具体表现为：在高不确定性规避中国情境下，上下级匹配对幸福体验、工作产出的积极影响更强。建议未来研究考虑此议题。

参考文献

［1］陈乐妮，王桢，骆南峰，罗正学．（2016）．领导—下属外向性人格匹配性与下属工作投入的关系：基于支配补偿理论．心理学报，48（6），710－721.

［2］刘海洋，刘圣明，王辉，徐敏亚．（2016）．领导与下属权力距离一致性对下属工作绩效的影响及其机制．南开管理评论，19（5），55－65.

［3］彭坚，王震．（2018）．做上司的“意中人”：负担还是赋能？追随原型—特质匹配的双刃剑效应．心理学报，50（2），216－225.

［4］彭坚，王震，侯楠．（2019）．你和上司合拍吗？组织中的上下级匹配．心理科学进展，27（2），370－380.

［5］张珊珊，张建新．（2014）．领导—团队投入匹配对团队绩效的影响：团队满意度氛围的作用．心理科学，37（1），140－145.

［6］Allinson, C. W., Armstrong, S. J., Hayes, J. (2001). The effects of cognitive style on leader-member exchange: A study of manager-subordinate dyads. *Journal of Occupational and Organizational Psychology*, 74(2), 201－220.

［7］Amundsen, S., Øyvind L. Martinsen. (2014). Self-other agreement in empowering leadership: Relationships with leader effectiveness and subordinates' job satisfaction and turnover intention. *Leadership Quarterly*, 25(4), 784－800.

［8］Bashshur, M. R., Hernández, A., González-Romá, V. (2011). When managers and their teams disagree: A longitudinal look at the consequences of differences in perceptions of organizational support. *Journal of Applied Psychology*, 96(3), 558－573.

［9］Carter, M. Z., Mossholder, K. W. (2015). Are we on the same page? The performance effects of congruence between supervisor and group trust. *Journal of Applied Psychology*, 100(5), 1349 - 1363.

[10] Cole, M. S., Carter, M. Z., & Zhang, Z. (2013). Leader-team congruence in power distance values and team effectiveness. *Journal of Applied Psychology*, 98(6), 962 - 973.

[11] Glomb, T. M., Welsh, E. T. (2005). Can opposites attract? Personality heterogeneity in supervisor-subordinate dyads as a predictor of subordinate outcomes. *Journal of Applied Psychology*, 90(4), 749 - 757.

[12] Dryer, D. C., Horowitz, L. M. (1997). When do opposites attract? Interpersonal complementarity versus similarity. *Journal of Personality and Social Psychology*, 72(3), 592 - 603.

[13] Jordan, J., Brown, M. E., Treviño, L. K., Finkelstein, S. (2013). Someone to look up to executive-follower ethical reasoning and perceptions of ethical leadership. *Journal of Management*, 39(3), 660 - 683.

[14] Kristof, A. L., Zimmerman, R. D., Johnson, E. C. (2005). Consequences of individual's fit at work: A meta-analysis of person-job, person-organization, person-group, and person-supervisor fit. *Personnel Psychology*, 58(2), 281 - 342.

[15] Matta, F. K., Scott, B. A., Koopman, J., Conlon, D. E. (2015). Does seeing "eye to eye" affect work engagement and organizational citizenship behavior? A role theory perspective on LMX agreement. *Academy of Management Journal*, 58(6), 1686 - 1708.

[16] Riggs, B. S., Porter, C. O. (2017). Are there advantages to seeing leadership the same? A test of the mediating effects of LMX on the relationship between ILT congruence and employees' development. *The Leadership Quarterly*, 28(2), 285 - 299.

[17] Rousseau, D. M., Sitkin, S. B., Burt, R. S., Camerer, C. (1998). Not so different after all: A cross-discipline view of trust. *Academy of Management Review*, 23(3), 393 - 404.

[18] Yang, K., Yan, X., Fan, J., Luo, Z. (2017). Leader-follower congruence in proactive personality and work engagement: A polynomial regression analysis. *Personality & Individual Differences*, 105, 43 - 46.

[19] Zhang, Z., Wang, M. O., Shi, J. (2012). Leader-follower congruence in proactive personality and work outcomes: The mediating role of leader-member exchange. *Academy of Management Journal*, 55(1), 111 - 130.

第二节　过犹不及效应

一、方向介绍

长时间以来，领导力与人力资源管理研究者关注变量之间的线性关系，将“越多越好”的基本假设运用到理论发展和应用中。例如，领导力研究者认为管理者授权对员工绩效有促进作用：管理者对员工越授权，员工的工作表现就越积极。人力资源管理领域学者认为高绩效人力资源管理系统能提升员工工作状态：企业的高绩效工作系统实施程度越强、范围越广，员工的工作产出就越积极。但近些年来，越来越多的学者开始质疑并发现，那些“积极”的前因变量所发挥的作用并不总是积极的。例如研究发现管理者过度授权会让员工产生工作压力，而高绩效工作系统超过一定水平后，会损耗员工身心健康。在管理学领域，这些现象被称为“过犹不及”效应。近年来，基于这类研究范式的文献大量涌现（邢璐等，2018），其中有代表性的研究如下。

二、文献导读

（一）总体情况

过犹不及效应（Too-much-of-a-good-thing effect），即一般被当作是“积极”的前因变量，其积极作用存在临界点。在到达临界点时，前因变量与理想结果变量之间的正向关系中止，并在超过这一临界点后产生非期望结果，从而整体呈现“倒 U 形”的非线性关系。“过犹不及”效应根源于自变量水平的高低变化，在某个临界点实现积极作用与消极作用的转化。这类自变量在以往研究中通常被认为是积极的前因变量，随着研究的发展关注点开始转向作用的消极面。

（二）研究主题

现有研究已考察了不同特征的过犹不及效应。大体上可以分为以下四类。

第一，相对稳定的个体特征。主要包括个体的人格特质、能力、客观人口统计学变量等相对稳定的特征。例如，过高的经验开放性会妨碍个体将注意力集中于工作任务，削弱他人给予指导的意愿；宜人性过高的个体由于过于利他导向而忽视自身发展机会，潜在导师也会失去指导热情（Bozionelos 等，2014）。其他主题还包括个体的责任心（Wihler 等，

2017；Bozionelos，2017）、魅力型人格（Vergauwe 等，2017）、政治技能（Zettler 和 Lang，2015）、社会资本（Rotolo 和 Petruzzelli，2013）和纵向人际交往（王颂，2017）。

第二，积极的工作感受与体验。主要包括个体在工作中的情感体验，对工作的认知以及在工作情境中的意识状态，即对工作的所感、所想、所思。这种积极的工作感受和体验并非总能带来积极结果，在达到一定水平后，消极后果会逐渐显现。例如，Lam 等（2014）考察了积极情绪和主动性行为之间的关系。类似地，张军伟和龙立荣（2016）考察了领导宽恕与员工工作绩效的关系。其他主题还包括组织支持感（Burnett 等，2015）、团队内部信任关系强度（Chung 和 Jackson，2013）、和谐工作激情（Astakhova，2015）和团队效能（Rapp 等，2014）。

第三，工作情境和任务特征。这一类主题的特点为：在一定程度范围内，工作情境和任务特征对自身成长和绩效具有促进作用，但当这一特征的强度超过一定范围后，将会过度占用个人资源，带来紧张和压力，进而对个体的心理与行为、个体和团队的绩效产生消极影响。典型应用主题为压力及可能引发压力的各类工作特征。例如，Chen 等（2015）的研究考察了挑战性压力源与建言行为的关系。相似地，时间压力过高时会大量占用资源，员工的活力、专注与幸福感水平都会下降（Reis 等，2017；冯一丹等，2017）。Lee 等（2013）发现，一定程度的辱虐管理能够带来适度的压力，激活员工调动各类资源而促进创造力，但当领导的辱虐管理水平较高时，员工需要投入更多资源应对压力，创造力随之下降。其他主题包括道德型领导（Mo 等，2019；Stouten 等，2013）、挑战性任务（Carette 等，2013）、任务冲突（Chang，2017）、表达规则的清晰度（Christoforou 和 Ashforth，2015）、非正式人际关系质量（Ren 和 Chadee，2017）和工作边界强度（王三银等，2016）等。

第四，群体构成特征。这一主题强调群体成员在某一特征上的构成和组合形态。近 5 年的实证研究中涉及团队断裂带（Chen 等，2017）、团队规模（宋靖，张勇，2017）以及领导—成员交换差异化（Li 等，2016；Sui 等，2016）和领导风格（Li 等，2019）等。

（三）解释机制

“过犹不及”效应的产生原因可以分为“收益与损失的叠加效应”和“动机与能力（或机会）的交互效应”两大类（邢璐等，2018）。前者包含收益与损失两条机制，二者的关系能够通过“收益—损失”的代数形式整合，进而得到净收益，体现在“倒 U 型”关系中；后者包含动机与能力（或机会）两类因素，彼此调节对方作用的发挥，通过乘法交互关系体现在总效应中。“过犹不及”效应作用方式的图示如图 15－3 所示。

第一，收益与损失的叠加效应（additive benefit and cost）。根据这一解释机制，潜在的两条对抗性机制本质上具有收益与损失的特点，能够通过简单的代数加和计算得出净收益，因此称为“收益与损失的叠加效应”。在“过犹不及”效应中，收益与损失随自变量

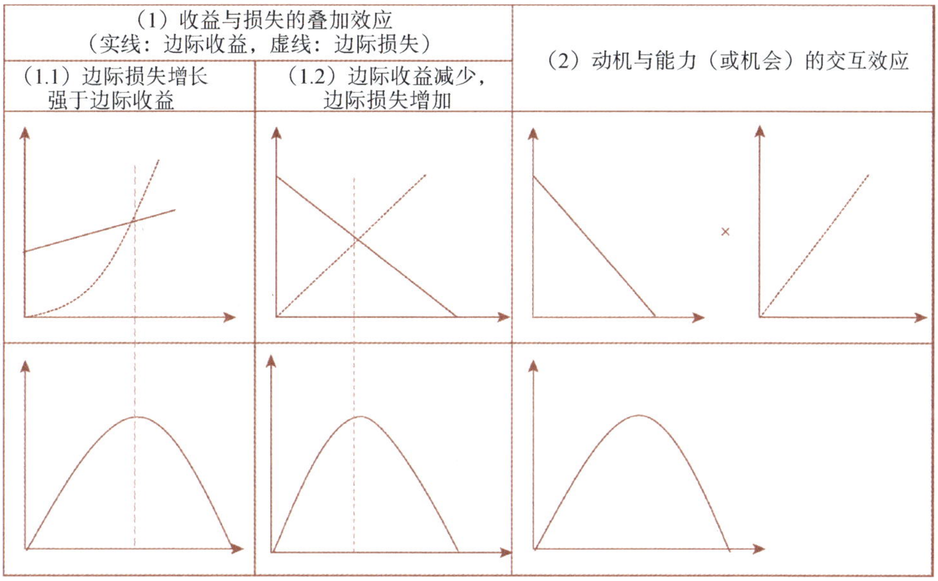

图 15－3 “过犹不及”效应的解释机制

的变异表现出动态变化。其中，收益指的是由于自变量变化而带来的、有益于增加因变量的作用机制；损失指的是由于自变量变化而造成因变量减少的另一条机制。两类机制相互对抗，在变化中相互作用。

第二，动机与能力（或机会）的交互效应（interactive motivation and ability/opportunity）。这类解释机制关注自变量作用过程中两条潜在关系的乘积作用。此时结果变量通常为某种形式的绩效，两种潜在关系相互调节，其交互效应影响绩效的提升。之所以发生“过犹不及”，是因为随着前因变量水平的增加，两类因素的变化方向相反，构成一种增减交互效应。具体而言，结果变量的提升需要能力、动机和机会三种因素，其中任意两种对于提升绩效而言具有交互效应。其中，动机体现了个体对表现出特定行为的主观意愿，能力反映了相应的心理和认知能力（如健康、知识、技能等），机会体现所对应的环境因素（如领导支持、信息、时间等）。可以看出，能力与机会共同构成独立于意愿的、使个体能够表现出特定绩效的各类支持条件。在组织行为学领域“过犹不及”效应的研究中，自变量增加通常会引发主观意愿与支持条件的不一致变化，动机与能力（或机会）由此呈现此消彼长的态势。例如，自变量增加时，提升绩效的动机和能力（或机会）分别增强和减弱。当自变量较低或较高时，两类要素水平一高一低，交互效应均较弱，可以理解为“有心无力”或“有力无心”。而在自变量水平适中时达到临界点，“有心有力”使结果最优。

三、研究评价

未来可以从以下方面进一步拓展“过犹不及”效应的研究。

第一，拓展研究主题、丰富研究层次。未来可以进一步探索可能存在“过犹不及”效应的其他主题。从本质上来看，“过犹不及”实际反映出的就是两种相悖理论。通过对“过犹不及”效应进行归纳和分析，能够整合相悖的理论和研究结论，有助于研究者探寻现象背后的理论规律，更充分理解组织管理现象，促进理论的发展。以此来看，存在“双刃剑”效应的变量均可尝试用“过犹不及”效应来解释，如授权型领导、高绩效人力资源管理实践等。从研究层次看，个体层次主题的数量最多，群体和组织层次的主题数量较少。未来应该加强群体和组织层次的“过犹不及”效应研究，这对于中高层管理者有更大的实践指导意义。

第二，厘清“过犹不及”效应的背后机制。目前，大部分研究在解释“倒U型”关系的形成原因时，仍然存在较大的局限性。一方面，在引出研究问题时，一些文献论述较为含糊，简单引证“物极必反”“否极泰来”等抽象性原理，既不能合理引出特定的研究问题，也不能有力阐释概念或变量间先升后降的关系形态。另一方面，在假设推导过程中，少有文章对“过犹不及”的解释机制进行详细论证，一些文献仅仅指出，自变量对因变量既有积极影响，又有消极影响，随着自变量水平的增加，主导影响由积极变消极，由此呈现“倒U型”关系。然而，对于某一种影响作用何以主导，这种论述方式在本质上并没有给出解释，即缺乏对“倒U型”关系驱动因素的探讨。“收益与损失的叠加效应”与“动机与能力（或机会）的交互效应”在一定程度上为理解“过犹不及”效应提供了逻辑框架。这需要研究者进一步探究其背后机制。

第三，结合情境因素探讨临界点位置。在厘清发生机制的基础上，研究者需要进一步关注“过”与“不及”的逆转阈限，即“过犹不及”的临界点位置。一些研究强调了识别、定位临界点在理论和实践指导中的重要性。然而现有的一些研究在发生机制上的解释尚不清楚，涉及逆转阈限相关的论述更是缺乏。理论上，临界点出现在特定情境下，例如，边际收益与边际损失达到平衡时、动机与能力或机会的交互效应达到最大时，研究者需要明确“过犹不及”的产生原因，并在此基础上结合具体研究主题分析临界点出现的必要条件。此外，还可以通过研究设计从数据中计算并比较临界点的具体水平。

第四，明确“过犹不及”调节作用的理论基础。由于“过犹不及”下，自变量与因变量的关系本身具有一定复杂性，目前仍然有研究存在对调节效应的具体作用方向和作用强度解释不清的情况。这一问题的解决必须建立在明确的理论和逻辑解释机制基础上。

第五，完善抽样与研究设计。首先，在数据收集中，“过犹不及”效应对于研究样本的要求更高。在抽样时，应该保证自变量的取值域全面，且自变量的变异足够大，以保证识别出“倒U型”关系的可能性。其次，在研究设计上，“过犹不及”效应研究的局限性与一般的实证研究存在共性。目前的研究主要是采用横截面的研究，常作为结果变量的行为和绩效具有滞后性，采用这类研究设计只能反应变量间的相关性，无法作出因果推断。针对这一局限，一方面，未来研究可以增加纵向的研究设计，将时间因素纳入考虑范围，在不同时间点上综合考察自变量对因变量的“倒 U 型”影响；另一方面，问卷调查可与其他研究方法结合（如实验研究、数值仿真），利用多研究设计增加结论的严谨性。

参考文献

[1] 邢璐，孙健敏，尹奎，王震．(2018)．“过犹不及”效应及其作用机制．心理科学进展，26 (4)，719 - 730.

[2] 严瑜，张倩．(2014)．“过犹不及”——组织公民行为消极面的解读与探析．心理科学进展，22 (5)，834 - 844.

[3] 张军伟，龙立荣．(2016)．领导宽恕与员工工作绩效的曲线关系：员工尽责性与程序公平的调节作用．管理评论，28 (4)，134 - 144.

[4] Bozionelos, N., Bozionelos, G., Polychroniou, P., Kostopoulos, K. (2014). Mentoring receipt and personality: Evidence for non-linear relationships. *Journal of Business Research*, 67(2), 171 - 181.

[5] Burnett, M. F., Chiaburu, D. S., Shapiro, D. L., Li, N. (2015). Revisiting how and when perceived organizational support enhances taking charge: An inverted U-shaped perspective. *Journal of Management*, 41(7), 1805 - 1826.

[6] Chen, S., Wang, D., Zhou, Y., Chen, Z., Wu, D. (2017). When too little or too much hurts: Evidence for a curvilinear relationship between team faultlines and performance. *Asia Pacific Journal of Management*, 34(4), 931 - 950.

[7] Grant, A. M., Schwartz, B. (2011). Too much of a good thing the challenge and opportunity of the inverted U. *Perspectives on Psychological Science*, 6(1), 61 - 76.

[8] Haans, R. F. J., Pieters, C., He, Z. (2016). Thinking about U: Theorizing and testing U- and inverted U-shaped relationships in strategy research. *Strategic Management Journal*, 37(7), 1177 - 1195.

[9] Lam, C. F., Spreitzer, G., Fritz, C. (2014). Too much of a good thing: Curvilinear effect of positive affect on proactive behaviors. *Journal of Organizational Behavior*, 35(4), 530 - 546.

[10] Lee, S., Yun, S., Srivastava, A. (2013). Evidence for a curvilinear relationship between abusive supervision and creativity in South Korea. *Leadership Quarterly*, 24(5), 724 - 731.

[11] Pierce, J. R., Aguinis, H. (2013). The too-much-of-a-good-thing effect in management. *Journal of Management*, 39(2), 313 - 338.

[12] Rapp, T. L., Bachrach, D. G., Rapp, A. A., Mullins, R. (2014). The role of team goal monitoring in the curvilinear relationship between team efficacy and team performance. *Journal of Applied Psychology*, 99(5), 976 - 987.

[13] Reis, D., Hoppe, A., Arndt, C., Lischetzke, T. (2017). Time pressure with state vigor and state absorption: Are they non-linearly related? *European Journal of Work and Organizational Psychology*, 26(1), 94 - 106.

[14] Spector, P. E., Meier, L. L. (2014). Methodologies for the study of organizational behavior processes: How to find your keys in the dark. *Journal of Organizational Behavior*, 35(8), 1109 - 1119.

[15] Sui, Y., Wang, H., Kirkman, B. L., Li, N. (2016). Understanding the curvilinear relationships between LMX differentiation and team coordination and performance. *Personnel Psychology*, 69(3), 559 - 597.

第六篇

物流与供应链管理

第十六章

供应链金融

供应链金融（supply chain finance）是近年来普遍应用于中小企业信贷的一种新型融资方式。供应链金融作为新经济下的一种新的金融服务在国内外金融业应运而生，并在肇始于次贷问题的金融危机中呈现高速增长的态势，且深受中小企业青睐。融资是所有企业在面对资金不足时所需要考虑的现实问题。对于中小企业而言一般有两种融资选择，一是从战略视角选择基于商业信用等的供应链内部融资，二是从运营视角选择基于银行借贷等的外部融资。近年来，随着供应链金融实践的不断发展，理论研究也日益丰富，特别是我国关于如何解决中小企业融资难的问题在理论研究和实际运作层面均取得了丰硕的成果。因此，本章的主要研究问题是，如何基于不同的供应链金融融资模式、从不同的参与主体视角对融资运营决策进行优化，并降低供应链金融中的各种风险。本导读在这一领域选择三个方面进行论述并对现有研究现状进行梳理和总结，包括供应链金融决策研究、供应链金融的风险研究及在线供应链金融的研究。

第一节　供应链金融决策

一、方向介绍

随着供应链金融模式的不断创新及其在实践中的广泛应用，对供应链金融决策的研究是一个非常重要的研究课题，也是供应链管理领域的一个重要研究方向，具有广泛的现实背景和实际意义。目前对供应链金融的研究主要致力于解决中小企业的供应链融资问题，大多数研究主要是以决策主体预期利润最大化为目标，基于各种复杂的融资模式、考虑参与主体的行为要素、从多维的视角对供应链各参与主体在各个信贷阶段的决策机制进行优化。

总体而言，当下供应链与供应链之间的较量正逐渐替代公司与公司之间较量，研究供应链金融系统的整体决策机制成为供应链金融领域的一个重要研究方向。截至 2019 年年初，有关供应链金融决策的研究已有上百篇，比较有代表性的文献如下所示。

二、文献导读

（一）总体情况

目前国内外学者关于供应链金融决策的研究主要集中在以下几个方面。从研究视角看，目前的研究主要包括三个方面：一是从资金约束企业的视角，基于研究如何通过商业信用或银行信贷融资解决资金约束问题从而实现最优订货决策；二是从供应链核心企业的视角，基于契约经济学理论研究如何设计最优契约以实现资金约束供应链的协调；三是从银行等金融机构的视角，基于信用管理理论研究如何规避违约风险。从研究方法来看，随机优化和博弈论是研究供应链金融决策问题的主要研究方法。

（二）研究主题

目前大多数研究都是基于传统供应链金融模式研究中小企业融资决策问题，如图 16 - 1 所示。

目前关于资金约束供应链或供应链金融的相关研究主要关注两大类融资方式，即一类是基于银行信贷的供应链内部融资，另一类是基于商业信用的供应链内部融资。

基于银行信贷融资的代表性研究成果有：Buzacott 和 Zhang（2004）基于银行融资，

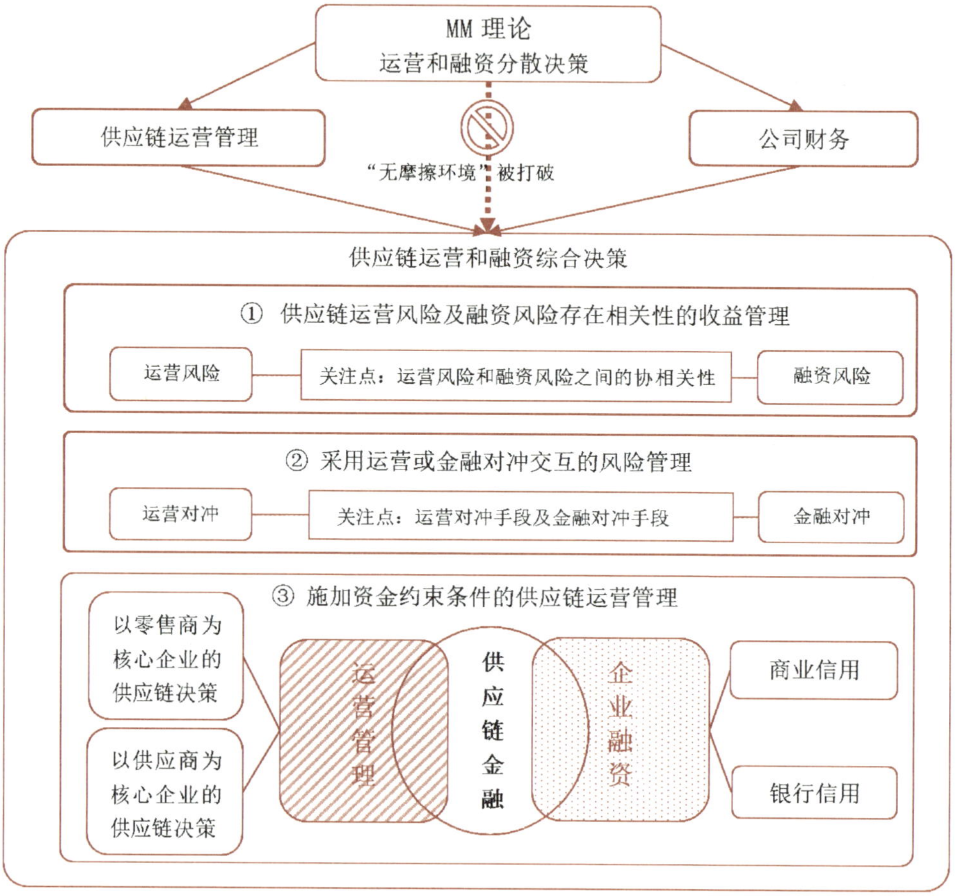

图 16－1　供应链金融相关文献分类示意图

首次将物流和资金流的研究进行整合，建立了需求不确定条件下银行和零售商之间的主从对策，分析了在有资金约束和无资金约束下的最优订货决策。这是供应链金融领域开创性的研究，也是本课题的一个重要参考。Dada 和 Hu（2008）基于银行贷款融资，利用经典的报童模型分析了具有资金约束且给定融资利率条件下的融资库存管理策略。Caldentey 和 Haugh（2009）则假定存在一个完美的资本市场，研究了可通过金融市场进行套期操作策略（买空股票，买入看涨期权）的供应链契约，分析了资金约束下制造商和零售商之间的 Stackelberg 对策。Raghavan 和 Mishra（2011）研究了供应链系统中，零售商和制造商均受资金约束时的决策问题。该研究假设融资利率是一个常数，比较分析了外部融资机构分别向上下游企业独立融资以及向供应链整体进行融资时的最优融资决策问题。

基于商业信用融资的代表性研究成果有：徐贤浩等（2011）基于交易信用融资，考虑了订货商的销售情况对偿还能力、融资利息、销售收入利息以及支付信用的影响，研究了基于延迟支付的供应链金融系统的最优决策。Chen 和 Wang（2012）基于商业信用研究了资金约束供应链中基于有限债务的最优决策及交易信用契约协调问题，结论表明基于延期支付的交易信用契约能激励零售商增加订货量，提高供应链价值并实现部分协调。Lee 等（2018）研究了商业信用在不同的供应链竞争环境下的作用以及其对公司绩效的影响，结果表明市场份额较小的供应商和市场份额较大的买方都倾向于更多地使用商业信用，而单一集中的买方倾向于更少地使用商业信用。同时，当供应商提供市场平均水平的商业信用时，对双方都有利。

更多的研究聚焦于这两种融资模式的对比分析，比较有代表性的有：Lai 等（2009）研究了资金约束下的供应链 Stackelberg 对策，分别研究了预订模式、委托模式及混合模式下的供应链效率问题，研究结果表明在资金约束下供应商更偏好预订模式，而混合模式才能实现整个供应链的最优效率。钟远光等（2011）研究了零售商存在资金约束时如何通过制造商担保下的银行贷款及制造商提供信用融资的订货与定价问题，结论表明借助供应链核心制造商提供的商业信用融资优于金融机构等提供的外部融资。Kouvelis 和 Zhao（2012）将零售商从银行贷款融资和使用商业信用两种方式进行了比较，并从供应商的角度来设计最优的供应商金融结构。研究发现在风险中性的假设下，供应商总是以不大于市场无风险利率的水平来为零售商提供金融服务；如果设置了合理的结构，零售商更偏好于商业信用；在使用商业信用并且存在破产风险的情况下，供应链的绩效得到改善。Jing 等（2012）研究了在零售商存在资金约束的供应链中如何通过制造商的商业信用或银行贷款进行融资，比较发现只能选择一种融资方式时零售商通过银行融资能激励制造商制定较低的批发价格。Cai 等（2014）研究了面临需求不确定性且受资金约束的零售商的在商业信用和银行信贷之间的融资选择策略。研究发现当只有一种融资选择时，如果商业信用市场更有竞争力，则零售商更倾向于选择商业信用；反之，零售商的融资策略取决于这两种融资模式的风险水平。当有两种融资选择时，如果银行信贷更有竞争力，则零售商优先选择银行信贷，继而转向商业信用；反之，如果商业信用市场更有竞争力，则零售商只选择商业信用。另外，Kouvelis 和 Zhao（2018）研究了当供应链中的供应商和零售商存在不同的信用评级时，应该采用何种融资方式、以何种利率为供应链中的库存进行融资？研究结果表明当供应商的信用评级高于一个阈值时，供应商为零售商提供零利率的商业信用，且零售商仅采用商业信用方式融资；否则供应商提供正利率的商业信用，而零售商将结合商业信用和银行贷款进行融资。

除此之外，上述的商业信用融资主要是供应商为资金受限的零售商/分销商等供应链下游提供的融资模式，而近年来供应链上游资金受限的问题受到学者们越来越多的关注，并提出了相应的买方直接融资模式。例如，Tang 等（2018）对比研究了采购订单融资（POF）和买方直接融资（BDF）两种融资模式。结果发现当制造商和银行拥有对称信息时，无论制造商在 BDF 下的控制优势如何，POF 和 BDF 对各方的收益都是相同的。然而，根据 BDF，制造商在选择合同条款方面具有更大的灵活性。如果供应商受到严重的财务约束，制造商的信息优势使得 BDF 成为与高效供应商签约时的首选融资方案。当供应市场中效率低下的供应商比例较大，当供应商之间的效率差异较大，或者当制造商的替代采购选项更昂贵时，BDF（相对于POF）的相对效益更明显。Deng等（2018）则对比分析了买方直接融资和银行信贷融资，结果表明在买方融资中，分销商应向供应商收取尽可能低的利率，甚至可能与自身的单位资本机会成本相背离。虽然此举会导致融资利息的损失，但分销商可以从增强的库存备份和较低的零部件采购价格中获得更多的好处。相比于银行信贷融资，即使分销企业自身的单位资本机会成本高于银行无风险利率，分销企业也可能为买方提供融资。

三、研究评价

通过上述研究发现，商业信用融资与银行信贷融资在不同市场条件下表现出不同的优越性，具有不同风险偏好和决策偏好的决策者将选择不同的融资模式。然而，从实际运营视角出发，融资企业更倾向于选择银行信贷融资，特别是对于上下游双方均受资金约束的中小企业供应链而言，将金融机构作为一个资金供应方纳入到供应链金融系统中是一种兼具战略优势与运营优势的融资方式。另外，在研究买卖双方均受资金约束的研究中（Raghavan和Mishra，2011；Lai等，2009），大多都假设融资利率是外生的。然而在竞争性资本市场中，作为供应链金融系统的资金供应方，如何考虑融资利率的最优决策也是值得研究的问题之一。

参考文献

[1] 李绩才，周永务，肖旦，钟远光．(2013)．考虑损失厌恶一对多型供应链的收益共享契约．管理科学学报，16（2），71－82.

[2] 徐贤浩，邓晨，彭红霞．(2011)．基于供应链金融的随机需求条件下的订货策略．中国管理科学，19（2），63－70.

[3] 钟远光，周永务，李柏勋，王圣东．(2011)．供应链融资模式下零售商的订货与定价研究．管理科学学报，14（6），57－67.

[4] Buzacott, J. A., Zhang, R. Q., Zhang, R. Q. (2004). Inventory management with asset-based financing inventory management with asset-based financing. *Management Science*, 50(9), 1274－1292.

[5] Babich, V., Kouvelis, P. (2018). Introduction to the special issue on research at the interface of finance, operations, and risk management(iFORM): Recent contributions and future directions. *Manufacturing & Service Operations Management*, 20(1), 1－18.

[6] Cai, G., Chen, X., Xiao, Z. (2014). The roles of bank and trade credits: theoretical analy-

sis and empirical evidence. *Production and Operations Management*,23(4),583 – 598.

[7] Caldentey, R., Haugh, M. B. (2009). Supply contracts with financial hedging. *Operations Research*,57(1),47 – 65.

[8] Chen, X. F., Cai, G. (2011). Joint logistics and financial services by a 3pl firm. *European Journal of Operational Research*,214(3),579 – 587.

[9] Chen, X. F., Wang, A. Y. (2012). Trade credit contract with limited liability in the supply chain with budget constraints. *Annals of Operations Research*,196(1),153 – 165.

[10] Dada, M., Hu, Q. (2008). Financing newsvendor inventory. *Operations Research Letters*, 36(5),569 – 573.

[11] de Véricourt, F., Gromb, D. (2018). Financing capacity investment under demand uncertainty: an optimal contracting approach. *Manufacturing & Service Operations Management*, 20(1),85 – 96.

[12] Deng, S., Gu, C., Cai, G., Li, Y. (2018). Financing multiple heterogeneous suppliers in assembly systems: buyer finance vs. bank finance. *Manufacturing & Service Operations Management*,20(1),53 – 69.

[13] Jing, B., Chen, X. F., Cai, G. S. (2012). Equilibrium financing in a distribution channel with capital constraint. *Production & Operations Management*,21(6),1090 – 1101.

[14] Kouvelis, P., Zhao, W. H. (2012). Financing the newsvendor: supplier vs. bank, and the structure of optimal trade credit contracts. *Operations Research*,60(3),566 – 580.

[15] Kouvelis, P., Zhao, W. H. (2018). Who should finance the supply chain? Impact of credit ratings on supply chain decisions. *Manufacturing & Service Operations Management*,20(1), 19 – 35.

[16] Lai, G., Debo, L. G., Sycara, K. (2009). Sharing inventory risk in supply chain: the implication of financial constraint. *Omega*,37(4),811 – 825.

[17] Lee, H. H., Zhou. J., Wang, J. (2018). Trade credit financing under competition and its impact on firm performance in supply chains. *Manufacturing & Service Operations Management*,20(1),36 – 52.

[18] Lee, C. H., Rhee, B. D. (2011). Trade credit for supply chain coordination. *European Journal of Operational Research*,214(1),136 – 146.

[19] Ni, J., Chu, L. K., Li, Q. (2017). Capacity decisions with debt financing: the effects of agency problem. *European Journal of Operational Research*,261(3),1158 – 1169.

[20] Raghavan, N. R. S., Mishra, V. K. (2011). Short-term financing in a cash-constrained supply chain. *International Journal of Production Economics*,134(2),407 – 412.

[21] Tang, C. S., Yang, S. A., Wu, J. (2018). Sourcing from suppliers with financial

constraints and performance risk. *Manufacturing & Service Operations Management*, 20 (1), 1 – 160, C2.

[22] Véricourt, F. De, Gromb, D. (2018). Financing capacity investment under demand uncertainty: an optimal contracting approach. *Manufacturing & Service Operations Management*, 20(1), 1 – 160, C2.

[23] Wuttke, D. A., Heese, H. S. (2019). An empirical analysis of supply chain finance adoption. *Journal of Operations Management*, 65, 242 – 261.

[24] Yan, N., He, X., Liu, Y. (2018). Financing the capital-constrained supply chain with loss aversion: supplier finance vs. supplier investment. *Omega (United Kingdom)*, https://doi.org/10.1016/j.omega.2018.08.003.

第二节 供应链金融风险

一、方向介绍

金融风险是金融市场和金融活动的内在属性，对供应链金融的研究离不开对供应链风险的探讨和控制。现有关于供应链金融风险和决策的研究表明，风险度量和决策优化是供应链金融的两大关键问题，并且全面评估与准确度量中小企业供应链金融风险是优化供应链融资策略的重要前提。

供应链金融是一个复杂的系统，资本市场与消费市场之间以及资本市场内部各风险因素之间都存在着或多或少的联系，一个风险因素的波动变化会导致另外一个或多个风险因素的波动变化，因此不能将各种单一风险进行简单加总，需要考虑各种风险之间的相关性。对多种风险进行综合度量是供应链金融风险管理的重要内容，包括市场风险（质押物价值波动、需求不确定性、破产风险等指标）、供应链成员个体的信用风险（偿债能力、违约率、授信额度等指标）和道德风险等风险特征。随着供应链金融模式的不断创新，对供应链金融风险的研究也在不断地涌现，现有的代表性研究如下。

二、文献导读

（一）总体情况

由于风险可能给供应链金融系统中的相关利益体带来潜在的危害，因此关于供应链金融风险防范与控制成为供应链金融领域的另一个研究热点，并得到国内外广大学者的研究关注。

从研究假设看，资本市场的不完美性特征不容忽视。目前大多数关于资金约束供应链运营决策的研究都是基于 MM 理论所要求的完美市场假设，即在研究框架中不考虑交易成本、有限信用、信息不对称等特征。然而，一些最新研究文献指出资本市场不完美性恰是进行供应链金融决策优化所不可忽略的现实环境。因此，基于现实资本市场环境研究交易成本、信息不对称、税收、信贷配给、委托代理等市场特征对供应链金融体系中各参与主体最优决策的影响是一重要方向。

从研究内容看，在供应链金融的实践活动中，商业银行与多个企业间存在跨时间维度的关联互动，并且企业之间也可能会存在特定的相关性，因此需要对供应链金融系统不同属性风险之间的相依性进行深入研究。

（二）研究主题

当前对供应链金融风险的研究主要从不完美资本市场下的金融决策、供应链金融的风险属性和供应链金融信用风险度量等几个角度进行考量。

1. 基于不完美资本市场的供应链金融决策

其中，基于现实不完美资本市场的供应链金融研究主要聚焦于基于交易成本的融资决策和基于信息不对称的融资决策两大类。其典型的研究如下。

基于交易成本的融资决策研究：交易成本（Transaction Costs）概念的提出是新制度经济学区别于新古典经济学及传统经济学的标志。新制度经济学的鼻祖，1991 年诺贝尔经济学奖的获得者 Coase（1937）提出了交易成本的基本概念，即“利用价格机制的费用”或“利用市场的交换手段进行交易的费用”，包括提供价格的费用、讨价还价的费用、订立和执行合同的费用等。Kouvelis 和 Zhao（2010）考虑破产成本，研究了当供应链上下游均受资金约束时的供应链金融协调策略。研究表明，在无资金约束条件下，大多数能实现协调的供应链契约在存在破产成本的情况下需要进行修正和调整才能实现协调。进一步地，Kouvelis 和 Zhao（2016）在考虑破产清算费用的情况下，进一步研究了存在资金约束的零售商从银行贷款融资时的批发价契约，结果表明零售商的最优订货批量小于传统批发价契约下的订货批量。Yang 等（2016）研究了公司的财务困境以及破产法律环境对产品市场的竞争和供需关系的影响。结果发现公司的破产可能会损害竞争对手的利益，反而使其供应商或者客户受益。

基于信息不对称的融资决策研究：信息是供应链融资影响中小企业信贷的媒介，而银企信息不对称是不完美资本市场的主要特征之一，也是制约中小企业供应链金融的瓶颈问题。Stiglitz 和 Weiss（1981）首次提出信息不对称是中小企业融资难的根本原因。研究表明在信息不对称的条件下，信贷市场必然存在逆向选择和道德风险，贷款人对利益与风险的均衡选择导致信贷配给不可避免。这是关于不对称信息与信贷配给的开创性研究。李勤（2010）从不对称信息理论的视角探讨了中小企业信贷配给的微观机制，并研究了如何从供应链金融的视角治理中小企业信贷配给。研究表明，供应链融资作为一种新型贷款技术，能有助于中小银行，同时也能够帮助核心企业防范、转移和稀释银企间的非对称信息。Li 和 Zhang（2008）研究了包含一个制造商和多个存在价格竞争的零售商的分散供应链中的信息共享机制，其中零售商对不确定需求掌握更多的私有信息，其可以选择向制造商分享信息。结果表明，在信息保密机制下，当零售商之间的竞争程度非常激烈时，各方都有进行信息共享的动机，且当所有零售商都如实分享保密信息时，供应链可获得最大均衡利润。De Veéricourt 和 Gromb（2018）研究了同时面临市场摩擦和需求不确定环境下，企业的产能优化决策以及融资选择问题。结果表明一定的条件下，存在合适的金融契约使得企业能够达到最优产能，而当该条件不存在时，企业的产能往往超过有效产能水平。

2. 供应链金融的风险属性

目前关于供应链金融风险控制问题的研究考虑的风险属性有两类：一类是从资金需求方考虑需求不确定性引起的市场风险，包括零售商的破产风险、库存或质押物的价值风险等。现有关于“报童型”资金约束零售商的融资研究大多考虑的都是市场风险因素（如Buzacott和Zhang，2004；Dada和Hu，2008）。另一类是从银行等金融机构的视角考虑供应链金融中的信贷风险，特别关注利率和质押率对供应链金融决策的影响（如Kouvelis和Zhao，2018；Yang和Berge，2018；Lee等，2018）。Babich（2010）结合了供应商的价值财务破产模型和下游制造商的产能，提出产能决策可以独立于融资决策。研究表明，当供应商的资产波动率较大时，供应商将面临较大的财务风险，因此下游制造商应该减少对其的商业信用融资。Lee和Rhee（2011）研究认为企业的违约概率与资本结构有关，单次投资失败并不能引起企业违约概率的改变。

3. 供应链金融信用风险度量

信用风险的度量是分析供应链金融风险的一个重要方面。目前供应链金融系统所面临的两大风险是市场风险和信用风险，这两类风险分别具有各自的影响因素和度量方法。传统的分析方法对于市场风险和信用风险都是基于线性相关性的度量，例如，关于资产定价、组合选择等，但不能度量非线性相关的程度。虽然有些学者运用不同方法尝试定量评价供应链金融的组合风险，例如，熊熊等（2009）提出了考虑主体评级和债项评级的信用风险评价体系，用主成分分析法和Logistic回归方法建立供应链金融模式下的信用风险评价模型。李毅学（2011）将供应链金融的复杂风险归纳为系统和非系统两大类，基于供应链金融风险评估的原则构建了评估指标体系，并简单介绍了层次分析方法在供应链金融风险评估中的应用。研究结果将供应链金融的系统风险分为宏观与行业系统风险和供应链系统风险，将供应链金融的非系统风险分为信用风险、存货变现风险和操作风险。但是这些研究没有完全站在整个供应链金融系统的角度来分析考虑供应链风险的组合性问题，没有考虑多个风险之间的关联情形。而各种风险因素之间的关系日趋复杂和紧密，以致基于线性相关金融风险分析模型已不能满足风险分析管理的需要。由此可见，寻找先进的风险分析的理论工具和方法，是供应链金融风险管理的迫切需要。

当前比较受关注的信用风险度量方法包括基于支持向量机（SVM）的风险评估、基于Copula函数的风险度量和基于C-Var的风险度量决策。胡海青等（2012）从供应链金融的视角，运用机器学习的方法支持向量机（SVM），结合核心企业资信情况及供应链关系情况，提出了新的中小企业信用风险评估指标体系；并通过与用BP神经网络算法建立的信用风险评估模型进行实证结果对比，结果表明在小样本下基于SVM的信用风险评估模型更具有效性和优越性。Kouvelis和Li（2018）研究了VaR风险约束下报童模型的整合风险管理问题。Chen 等（2009）研究了在 CVaR 风险度量标准下，风险厌恶型报童模型中的最优决策。

三、研究评价

通过对供应链金融风险领域相关文献的梳理和分析，可以发现供应链金融决策与风险管理的研究受到越来越多学者的关注，并且形成了很多具有学术参考价值和实践指导意义的学术研究成果。上述研究文献表明了交易成本、信息不对称、信贷配给等资本市场不完美性是供应链金融风险研究需要考虑的现实环境，这为本课题研究动机的形成和研究主题的确立提供了重要的方向导引。另外，现有关于供应链金融风险和决策的研究表明，风险度量和决策优化是供应链金融的两大关键问题，并且系统评估供应链金融风险是进行供应链融资决策的重要前提。

但是，供应链金融风险的研究范式和理论体系正在逐步完善的过程中，特别是关于供应链金融组合风险的研究值得关注。在供应链金融的实践活动中，商业银行与多个企业间存在跨时间维度的关联互动，并且企业之间也可能会存在特定的相关性，这也就导致传统的资产定价、组合选择等研究方法未能有效度量供应链金融系统风险。另外，已有的研究大多是基于供应链金融系统单一属性风险的度量，缺乏对整体组合风险的评估，尤其是对不同属性风险之间的相依性缺乏深入剖析。虽然有学者们已经开始较多地涉及供应链金融风险的相关问题，但是并没有考虑各种风险因素对实际经营决策的影响，也没有深入探讨资本市场的信用风险、市场风险与道德风险之间是否存在相关性，以及不同属性风险之间存在什么形式的交互作用。因此，关于供应链金融系统不同属性风险之间的相依性研究还有待深入。

参考文献

[1] 胡海青，张琅，张道宏．（2012）．供应链金融视角下的中小企业信用风险评估研究——基于 svm 与 bp 神经网络的比较研究．管理评论，24（11），70－80.

[2] 熊熊，马佳，赵文杰，王小琰，张今．（2009）供应链金融模式下的信用风险评价．南开管理评论，12（4），92－98.

[3] Babich, V. (2010). Independence of capacity ordering and financial subsidies to risky suppliers. *Manufacturing & Service Operations Management*, 12(4), 583－607.

[4] Chen, Y., Xu, M., Zhang, Z. G. Technical note-a risk-averse newsvendor model under the cvar criterion. *Operations Research*, 2009, 57(4): 1040－1044.

[5] Choi, S., Ruszczyński, A. (2011). A multi-product risk-averse newsvendor with law-invar-

iant coherent measures of risk, *Operations Research*, 59(2), 346 – 364.

[6] Chod, J., Rudi, N., Van Mieghem, J. A. (2010). Operational flexibility and financial hedging: complements or substitutes? *Management Science*, 56(6), 1030 – 1045.

[7] Chod, J. (2017). Inventory, risk shifting, and trade credit. *Management Science*, 63(10), 3207 – 3225.

[8] Hilscher, J., Wilson, M. (2017). Credit ratings and credit risk: is one measure enough. *Management Science*, 63(10), 3414 – 3437.

[9] Houston, J. F., Lin, C., Zhu, Z., Houston, J. F. (2016). The financial implications of supply chain changes. *Management Science*, 62(9), 2520 – 2542.

[10] Kazaz, B., Webster, S. (2015). Technical note-price-setting newsvendor problems with uncertain supply and risk aversion. *Operations Research*, 63(4), 807 – 811.

[11] Kouvelis, P., Li, R. (2018). Integrated risk management for newsvendors with var constraints. *Manufacturing & Service Operations Management*, Retrieved from https://www.researchgate.net/publication/328212158.

[12] Kouvelis, P., Zhao, W. H. (2010). The newsvendor problem and price-only contract when bankruptcy costs exist. *Production and Operations Management*, 20(6), 921 – 936.

[13] Kouvelis, P., Zhao, W. H. (2016). Supply chain contract design under financial constraints and bankruptcy costs. *Management Science*, 62(8), 2341 – 2357.

[14] Kouvelis, P., Turcic, D., Zhao, W. H. (2018). Supply chain contracting in environments with volatile input prices and frictions. *Manufacturing & Service Operations Management*, 20(1), 130 – 146.

[15] Li, L., Zhang, H. T. (2008). Confidentiality and information sharing in supply chain coordination. *Management Science*, 54(8), 1467 – 1481.

[16] Reindorp, M., Tanrisever, F., Lange, A. (2018). Purchase order financing: credit, commitment, and supply chain consequences. *Operations Research*, 66(5), 1287 – 1303.

[17] Stiglitz, J. E., Weiss, A. (1981). Credit rationing in markets with imperfect information. *American Economic Review*, 71(3), 393 – 410.

[18] Tang, C. S., Wu, J., Yang, S. A. (2018). Sourcing from suppliers with financial constraints and performance risk. *Manufacturing & Service Operations Management*, 20(1), 70 – 84.

[19] Wang, C. X., Webster, S. (2007). Channel coordination for a supply chain with a risk-neutral manufacturer and a loss-averse retailer. *Decision Sciences*, 38(3), 361 – 389.

[20] Wang, C. X., Webster, S. (2009). The loss-averse newsvendor problem. *Omega*, 37(1), 93 – 105.

[21] Yang, S. A., Birge, J. R. (2018). Trade credit, risk sharing, and inventory financing port-

folios. *Management Science*,64(8),3667 - 3689.

[22] Yang, S. A., Birge, J. R., Parker, R. P. (2016). The supply chain effects of bankruptcy, *Management Science*,61(10),2320 - 2338.

[23] Yang, L., Cai, G., Chen, J. (2018). Push, pull, and supply chain risk averse attitude. *Production and Operations Management*,27(8),1534 - 1552.

第三节 在线供应链金融

一、方向介绍

在互联网金融和大数据时代的背景下，融入第三方电子商务平台的在线供应链金融发展势头迅猛，呈现出多样化的发展特点，商业银行及核心企业、电商、物流等各类市场主体基于在线供应链金融创新的模式层出不穷。在线供应链金融的本质是基于电商交易平台的线上供应链金融，包含在线融资交易、在线支付交易、在线电子商务交易和在线物流等多个环节。在线供应链金融在一定程度上代表了未来供应链金融发展的趋势，但是目前该领域仍处于初步发展阶段，代表性文献数量有限，现有的代表性文献如下。

二、文献导读

（一）总体情况

在基于电商平台的在线供应链金融体系中，融资渠道、参与行为、决策机制的复杂性都将导致融资策略发生变化。目前研究大多都是从信息中介的视角，考虑网络平台的特征、交易机制、网络平台的所有者结构及市场信用等问题，关注的重点是在线供应链金融模式的创新模式、基于网络平台买卖双方的交易行为，考虑如何将中小企业、核心企业、第三方物流与保险、保理、担保等金融（科技）机构进行整合，开拓新型网络信贷融资模式，构建融合共生的在线供应链金融生态体系。

（二）研究主题

随着我国电子商务的快速发展，在线供应链金融正成为一股新兴融资力量迅速崛起，并日益成为破解中小企业融资难的利器。在线供应链金融不是简单地将传统的供应链金融业务搬到线上操作，而是将互联网金融的操作理念、线上优势与传统供应链金融相结合，提升供应链金融的效率，为中小企业融资赋能的过程。目前，国外学者对于在线供应链金融的研究相对较少，这是由于在国外的供应链金融运营过程包含于银行金融体系中，缺乏一定的独立性。而国内关于在线供应链金融的研究起步相对较晚，且主要以相关模式以及概念的研究为主，少数通过构建数理模型或者实证数据来定量地描述不同模式的作用机制以及不同融资模式之间的比较。

对在线供应链金融模式和概念的界定中，Kaplan（2000）首先提出E-hub（电子中心）的概念，并在供应链聚合模型中介绍了电子中心可以为买卖双方提供融资服务。但这仅是对在线供应链金融概念的模糊阐释，并未对其进行具体明确的定义和描述。和毅（2013）指出互联网金融在支付、交易成本和资源配置等方面的优势为供应链融资创新发展提供了机会，特别是以搜索引擎、大数据、社交网络、云计算等为代表的技术手段为供应链融资业务的发展提供了技术和信息保障。郭菊娥等（2014）依据业务中是否结合B2B电商，将基于第三方B2B线上供应链金融划分为"基于B2B平台的线上供应链金融"和"传统线下供应链金融的电子化/线上化"。李超和骆建文（2015）分析了有互联网金融参与的供应链金融的发展现状，指出了基于P2P网络借贷和电子商务企业主导的供应链企业合作的创新模式是目前主要的供应链企业融资方式。

其中，对基于P2P网络借贷的供应链融资模式的研究主要集中于近几年P2P平台爆雷之前。Lin等（2013）研究了P2P借贷的在线市场中，个体通过竞标寻求无担保小额贷款的现象。通过对美国最大的P2P网络借贷市场Prosper.com中的数据分析，结果发现借款人的在线友谊是信用质量的信号。友谊增加了成功融资的可能性，降低了贷款利率，也降低了成本违约率。根据朋友的角色和身份，友谊的经济效应呈现出惊人的分级。Guo等（2016）提出了一个数据驱动的新兴市场投资决策框架，并设计了一个基于实例的信用风险评估模型，来评估每笔P2P贷款的收益和风险，通过真实数据的验证，结果表明该模型比现有的P2P借贷方法能更有效提高P2P借贷的投资绩效。Gao等（2018）通过Stackelberg博弈研究了P2P网络借贷平台进行融资的最优决策行为，结果表明供应链中零售商或制造商在进行运营决策时要考虑P2P平台的金融决策，如服务费率等。

另外，基于电子商务企业主导的供应链融资模式近年来不断创新，也受到更多学者的关注。屠建平和杨雪（2013）从参与主体，授信方式和对象以及风险控制等方面对比分析了传统供应链模式和电商平台主导的四种在线供应链金融模式，包含应收账款融资、动产质押融资、订单融资和预付账款融资，并通过平衡积分卡构建了电子商务平台绩效评价指标体系。尤晓岚等（2014）研究了具有流动性约束的电子交易市场机制下，供应链企业基于运作与投机的目的，做出的最优期权合约与电子市场现货交易策略。Tunca和Zhu（2017）以京东金融业务为基础，结合数学建模与实证研究两种研究方法，对电商平台企业在供应商融资的中介作用和影响进行了研究。结果表明电商平台在供应商融资中充当中介作用能够有效提升供应链运行效率和整体绩效。此外，通过对京东的实际企业数据进行处理和分析，研究证实通过运用在线供应链金融融资，供应链整体利润增长了16.7%，并为零售商大幅度节省了成本。Wang等（2019）则考虑了直接通过电子商务（EB）平台进行融资的一种新型在线零售商融资策略，根据借贷和租赁业务的融合程度可以将其分为活跃和保守两种形式。面临资金约束的在线零售商，可以选择银行信贷融资（BCF）或者电子商务平台融资，并构成了Stackelberg博弈。结果发现活跃的EB平台融资可以实现供应链融资的协调，比 BCF 产生更大的订单量和更大的参与者利润，而保守的可能不会。同时，在满足订单量协调条件下，初始营运资金为常数时，EB 平台贷款利率与使用费之间存在线性下降趋势。为实现 SCF 协调，EB 平台应积极主动地将其贷款利率和使用费利率一起调整。此外，即使在线零售商有足够的营运资金，其总是更愿意使用活跃的 EB 平台融资，而不是拒绝任何外部融资。

三、研究评价

上述研究表明，随着实践中在线供应链金融模式的不断创新，在线供应链金融的配套理论依然有待深入研究。从研究内容看，供应链金融模式的线上化发展趋势不容忽视，但缺乏对在线供应链金融业务模式创新和实践决策指导的理论支撑。目前虽有不少研究涉及网络平台的特征、交易机制、网络平台的所有者结构及市场信用等问题，但大多都是从信息中介的视角进行研究，关注的重点是基于网络平台的买卖双方的交易行为。而在电子商务的高速发展推动下，在线供应链融资业务也得到了飞速的发展。以阿里和京东为代表的电商零售巨头为其面临资金问题的供应商提供了灵活多变的融资服务，并充分利用其庞大的交易数据，实现了高水平的风险管理和融资模式的创新。而目前的很多在线供应链融资研究大多缺乏实践案例和数据的支撑，研究内容落后于实践业务，特别是在在线供应链金融框架内利用数据驱动的方法对信贷风险评估、金融服务创新、渠道融合机制等方面的研究还是空白；在线供应链融资模式与融资策略的研究范式和理论体系还在逐步形成的过程中，但还不完善，缺乏对在线供应链金融内在科学规律的探索与凝练。

因此，需要新的理论框架将在线供应链金融的聚合性、丰富性、自循环等特征纳入中小企业供应链融资体系中，考虑如何整合保险、保理、担保、中小企业、核心企业等相关主体，开拓新型网络信贷融资模式，构建融合共生的在线供应链金融生态体系。

参考文献

［1］屠建平，杨雪．(2013)．基于电子商务平台的供应链融资模式绩效评价研究．管理世界，7，182－183.

［2］邢伟，汪寿阳，赵秋红，华国伟．(2011)．考虑渠道公平的双渠道供应链均衡策略．系统工程理论与实践，31 (7)，1249－1256.

［3］尤晓岚，冯耕中，徐金鹏，汪寿阳．(2014)．基于期权和 b2b 电子交易的供应链均衡策略．管理科学学报，17 (6)，1－12.

［4］赵金实，段永瑞，霍佳震．(2016)．第三方平台供应链金融环境下双渠道供应链协调机制对比研究．工业工程与管理，21 (3)，32－39.

[5] Daniel, G., Greys, S. (2005). Exchanges formation of alliances in internet-based supply exchanges. *Management Science*, 51(1), 92 - 105.

[6] Ferreira, K. J., Lee, B. H. A., Simchi-Levi, D. (2016). Analytics for an online retailer: demand forecasting and price optimization. *Manufacturing & Service Operations Management*, 18(1), 69 - 88.

[7] Gao, G., Fan, Z., Fang, X., Lim, Y. (2018). Optimal stackelberg strategies for financing a supply chain through online peer-to-peer lending. *European Journal of Operational Research*, 267(2), 585 - 597.

[8] Guo, Y., Zhou, W., Luo, C., Liu, C., Xiong, H. (2016). Instance-based credit risk assessment for investment decisions in p2p lending. *European Journal of Operational Research*, 249(2), 417 - 426.

[9] Hitt, L. M., Frei, F. X. (2002). Do better customers utilize electronic distribution channels? the case of pc banking. *Management Science*, 48(6), 732 - 748.

[10] Kaplan, S., Sawhney, M. (2000). E-hubs: the new b2b(business-to-business) marketplaces. *Harvard Business Review*, 78(3), 97.

[11] Kim, K., Hann, I. (2019). Crowdfunding and the democratization of access to capital—an illusion? evidence from housing prices. *Information Systems Research*, 30(1), 276 - 290.

[12] Lin, M., Nagpurnanand, R. P., Siva, V. (2013). Judging borrowers by the company they keep: friendship networks and information asymmetry in online peer-to-peer lending. *Management Science*, 59(1), 17 - 35.

[13] Steven, A. B., Britto, R. A. (2016). Emerging market presence, inventory, and product recall linkages. *Journal of Operations Management*, 46, 55 - 68.

[14] Tunca, T. I., Zhu, W. (2018). Buyer intermediation in supplier finance. *Management Science*, 64(12), 5461 - 5959.

[15] Wang, C., Fan, X., Yin, Z. (2019). Financing online retailers: bank vs. electronic business platform, equilibrium, and coordinating strategy. European Journal of Operational Research, 276(1), 343 - 356.

第十七章

数据驱动的供应链管理

当下数据获取变得容易和经济可行，催生了不少新的管理模式，其中数据驱动的供应链管理就是其中之一。要成为洞悉先机的领先者，必须在数据的世界里获取竞争优先权；要成为首屈一指的企业，必须采用“数据+高科技”的双轮驱动同步管理供应链，从数据分析中获得敏锐的洞察力和全新的价值观，赢得改变市场、组织和商业关系的先机。然而，这些数据分析方法应该如何具体应用在供应链管理中创造价值尚不清楚。

本章的主要的研究问题是，如何将丰富多维的数据融合到传统的供应链管理模型中，利用数据技术和人工智能技术来提高供应链管理的效率？本导读在这一领域选择需求预测，物流管理和库存管理这三个方面，研讨数据方法如何在其中进行应用。

第一节　数据驱动的需求预测

一、方向介绍

传统的需求预测，主要考虑时间序列的方法，利用历史销量数据来进行需求的预测，通过对历史数据的刻画，来实现对产品未来需求的预测。随着互联网的发展，数据呈现爆发式增长，且电商等商业模式本身的需求预测受到多方面的因素影响，传统时间序列的方法已经无法准确预测需求的变化（Carbonneau 等，2008；Ren 等，2019）。随着数据的获取、传播、存储的成本降低，业界沉淀了海量、全面的数据，包括促销优惠、app 界面、订单、配送、库存、评价、消费者等多纬度的信息（Leung 等，2020）。学者们开始利用机器学习算法，如神经网络、决策树、随机森林、决策向量机或组合算法等，利用大数据来进行更准确的预测。其中有代表性的研究如下。

二、文献导读

（一）总体情况

数据驱动的需求预测是基于机器学习框架的。从预测的方法来说，有基于单个机器学习算法的，如人工神经网络（Artificial Neural Network，ANN）、随机森林（Random Forest，RF）、支持向量机（Support Vector Machine，SVM），也有基于组合算法的。从预测的标的来说，分为在售品预测和新品预测。从预测产品的需求序列特点来说，分为连续需求预测和间断 0 需求预测。

（二）不同预测方法

常用的基于机器学习方法的预测方法可以大致分为以下几类。

1. 基于人工神经网络的预测方法

人工神经网络是一种模仿人脑思维方式的机器学习技术，由大量的神经元（或称节点）和神经元之间相互连接构成，这些神经元可以从输入信息中学习模式或过程的内在本质（Chiang 等，2006）。“网络”就是指这些相互连接的神经元系统，分为输入层、隐藏层和输出层。人工神经网络适用于测试大数据环境中输入变量相对较多的大规模数据（Carbonneau 等，2008；George 等，2014；Liao 等，2022）。Chong 等（2015）基于亚马逊的海量电子产品数据设计了一个基于人工神经网络的预测框架。亚马逊电子产品数以万计的交易产生了海量的订单数据、评论数据和营销等数据。传统的时间序列和回归很难充分利用全部信息，而神经网络能解决这个难点。整个大数据预测系统先通过特征工程从营销、交易和评论等多源数据中提取特征矩阵，再将这高维特征矩阵导入神经网络中学习需求模型。研究结果发现不仅在线评论、情感和促销策略等变量本身，还有它们之间的交互效应，都是需求预测中的重要因素。人工神经网络包含不同的类型，当涉及时间序列数据时，递归神经网络（Recursive Neural Network，RNN）是解决复杂问题的有力工具。Birim等（2022）评估支持向量回归（SVR）、随机森林回归（RFR）和决策树回归（DTR）、人工神经网络（ANN）和长短期记忆（LSTM，RNN的一种），在基于广告费用预测需求预测的准确性，发现长短期记忆模型在基于广告费用的需求预测中具有较好的预测效果。

2. 基于树状结构的预测方法

决策树是一种树状结构，简单来说就是根据某些属性将样本拆分成不同的类别。决策树只包含一棵树，即是一种个体学习器，但是个体学习器的“准确性”和“多样性”存在冲突，而集成学习研究核心就是产生并结合“好而不同”的个体学习器。基于决策树的集成学习方法主要有随机森林和XGBoost。

随机森林算法是Breiman（2001）提出的一种基于放回抽样（Bagging）思想的分类和预测模型。随机森林的随机抽取特征集合构建决策树（基学习器），并在决策树的训练过程中引入了随机特征选择。随机森林能在可控的计算复杂度下处理复杂特征和特征之间的相互作用，拟合未知的非线性关系（Biau和Scornet，2016），在广泛的应用中都具有准确性（Varian，2014；Dai等，2020）。Kris等（2016）在对Rue la la平台限时抢产品预测时，首先充分考虑了时间、产品特性和促销等多样化信息来全面构建特征矩阵，然后将提取的特征矩阵导入随机森林算法中训练得到需求预测模型。该预测模型的结果用于支持Rue la la产品的定价决策，能大幅提高利润。但是，每棵决策树依赖独立的样本随机向量，学习的都是需求本身，基学习器之间属于并列生成，当数据集不平衡时，原始随机森林不能发挥出其优越性。

XGBoost引入特殊的算法结构来解决数据量巨大、存在大量稀疏数据的问题，使得系统可以进行并行化，极大地提升了算法的速度（Chen等，2016）。与随机森林的并列框架不同，XGBoost是以梯度提升（Gradient Boost）为框架，即每增加一颗树学习的都是前一颗树真实值与预测值的差值。XGBoost的一个重要优势是将模型复杂度加入损失函数当中，利用正则项控制过拟合问题。XGBoost对于解决商店需求预测、网页文本分类等问题都有出色的表现。

3. 基于支持向量机的预测方法

支持向量机于1995年正式发表提出。SVM方法基于结构风险最小化原理，等价于解决一个线性约束的二次规划问题，因此能取得全局最优解。与传统的预测技术（移动平均法、趋势法、多元线性回归）相比，SVM 具有较高的拟合精度和较好的泛化性能（Carbonneau 等，2008；Huber 和 Stuckenschmidt，2020）。杜小芳（2005）旨在利用历史销售量、温度、气象、节假日、季节等信息来预测农产品的销量。由于这些信息对农产品需求具有非线性的影响，针对该特点，杜小芳（2005）选择了 SVM 预测农产品销量，将原始数据预处理成特征，对特征数据进行平滑预处理和归一化处理得到特征矩阵，建立目标函数，利用 SVM 算法求解得到需求模型。其实际算例显示 SVM 的预测精度高于人工神经网络等方法。然而，支持向量机的预测效果可能会受到数据结构改变的影响（Shahrabi 等，2009）。Jiang 等（2020）建立了自适应单变量支持向量机（adaptive univariate SVM，AUSVM）模型来预测间歇性需求，与参数化模型相比在非光滑需求序列组的库存性能和精度均有显著提高，且在计算时间上比基本的 SVM 和神经网络有明显的优势。

4. 组合算法

预测模型主要分为三种：时间序列模型，因果计量模型和基于人工智能的模型，如神经网络、模糊时间序列理论、遗传算法和专家系统。研究人员常常寻求确定最佳的个体模型来生成预测，然而组合预测在许多领域都被证明是一种非常成功的预测策略（Cang 等，2014；Pannakkong 等，2018）。组合算法可以通过组合不同预测算法的结果，即对单个模型预测结果加权平均得到最终预测值。Cang 等（2014）通过英国入境需求数据实验证明，所选择的最优子集中单个模型的组合显著优于所有可用的单个模型的组合。还有部分组合算法的研究关注的是利用不同模型学习需求的不同波动从而得到需求的预测结果。Liang 等（2021）提出了一种集成 Prophet-SVR 模型的混合方法来预测具有季节性的制造业时间序列需求，其中 Prophet 用于预测季节波动并确定 SVR 的输入变量，SVR 用于捕获非线性模式。因此，该方法既能自定义节假日和季节的影响，又能考虑预测残差，提高预测精度。

（三）在售品和新品的预测

目前需求预测大部分研究主要针对具有较多数据积累的在售品的预测，研究集中在特征识别、算法优化本身。随着产品更新迭代的速度加快，有部分研究开始探索没有或仅有少量历史销售数据的新产品的预测问题（Fildes 等，2019；Cao 等，2021）。新品通常使用的是先聚类再预测的方法，先根据产品特性将产品分为不同种类，利用同类产品数据构建需求模型，将新品特征导入同类产品需求模型中进行预测（Kris 等，2016；Kharfan 等，2021）。Lennart 等（2018）在传统的先聚类再预测算法（cluster-then-forecast）基础上，设计了一套边聚类边预测算法（cluster-while-forecast）预测新产品需求。该方法将聚类和预测整合为一步完成，先随机将新品放入一个类别并预测，再根据将产品放入不同类别预测对比结果，重复迭代直到最优精度。该算法在强生公司得到实践应用，比常用算法预测精度提高 20%—60%。Steenbergen 和 Mes（2020）将 k-means 聚类、随机森林和分位数回归森林结合起来，提出了一种新的需求森林（Demand Forest）预测方法，利用以前推出的产品的历史销售数据以及现有和新产品的产品特征，预测新产品需求，并支持新产品的库存管理决策，可以节省约 15% 的潜在库存。

（四）连续销量和间断 0 销量的预测

现有的预测方法从预测产品的需求序列特点来分有两大类：连续型需求预测方法和间断 0 需求（Intermittent demand）预测方法。间断需求是一种随机需求，需求数据中存在着大量的零值，用连续型预测方法进行预测，预测精度不高（Nikolopoulos，2021）。目前预测间断 0 需求的预测方法主要有三类：指数平滑法（Willemain 等，2004）、Croston 方法（Altay 等，2008）、Bootstrap 方法（Hasni 等，2019）。Ghobbar（2003）利用三类中常见的 Winter 加性季节模型、乘性季节模型、季节回归模型、服务时间模型（Component service life）、加权需求率模型（Weighted calculation of demand rates）、加权回归预测模型（Weighted regression demand forecasters）、Croston 方法、指数平滑法、指数加权移动平均法、趋势调整的指数平滑法、加权移动平均法、二次指数平滑法和自适应调整的指数平滑法共 13 种方法对比显示 Croston 法、指数加权移动平均法是预测精度较高的方法。对间断 0 需求预测的研究使用的指标主要是平均预测精度。但在实践中，间断 0 需求常见于库存最优决策中，仅关注平均预测精度不够，还要考虑误差的偏差和库存的情况，才能更好地控制库存。Gutierrez（2008）和 Teunter（2011）提出了一种近似无偏的估计器（Syntetos-Boylan Approximation，SBA）解决 Croston 正向偏倚问题。考虑到呆滞库存（inventory obsolescence）问题，Sangur 和 Mukherjee（2021）对需求区间使用不同的平滑常数得到每个周期更新的 SBA 预测。考虑到产品的库存状况和历史销售情况，Tian 等（2021）提出了一种马尔科夫组合方法（Markov-combined method，MCM）来预测间歇需求 。

三、研究评价

数据驱动的需求预测是基于机器学习框架的，其在供应链领域的应用研究还处于非常基础的阶段。从预测算法本身出发，预测的方法有单个机器学习算法和组合算法。单个机器学习算法主要分为三类：基于人工神经网络的算法、基于树状结构的算法、基于支持向量机的算法。不论是哪种算法，具有各自的特点和局限，因此基于组合算法的预测方法成为预测领域研究的方向之一。

从预测的标的来说，分为在售品预测和新品预测。随着电商时代产品更新迭代的速度加快，有研究开始探索没有或仅有少量历史销售数据的新产品的预测问题。新品无法从历史数据中学习其需求模型，主要使用的是同类产品的需求模型。未来，对如何对产品分类，如何训练同类产品的需求模型等问题还要开展深入研究。

从预测产品的需求序列特点来讲，分为连续需求预测和间断0需求预测。需求数据中存在着大量的零值，用连续型预测方法进行预测，预测精度不高。目前研究间断需求预测方法的文献不多，已有的间断需求预测方法适用范围有限，还缺少比较通用的预测方法。

参考文献

[1] 杜小芳，张金隆．(2005)．农产品销量预测的支持向量机方法．中国管理科学，4，129－134.

[2] Altay, N., Rudisill, F., Litteral, L. A. (2008). Adapting Wright's modification of holt's method to forecasting intermittent demand. *International Journal of Production Economics*, 111(2), 389－408.

[3] Biau G., Scornet E. (2016). A random forest guided tour. *TEST*, 25(2), 197－227.

[4] Birim, S., Kazancoglu, I., Mangla, S. K., Kahraman, A., Kazancoglu, Y. (2022). The derived demand for advertising expenses and implications on sustainability: a comparative study using deep learning and traditional machine learning methods. *Annals of operations research*, 1－31.

[5] Breiman, L. (2001). Random Forests. *Machine Learning*, 45(1), 5－32.

[6] Cang, S., Yu, H. (2014). A combination selection algorithm on forecasting. *European Journal of Operational Research*, 234(1), 127－139.

[7] Cao, X, & Zhang, J. (2021). Preference learning and demand forecast. *Marketing Science*, 40, 62－79.

[8] Carbonneau, R., Laframboise, K., Vahidov, R. (2008). Application of machine learning techniques for supply chain demand forecasting. *European Journal of Operational Research*, 184(3), 1140－1154.

[9] Chen, T., Guestrin, C. (2016). XGBoost: a scalable tree boosting system. *KDD2016 Proceeding of the 22nd ACM SIGKDD International Conference on Knowledge Discovery.*

[10] Chiang, W. Y. K., Zhang, D. and Zhou, L. (2006). Predicting and explaining patronage behavior toward web and traditional stores using neural networks: a comparative analysis with logistic regression, *Decision Support Systems*, 514－531.

[11] Chong, A. Y. L., Ch'ng, E., Liu, M. J., Li, B. (2015). Predicting consumer product demands via big data: the roles of online promotional marketing and online reviews. *International Journal of Production Research*, 1－15.

[12] Dai, H., Xiao, Q., Yan, N., Xu, X., Tong, T. (2022). Item-level forecasting for e-commerce demand with high-dimensional data using a two-stage feature selection algorithm. Journal of Systems Science and Systems Engineering, 31(2), 247－264.

[13] Ghobbar, A. A. Friend, C. H. (2003). Evaluation of forecasting methods for intermittent parts demand in the field of aviation: a predictive model. *Computers & Operations Research*, 30, 2097 - 2114.

[14] Fildes R., Ma S., Kolassa S. (2022). Retail forecasting: Research and practice. *International Journal of Forecasting*, 38(4), 1283 - 1318.

[15] Gutierrez, R. S., Solis, A. O., Mukhopadhyay, S. (2008). Lumpy demand forecasting usingneural networks. *International Journal of Production Economics*, 111(2), 409 - 420.

[16] Hasni, M., Aguir, M. S., Babai, M. Z., Jemai, Z. (2019). On the performance of adjusted bootstrapping methods for intermittent demand forecasting. *International Journal of Production Economics*, 216, 145 - 153.

[17] Kharfan, M., Chan, V., Efendigil, T. F. (2021). A data-driven forecasting approach for newly launched seasonal products by leveraging machine-learning approaches. *Annals of Operations Research*, 303, 159 - 174.

[18] Huber, J., Stuckenschmidt, H. (2020). Daily retail demand forecasting using machine learning with emphasis on calendric special days. *International Journal of Forecasting*, 36, 1420 - 1438.

[19] Jiang, P., Huang, Y., Liu, X. (2020). Intermittent demand forecasting for spare parts in the heavy-duty vehicle industry: a support vector machine model. *International Journal of Production Research*, 59, 7423 - 7440.

[20] Kris, J. F., Bin, H. Alex, L., David S. (2016). Analytics for an online retailer: demand forecasting and price optimization, *Manufacturing & Service Operations Management*, 18(1).

[21] Lennart, B., Igor, L., Georgia, P., et al. (2018). Leveraging comparables for new product sales forecasting. *Production and Operations Management*, 27, 2340 - 2343.

[22] Leung K. H., Mo D. Y., Ho G. T., Wu C. H., Huang G. Q. (2020). Modelling near-real-time order arrival demand in e-commerce context: A machine learning predictive methodology. *Industrial Management & Data Systems*, 120(6), 1149 - 1174.

[23] Liang, G. A., Wf, A., Qz, A., Xu, W. B. (2021). The hybrid prophet-svr approach for forecasting product time series demand with seasonality. *Computers & Industrial Engineering*, 161, 107598.

[24] Liao, W., Zeng, B., Liu, J., Wei, P., Cheng, X. (2022). Taxi demand forecasting based on the temporal multimodal information fusion graph neural network. *Applied Intelligence*, 52, 12077 - 12090.

[25] Nikolopoulos K. (2021). We need to talk about intermittent demand forecasting. *European Journal of Operational Research*, 291(2), 549 - 559.

[26] Pannakkong W., Sriboonchitta S., Huynh V. N. (2018). An ensemble model of ARIMA

and ANN with restricted boltzmann machine based on decomposition of discrete wavelet transform for time series forecasting. *Journal of Systems Science and Systems Engineering*, 27(5), 690 - 708.

[27] Ren, S., Chan, H. -L., Siqin, T. (2019). Demand forecasting in retail operations for fashionable products: methods, practices, and real case study. Annals of Operations Research, 291, 761 - 777.

[28] Sanguri, K., Mukherjee, K. (2021). Forecasting of intermittent demands under the risk of inventory obsolescence. *Journal of Forecasting*, 40(6), 1054 - 1069. Steenbergen, R. V., & Mes, M. (2020). Forecasting demand profiles of new products. Decision Support Systems, 139, 113401.

[29] Tian, X., Wang, H., Erjiang, E. (2021). Forecasting intermittent demand for inventory management by retailers: a new approach. *Journal of Retailing and Consumer Services*, 62(1), 102662.

[30] Teunter, R. H., Syntetos, A. A., Babai, M. Z. (2011). Intermittent demand: linking forecasting to inventory obsolescence. *European Journal of Operational Research*, 214(3), 606 - 615.

[31] Varian H. R. (2014). Big data: new tricks for econometrics. *Journal of Economic Perspectives*, 28(2), 3 - 27.

[32] Willemain, T. R., Smart, C. N., Schwarz, H. F. (2004). A new approach to forecasting intermittent demand for service parts inventories. *International Journal of Forecasting*, 20, 375 - 387.

第二节　数据驱动的物流管理

一、方向介绍

传统的物流配送管理研究非常丰富，考虑各种情况的订单分配（Assignment problem）和路径规划问题（Vehicle Routing Problem，VRP）。然而，一方面，用户变得越来越挑剔，配送时间不断缩短，如京东提出的“211”送达（当日上午 11：00 前提交的现货订单当日送达；晚上 11：00 前提交的现货订单次日 15：00 前送达），新兴的商业模式 O2O 即时配送，从用户下单到配送完成，前置期只有 30 分钟到 1 个小时。这使得配送规划的复杂度大幅增加，并给配送算法的求解时间提出了更高的要求。另一方面，在互联网环境下，数据的获取变得更加容易。因此，利用这些丰富的海量数据来更优地建模和求解配送问题已成为研究的一种新范式。其中有代表性的研究如下。

二、文献导读

（一）总体情况

数据驱动的物流配送管理具有很强的应用性，其实践往往领先于理论。在业界，相关的优化和决策有些已经是由数据驱动的；其目前的相关研究较少，且大多数都是国外的，国内对其的相关研究很少。因此，如何利用数据分析的定量方法来进行物流管理是一个难点和空白。

数据驱动的物流管理根据对于数据的利用方式可以分为两类，一是直接利用数据本身改善物流管理的决策，二是从数据中挖掘信息进行预测并改善物流管理的决策。直接利用数据的方法主要有样本均值近似方法（Sample Average Approximation，SAA）、分布鲁棒优化方法（Distribution Robust Optimization，DRO）和基于场景推演的方法（Scenario-based method）。从数据中挖掘信息的方法是将机器学习驱动的预测和上述方法相结合，考虑更多维的数据信息来帮助优化，可以根据预测与优化的过程是否同时进行分为先预测后优化、预测优化同时进行两类。此外，还可以根据历史数据得到的规律，对物流管理问题进行仿真分析，从而支持决策。

（二）直接利用数据的方法

1. 样本均值近似方法

SAA 方法是一种非参数化的方法。在该方法中，目标函数是根据蒙特卡罗抽样或基于可用历史数据从概率分布中提取的有限多个独立随机样本计算得到的目标值的平均值。SAA 方法一般用来求解两类随机优化问题。一类问题是那些即使已知潜在分布也难以计算的问题；另一类是在需求分布未知的情况下，需要用样本来估计未知的目标函数的问题。

一些研究围绕 SAA 方法本身展开。Kleywegt 等（2002）讨论了 SAA 方法的收敛速度、停止规则和计算复杂性。结果表明：在样本量 N 中，SAA 方法的复制产生最优解的概率以指数速度增加，收敛速度随着决策变量数量的增加变得更慢；规定精度所需的样本量与可行解的对数成正比。在许多情况下，SAA 方法只需要少量的复制和较小的样本量就可以产生良好的、通常是最优的解决方案。Rei（2010），Klibi（2010）将 SAA 应用于 VRP 问题中。Lucas（2019）构建了一个两层的马尔科夫链决策框架来解决“最后一公里”的拼车问题，并引入 SAA 方法来模拟成本函数，在分布不均匀且规划区域较大的情况下，取得了较好的结果。

2. 分布鲁棒优化方法

DRO（Distribution Robust Optimization）是鲁棒优化（Robust Optimization）的一种方法。鲁棒优化包含了一系列可以应对问题本身或解的不确定的优化方法。该方法可以在决策前存在未知信息时，如请求数目，给出使得最大机会成本最小化的决策。DRO 则针对的是不确定位置信息的分布时，给出不同类型分布下最小化最坏情况成本的决策。

Bertsimas 等（2018）证明了该方法具有两大优点：首先，可以避免在随机优化中最优的决策反而变现更差的情况发生，这种情况通常被称为 optimizer's curse；其次，尽管 DRO 的优化模型在数学表达上更为复杂，但却更易于求解，有利于对实际问题的分析。Delage（2010），Miao（2017），Esfahani（2018）同样研究了 DRO 方法的应用，考虑了在不同度量、不同背景下该方法的有效性。

3. 基于场景推演的方法

基于场景推演（Scenario-base）方法原理与 SAA 类似，用历史的场景模拟真实的情景，优化的目标就是寻找最小化在不同场景下最优的决策方案。Hvattum（2006）首先在动态随机车辆调度问题中提出了基于场景推演的方法。Schilde（2011）比较了不同方法对车辆调度问题的求解结果，发现该方法可以提高 15% 的运行效率。Li 等（2019）在对于动态巴士的调度问题中采用了该方法，用不同天的订单请求来模拟未来的请求，同时允许司机提前前往潜在订单概率较大的位置等候，并通过数值实验发现提前的等待能够提高整体的运行效率。

（三）预测与优化结合的方法

在物流管理问题中，我们可以通过历史数据，基于机器学习方法，去学习和预测配送员的速度、接单数，门店的订单数目等，并将该结果和物流决策结合，进一步提高优化效果。在该过程中，存在两种不同的解决问题的模式。

1. 先预测后优化

首先通过历史数据构建学习模型预测数据的分布、均值方差或具体值，然后将学习结果代入到优化模型中，进行求解并得到决策结果。Bertsimas 等（2015）在考虑一个组合优化的问题中采用了这种方法，他首先通过选择模型来学习用户面对不同决策的喜好程度，然后根据学习得到的喜好程序建立了一个混合整数规划模型，并进行求解。Sarker 等（2018）对电动车的路径规划问题进行了研究，首先采用基于 ARIMA 模型对车辆数量进行预测，然后根据车辆数量预测路段速度，计算行驶时间和能耗。将预测参数作为优化问题的参数输入，建立了一个多目标的路径规划问题，并进行求解。

2. 预测与优化同时进行

将对于数据分布、均值方差或具体值的学习过程与优化放在同一步进行，即边预测边优化。Liu 等（2018）研究了外卖配送员的派单问题，并采用了 LASSO 回归等多种方法预测配送员的旅行时间。最终利用 LASSO 回归得到旅行时间关于订单分布的线性表达式，加入到规划模型中，将对时间的预测和派单决策同步进行，提高了配送效率。

由于数据驱动带来的优化模型往往是 NP hard 问题，同时具有大量的约束，因此对这样的计算复杂度很高的问题进行求解是比较困难，通过聚类的方法缩减问题的规模是常用的一种方法。Liu 等（2016）和 Schuijbroek 等（2017）采用了先聚类后路径规划的算法，用于自行车的站点调度问题，通过聚类将一个区域的自行车调度问题转化为多个子区域的调度问题，以减小问题的求解规模。Forma 等（2015）则提出了一个三步的优化模型，首先根据站点的地理信息进行聚类，然后根据聚类的结果对每一类内部进行路径规划，最后对每一类之间的流量平衡做规划。

（四）仿真分析

仿真分析是指通过模拟现实情况的演进过程去研究决策的表现。而对现实的模拟需要大量的数据支撑，例如历史的订单信息，车辆或配送员的信息等。Ota（2015）提出了一个实时的、数据驱动的仿真框架，该框架可以对出租车共乘问题进行有效分析。通过提供一组全面的参数，这篇文章从不同角度研究出租车共乘问题，考虑到不同利益相关者的利益和约束。通过 2011—2012 年纽约市 1.3 万辆出租车的 3.6 亿次出行数据的评估，验证了该仿真框架的可行性。

三、研究评价

数据驱动的物流管理可以更好地利用海量数据来建模和求解配送问题，但是目前相关的国内研究较少。首先，从研究方法出发，数据驱动的物流管理有直接利用数据和从数据中挖掘信息两类。直接利用数据的方法有三类：样本均值近似方法、分布鲁棒优化方法和基于场景推演的方法。这类方法不是利用参数的统计特征，而是利用参数历史真实值来进行决策，可以提高解的鲁棒性。但这些方法直接利用了历史记录，没有进一步进行数据挖掘，例如没有分析配送运力行为和顾客需求行为以获得更优的决策方案。因此从数据中挖掘信息并融合到优化决策模型中成为数据驱动的物流管理领域研究的方向之一，但面临的问题是数据挖掘与优化决策的组合使得计算量的急剧增加。

其次，从数据挖掘的标的来说，分为顾客需求信息学习和配送供给信息学习。对于物流管理的决策，一方面，需求的变化，包括数量、位置分布都会对订单分配和路线规划带来影响；另一方面，运力的变化，包括运力数目，配送员对配送路径的喜好等，会直接影响物流决策的效率。随着新的运力模式的出现，如众包物流，需求端和供给端都存在不确定性。因此，需求和运力的不确定性增加，对现有的订单分配和路径规划方法提出了更大的挑战。但目前的研究中主要只针对其中一类提出分析，未来需要在订单分配和路线规划中同时分析这两类不确定性，这样才能更好地满足现实需求，从而改进物流管理决策。

参考文献

[1] Bertsimas, D., Gupta, V., Kallus, N. (2018). Data-driven robust optimization. *Mathematical Programming*, 167(2), 235 – 292.

[2] Bertsimas, D., Mišic, V. V. (2015). Data-driven assortment optimization. *Management Science*, 1, 1 – 35.

[3] Delage, E., Ye, Y. (2010). Distributionally robust optimization under moment uncertainty with application to data-driven problems. *Operations research*, 58(3), 595 – 612.

[4] Esfahani, P. M., Kuhn, D. (2018). Data-driven distributionally robust optimization using the Wasserstein metric: Performance guarantees and tractable reformulations. *Mathematical Programming*, 171(1 – 2), 115 – 166.

[5] Forma, I. A. T., Raviv, M. Tzur. (2015). A 3-step math heuristic for the static repositioning problem in bike-sharing systems. *Transportation Research Part B: Methodological*, 71, 230 – 247.

[6] Hvattum, L. M., Løkketangen, A., Laporte, G. (2006). Solving a dynamic and stochastic vehicle routing problem with a sample scenario hedging heuristic. *Transportation Science*, 40(4),

421 – 438.

[7] Kleywegt, A. J., Shapiro, A., Homem-de-Mello, T. (2002). The sample average approximation method for stochastic discrete optimization. *SIAM Journal on Optimization*, 12 (2), 479 – 502.

[8] Klibi, W., Lasalle, F., Martel, A., et al. (2010). The stochastic multiperiod location transportation problem. *Transportation Science*, 44(2), 221 – 237.

[9] Li, D., Antoniou, C., Jiang, H., et al. (2019). The value of prepositioning in smartphone-based vanpool services under stochastic requests and time-dependent travel times. *Transportation Research Record*.

[10] Liu J, Sun L, Chen W, et al. (2016). Rebalancing bike sharing systems: A multi-source data smart optimization[C]//Proceedings of the 22nd ACM SIGKDD International Conference on Knowledge Discovery and Data Mining. ACM, 1005 – 1014.

[11] Liu, S., He, L., Shen, Z. J. M. (2018). Data-driven order assignment for last mile delivery. *SSRN Electronic Journal*.

[12] Miao, F. Han, S., Hendawi, Abdeltawab & Khalefa, Mohamed & A Stankovic, John & Pappas, George. (2017). Data-driven distributionally robust vehicle balancing using dynamic region partitions.

[13] Ota, Masayo, Vo, Huy, Silva, Claudio, Freire, Juliana. (2015). A scalable approach for data-driven taxi ride-sharing simulation, 888 – 897.

[14] Rei, W., Gendreau, M., Soriano, P. (2010). A hybrid Monte Carlo local branching algorithm for the single vehicle routing problem with stochastic demands. *Transportation Science*, 44 (1), 136 – 146.

[15] Sarker A, Shen H, Stankovic J A. (2018). MORP: data-driven multi-objective route planning and optimization for electric vehicles. Proceedings of the ACM on Interactive, Mobile, Wearable and Ubiquitous Technologies, 1(4): 162.

[16] Scarf, H. E. (1957). A min-max solution of an inventory problem. *Rand Corp Santa Monica Calif*.

[17] Schilde, M., Doerner, K. F., Hartl, R. F. (2011). Metaheuristics for the dynamic stochastic dial-a-ride problem with expected return transports. *Computers & operations research*, 38(12), 1719 – 1730.

[18] Schuijbroek, J., R. Hampshire, W. -J. van Hoeve. (2017). Inventory rebalancing and vehicle routing in bike sharing systems. *European Journal of Operational Research*, 257 (3), 992 – 1004.

第三节 数据驱动的库存管理

一、方向介绍

传统的库存管理是以各种库存模型为基础，以各个参数的统计值为输入，辅以各种统计分布假设来进行优化和决策。这些研究非常丰富，考虑了各种情况下的库存管理，如动态变化的需求、多方的协同补货、各方博弈的多阶段补货。长期的研究奠定了该领域坚实的基础。然而在大数据时代，合理地利用数据可以帮助更加快速和准确地优化和决策。要实现这一目标，研究范式则需要转变。大数据环境下的优化决策建模，应直接考虑使用实时的数据，而不是统计分析假设和统计值。这就要求研究者转变研究思维，适应并应用数据驱动的方式去构建模型进行库存管理。其中有代表性的研究如下。

二、文献导读

（一）总体情况

数据驱动的库存管理是一个新兴的研究方法，目前的相关研究较少。因此，如何利用数据驱动的方法来提高库存管理的效率是一个难点和空白。传统库存管理研究非常丰富，考虑了不同情况下的补货策略问题，大致可以分为以下几类。（1）动态需求下的联合补货问题（Narayanan 和 Robinson，2009）；（2）随机需求下的补货模型（Arreola-Risa，2011）；（3）协同补货问题（Özen 等，2012）；（4）多阶段博弈下的补货问题（Özen 等，2008）。

这些方法多假设需求等随机变量的分布已知，以各分布的统计值为模型输入，来进行库存优化和决策。当需求的分布和分布的参数未知时，一般来讲有两大类方法来应对。一是参数化的方法（Parametric method），如贝叶斯分析（Bayesian Analysis）（Dehoratius 等，2008）、操作统计方法（Operational Statistics，OS）。二是非参数化的方法（Non-parametric method），也就是数据驱动的方法，如样本均值近似方法（Sample Average Approximation，SAA）（Levi 等，2015）、鲁棒优化方法（Robust Optimization）（邱若臻等，2018）、凹型自适应值估计方法（Concave Adaptive Value Estimation，CAVE）（Godfrey 等，2001）、卡普兰—迈耶估计量方法（Kaplan-Meier Estimator，KME）（Huh 等，2011）、无穷小扰动方法（Infinitesimal Perturbation Approach，IPA）（Rusmevichientong 等，2009）。其中样本均值近似方法和鲁棒优化方法是两种常用的方法。随着数据的丰富，除了考虑简单的历史需求数据，一些研究开始把多维数据融入库存优化管理中，基于多特征的需求函数，研发一些新的方法来进一步提高管理效率。下面将分别介绍一些主要的参数和非参数化的方法。

（二）参数化方法

1. 贝叶斯分析

贝叶斯分析将关于未知参数的先验信息与样本信息综合，再根据贝叶斯公式，得出后验信息，然后根据后验信息去推断未知参数。例如，Lu 等（2008）考虑需求分布参数未知的情况，利用历史销售数据来定期更新需求分布，并提出了一阶最优条件的解析表达式。

2. 操作统计方法

OS 方法是一种将参数估计和优化决策这两个过程相结合的方法。Liyanage 和 Shanthikumar（2005）在库存控制问题中引入了 OS 的方法，将需求参数估计和库存优化决策整合，可以得到优于传统库存控制的结果，并且这种方法可以适用于任何需求分布。

（三）非参数化方法（数据驱动的方法）

1. 样本均值近似方法

利用 SAA 方法可以解决需求分布未知情况下的报童模型问题（Newsvendor）。例如，Levi 等（2007）对一定数量样本进行分析，发现在确保特定的置信概率下，用 SAA 方法得到的最佳解决方案的预期成本具有较小的相对误差。在此基础上，Levi 等（2015）考虑数据驱动的报童模型问题的求解，假设需求分布式未知，唯一已知的是一些随机，独立的需求抽样样本，并针对该问题运用 SAA 方法，获得了该方法的一个新的、比 Levi 等（2007）更紧的解析界限。Cheung（2019）研究了数据驱动环境下经典的多周期容量随机库存控制问题，假设需求分布只能通过随机抽样来获取，在 SAA 分析的启发下提出了一个多项式时间近似方案，以解决这个数据驱动的报童问题。

2. 鲁棒优化方法

在需求分布未知时，鲁棒优化方法也是一种常见的非参数化方法。Perakis 等（2008）研究了具有部分需求分布信息（如均值、方差、对称性）时的报童模型求解问题。他们推导了最小化报童模型最大遗憾的订货数量，并且这种方法可以扩展到各种需要一个稳健但不保守的解决方案的问题。Ahmed 等（2007）针对多周期、线性成本库存问题进行分析，其中目标函数是一个一致性风险度量，他们用 min-max 方法（鲁棒优化方法的一种）进行处理，证明了风险规避模型的最优解的结构与经典期望值问题的结构相似。

3. 基于多特征需求函数的方法

实际上需求是会受到多个外部因素的影响的，如产品的促销力度、其他顾客的评论、外部的天气情况。当我们将这些特征和相应的需求观测值关联起来，就得到了多特征的需求函数。一些文献就这种多特征的需求函数，进行了研究，提出了一些新的方法来建模求解该类问题。Ban 等（2018）同时考虑了具有离散和连续的特征变量的多特征需求函数，用 REM（Empirical Risk Minimization）和 KO（Kernel-weights Optimization）方法来求解多特征需求的报童模型。研究证明，考虑多特征需求函数的方法，相比传统的 SAA 方法，其决策的一致性更好，且其成本更优。上述文献假设需求是一个已知的多特征变量，然后将其代入到报童模型求解。有一些研究进一步将基于机器学习的需求预测和库存优化相结合。如 Oroojlooyjadid 等（2018）提出了一种基于深度学习的优化算法。该算法利用深度学习方法，考虑多维数据，来预测需求函数。该算法在需求分布未知的情况下，将预测的过程和库存优化的过程整合在一起，同时完成需求预测和库存优化决策。基于实际数据的实验表明，相比于将预测和优化分成独立两步的算法，该算法的结果更优，特别是对于高波动性的需求。Zhang 和 Gao（2017）提出了一种基于特征信息优化产品需求量的监督式学习方法，通过使用其他特征信息来学习需求预测模型，研究证明，作为训练目标的原始报童损失函数优于二次损失函数。新算法在合成数据和真实数据的评估中显示出更好的性能。

三、研究评价

大数据时代下的新零售模式，需求的实时变化使得库存波动较大，补货频率较高，传统的利用统计分析假设和统计值的库存管理方法不足以刻画实时变化的需求，满足高频的补货。因此，新的库存管理模型需要更多考虑使用实时数据，融入实时的准确的需求预测结果。同时新零售的需求预测需考虑线上、线下多个维度的特征及其交互作用。而且其中一些特征也包含补货和库存的相关因素，如初始库存量等。因此，有必要研究如何将机器学习方法得到的多特征的需求预测结果建模到补存策略中，提供一个数据驱动的库存优化管理模型。现有的研究中，对于多特征的需求预测与补存货策略的研究较少，同时线上线下相结合的实时库存管理研究也较为缺乏，需要进行更深一步的探索和研究。

此外，数据驱动的库存模型优化如何求解也存在挑战。一方面，需求预测的结果是库存数据的函数时，如何求解该库存补货模型，得到最优策略尚不成熟，需进一步研究；另一方面，当需求预测的特征为多维度时，其计算复杂度较高，对求解时间也有限制，因此如何利用大数据自身特点和机器学习等方法来简化计算复杂度并实现快速求解也是未来研究的重点。

参考文献

[1] 邱若臻，张洁，范君艺．（2018）．基于经济增加值的供应链销售与运营计划鲁

棒优化模型．管理工程学报，32（2），218－227.

[2] Ahmed, S., Akmak, U., Shapiro, A. (2007). Coherent risk measures in inventory problems. *European Journal of Operational Research*, 182(1), 226 – 238.

[3] Arreola-Risa, A., Víctor, M. Giménez-García, José Luis Martínez-Parra. (2011). Optimizing stochastic production-inventory systems: a heuristic based on simulation and regression analysis. *European Journal of Operational Research*, 213(1), 107 – 118.

[4] Ban, G. Y., Rudin, C. (2019). The big data newsvendor: Practical insights from machine learning. Operations Research, 67(1), 90.

[5] Cheung W C, Simchi-Levi D. (2019). Sampling-Based Approximation Schemes for Capacitated Stochastic Inventory Control Models. Mathematics of Operations Research, 44(2): 668 – 692.

[6] Dehoratius, N., Mersereau, A. J., Schrage L. (2008). Retail inventory management when records are inaccurate. *Manufacturing & Service Operations Management*, 10(2), 257 – 277.

[7] Godfrey, G. A., Powell, W. B. (2001). An adaptive, distribution-free algorithm for the newsvendor problem with censored demands, with applications to inventory and distribution. *INFORMS*.

[8] Huh, W. T., Levi, R., Rusmevichientong, P., et al. (2011). Adaptive data-driven inventory control with censored demand based on kaplan-meier estimator. *Operations Research*, 59(4), 929 – 941.

[9] Levi, R., Roundy, R. O., Shmoys, D. B. (2007). Provably near-optimal sampling-based policies for stochastic inventory control models. *Mathematics of Operations Research*, 32(4), 821 – 839.

[10] Levi, R., Perakis, G., Uichanco, J. (2015). The data-driven newsvendor problem: new bounds and insights. *Operations Research*.

[11] Lu, X., Zhu, S. K. (2008). Analysis of perishable-inventory systems with censored demand data. *Operations Research*, 56(4), 1034 – 1038.

[12] Oroojlooyjadid, A., Snyder, L. V., & Takáč, M. (2020). Applying deep learning to the newsvendor problem. IISE Transactions, 52(4), 444 – 463.

[13] Perakis, G., Roels, G. (2008). Regret in the newsvendor model with partial information. *Operations Research*, 56(1), 188 – 203.

[14] Robinson, P., Narayanan, A., Sahin, F. (2009). Coordinated deterministic dynamic demand lot-sizing problem: a review of models and algorithms. *Omega*, 37(1), 3 – 15.

[15] Rusmevichientong, H. P. (2009). A Nonparametric asymptotic analysis of inventory planning with censored demand. *Mathematics of Operations Research*, 34(1), 103 – 123.

[16] Zhang, Y., Gao, J. (2017). Assessing the Performance of Deep Learning Algorithms for Newsvendor Problem. In International Conference on Neural Information Processing (pp. 912 – 921).

第十八章

数字供应链

2017年政府工作报告中首次提出要促进数字经济加快成长，2017年7月12日国务院常务会议提出，要制定促进数字经济发展战略纲要。G20（20国集团）杭州峰会更是首次把数字经济列为推动经济创新增长的四项行动之一，与新工业革命、创新、结构性改革并列，以应对全球经济增速低缓、复苏乏力的挑战。数字经济是指“以使用数字化的知识和信息作为关键生产要素、以现代信息网络作为重要载体、以信息通信技术的有效使用作为效率提升和经济结构优化的重要推动力的一系列经济活动”。我国的数字经济已进入全新的阶段，大数据、互联网、物联网、云计算、金融科技等新的数字技术被广泛地应用于信息的收集、存储、分析和传递共享的过程中，改变了商业运营和社会互动的方式。数字化将提高全球生产力，截至2030年，数字化和智能自动化预计将贡献全球GDP增长的14%，相当于今天15万亿美元的价值。无论是在“工业4.0”还是“中国制造2025”战略中，企业的“数字化转型”都是重中之重。一个个“数字化”的企业通过“数字化”的方式连接起来共同构成了“数字供应链”。“数字供应链”中最重要的莫过于信息。信息相当于数字供应链的血液，贯穿整个供应链并影响其中的每一个个体。因此，本节的研究问题是：如何更清晰全面地认识信息对供应链及其成员的影响；如何更好地管理供应链中的信息，增加企业以及供应链在数字经济时代的竞争力。本导读选择与供应链信息有关的三个方面，分别是供应链信息共享、供应链信息质量和供应链信息安全，介绍与其相关的研究文献。

第一节　供应链信息共享

一、方向介绍

供应链信息共享是一个被研究者和实践者持续关注的热点议题，相关的研究已经持续了十几年。“长盛不衰”的原因一方面是信息共享是降低“牛鞭效应”提高供应链可见性和绩效的重要手段；另一方面是信息技术的不断进步和商业模式的不断革新，技术和商业模式的变化持续赋予信息共享新的模式和内涵。供应链中的信息共享包括很多方面，如顾客需求信息共享、库存信息共享、生产信息共享等。这里介绍顾客需求信息共享及预测信息共享（见图 18 -1）。

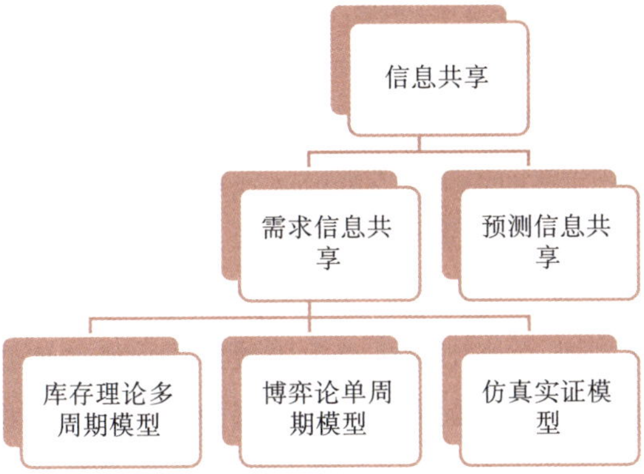

图 18 -1　供应链信息共享文献总体情况

二、文献导读

（一）总体情况

需求信息共享的研究非常丰富，按共享结构可分为：垂直信息共享和水平信息共享；按研究方法可分为：采用库存理论多周期模型、采用博弈论单周期模型、采用实证仿真方法；按研究问题可分为：信息共享价值、信息共享动机等。在这里按照研究方法对其进行分类介绍。除此之外，预测信息共享也是学者关注较多的研究问题。

（二）需求信息共享研究

1. 采用库存理论多周期模型

这个领域的开创之作是 Lee 等（2000）和 Chen 等（2000）的研究成果。这两篇文章在包括一个零售商和一个制造商的简单两级供应链中，以及零售商面对一阶自回归需求（Autoregressive Model（1），AR（1））的情况下，探究了信息共享的价值。不同之处在于，Lee 等的文章认为即使存在信息共享，制造商仍然会使用零售商的订货量进行决策，Chen 等的文章认为当需求信息被共享之后，制造商在决策时将会摒弃零售商的订货量信息。Raghunathan（2001）拓展了 Lee 等的研究，得出"无须对组织间信息共享系统进行投资"的结论，但该结论的前提条件是在无限期的情况下制造商须知道零售商完整的历史订货信息以及初始状态的市场需求信息。Gaur 等（2005）、Giloni 等（2014）、Kovtun 等（2014，2019）在零售商面对自回归移动平均需求（Autoregressive Moving Average Model，ARMA）的情况下，以及 Chen 等（2009）在零售商面对预测进化鞅模型需求（Martingale Model of Forecast Evolution，MMFE）的情况下，研究了类似的问题。Cui 等（2015）发现供应链成员在决策时会偏离既定策略，基于此研究了决策偏差对信息共享价值的影响。卢继周等（2017）在包括一个零售商和一个制造商的两级供应链结构中研究了信息共享下库存量牛鞭效应的影响因素。

2. 采用博弈论单周期模型

在研究信息共享的文章中，除了以上采用库存理论多期模型研究信息共享价值的文章，还有很多文章采用博弈论单期模型研究信息共享的动机问题。Leng 等（2009）从合作博弈的角度研究了由需求信息共享而节约的成本的分摊问题。周雄伟等（2010）通过分析不确定需求信息是否进行共享的博弈均衡，设计了使供应链系统整体效益最优的信息共享激励模型。Shang 等（2016）在一条有两个相互竞争的制造商通过一个共同的零售商销售可替代产品的供应链中研究了需求信息共享的动机问题，文章运用多阶段博弈研究厂商的信息合同、批发价格和零售价格决策。Ha 等在两条相互竞争的供应链中研究了合约类型（2008）、生产规模不经济（2011）、生产成本降低（2017）对信息共享动机的影响。随着平台经济的发展，也有学者关注平台中的信息共享问题，例如 Li 等（2020）、Liu 等（2020）。在一个在线市场上存在具有竞合关系的制造商与分销商，在线市场可以观察到更为全面和深入的市场需求信息。在这样的背景下，Li 等（2020）研究了在线市场的四种信息共享策略：无信息共享、完全信息共享、仅向制造商共享信息、仅向分销商共享信息。研究结果表明当制造商和分销商之间的竞争强度比较低且市场需求的波动适中时，在线市场倾向于完全信息共享；否则，它倾向于仅向制造商共享信息。进一步地，在一个包括众多相互竞争的卖家的零售平台上，Liu 等（2020）研究了平台向卖家共享需求信息的问题，平台的决策包括是否向某个卖家共享信息，以及共享的准确程度。

3. 采用实证仿真模型

Croson 等（2003）运用控制仿真实验研究了 POS 数据共享对订货策略的影响。Steckel 等（2004）通过一个基于“啤酒游戏”的模拟实验，研究了订货和配送周期、POS 数据共享、顾客需求模式对供应链效率的影响。Huo 等（2014）本文采用 617 家中国制造企业的数据研究了不同的竞争环境，不同的信息共享模式与供应链绩效的关系。在一个典型的两级供应链中，Johnsen 等（2019）用实验的方法研究了传播介质（文本 vs. 语言；匿名 vs. 实名）对信息共享的影响。结果表明当供应链成员讨论互惠策略时，语言交流在建立信任和可信赖度方面格外有效，特别地，当买方清楚地表示因撒谎而感到内疚时更是如此。

（三）预测信息共享相关研究

Mishra 等（2009）分别在“订货型生产”和“备货型生产”环境下研究了零售商和制造商共享需求预测信息的动机。结果表明，在“订货型生产”环境下，零售商无条件地向制造商共享信息会有利于制造商却会损害零售商。Oezer 等（2011）研究了一个向制造商索取私有预测信息的供应商的产能投资决策问题。为了获取充足的供应，制造商有可能扭曲共享的信息，在这种情况下，作者运用实验和模型的方法研究了在共享预测信息时，什么时候信任是重要的；供应链环境的变化如何影响信任；信任如何影响相关的运营决策。Oezer 等（2014）通过实证研究探讨供应链成员的属国（中国和美国）如何影响跨国供应链中的信任，可信度和战略信息共享行为。在一个两级供应链中，上游供应商向零售商索要需求预测信息以计划生产，但零售商有动力操纵她的预测，以确保充足的供应。借助行为研究，Ebrahim-Khanjari 等（2012）构建了一个多周期模型用于检验信任和其他社会特征在供应链中的作用。具体而言，该文聚焦于制造商向零售商分享需求预测信息。Shamir 等（2016）在两条相互竞争的供应链中研究何时以及如何在简单批发价格合约下通过非正式谈话可靠地分享预测信息。进一步地，Shamir 等（2018）研究了由零售商组成的贸易联盟水平共享私有预测信息的动机。陈琳等（2016）在两个竞争性制造商和一个零售商组成的供应链中考虑了当各制造商拥有需求预测信息时，信息共享如何影响批发价格和零售价格。

三、研究评价

通过对供应链信息共享方面的研究进行梳理之后发现，信息共享已经在供应链领域获得了较为全面和深入的研究，无论是研究问题还是研究方法，都有丰富的研究结果供学术界和业界参考。从研究方法来看，目前学者们主要采用三种方法对供应链信息共享的相关问题进行研究。一类是在多期环境下，利用时间序列模型刻画产品的市场需求，然后运用库存理论的相关知识研究供应链成员的订货、库存决策，从而探究信息共享的价值；一类是在单期环境下，运用博弈论的相关知识研究供应链成员之间的决策，从而探讨信息共享的动机；还有一类是通过实证、仿真模型，或使用真实的数据或模拟真实的复杂情景进行信息共享方面的研究。

除了我们这里介绍的顾客需求信息共享和预测信息共享之外，供应链信息共享还包括广泛的内涵，如库存信息共享、生产信息共享等。但是相比于需求信息共享和预测信息共享，其他类型的信息共享研究尚没有这样丰富和深入。换句话说，目前从供应链下游向上游的信息共享研究比从上游向下游的信息共享研究更受关注。然而，随着“中国制造2025”“工业4.0”等战略的不断推进，从供应链上游（制造商、供应商）挖掘有价值的信息并共享给下游以提升整个供应链的绩效变得越来越重要。

参考文献

[1] 陈琳，李田．(2016)．存在竞争性制造商的需求预测信息的共享研究．中国管理科学，24，711－717.

[2] 卢继周，冯耕中，王能民，马云高．(2017)．信息共享下库存量牛鞭效应的影响因素研究．管理科学学报，，20（3），136－147.

[3] 周雄伟，马费成．(2010)．需求不确定环境下的供应链信息共享激励模型．管理工程学报，(4)，122－126.

[4] Chen, F., Drezner, Z., Ryan, J. K, Simchi-Levi, D. (2000). Quantifying the bullwhip effect in a simple supply chain: the impact of forecasting, lead times, and information. *Management Science*, 46(3), 436 – 443.

[5] Chen, L., Lee, H. L. (2009). Information sharing and order variability control under a generalized demand model. *Management Science*, 55(5), 781 – 797.

[6] Croson, R., Donohue, K. (2003). Impact of pos data sharing on supply chain management: an experimental study. *Production and Operations Management*, 12(1), 1 – 11.

[7] Cui, R., Allon, G., Bassamboo A., Van Mieghem J. A. (2015). Information sharing in supply chains: An empirical and theoretical valuation. *Management Science*, 61(11), 2803 – 2824.

[8] Ebrahim-Khanjari, N., Hopp, W., Iravani, S. M. R. (2012). Trust and information sharing in supply chains. *Production and Operations Management*, 21(3), 444 – 464.

[9] Gaur, V., Giloni, A., Seshadri, S. (2005). Information sharing in a supply chain under arma demand. *Management Science*, 51(6), 961 – 969.

[10] Giloni, A., Hurvich, C., Seshadri, S. (2014). Forecasting and information sharing in supply chains under arma demand. *IIE Transactions*, 46(1), 35 – 54.

[11] Ha, A. Y., Tian, Q., Tong, S. (2017). Information sharing in competing supply chains with production cost reduction. *M&SOM-Manufacturing & Service Operations Management*, 19(2), 246 - 262.

[12] Ha, A. Y., Tong, S. (2008). Contracting and information sharing under supply chain competition. *Management Science*, 54(4), 701 - 715.

[13] Ha, A. Y., Tong, S., Zhang H. (2011). Sharing demand information in competing supply chains with production diseconomies. *Management Science*, 57(3), 566 - 581.

[14] Huo, B., Zhao, X., Zhou, H. (2014). The effects of competitive environment on supply chain information sharing and performance: an empirical study in China. *Production and Operations Management*, 23(4), 552 - 569.

[15] Johnsen, L. C., Voigt, G., Weimann, J. (2020). The effect of communication media on information sharing in supply chains. *Production and Operations Management*, 29(3), 705 - 724.

[16] Kovtun, V., Giloni, A., Hurvich, C. (2014). Assessing the value of demand sharing in supply chains. *Naval Research Logistics*, 61(7), 515 - 531.

[17] Kovtun, V., Giloni, A., Hurvich, C. (2019). The value of sharing disaggregated information in supply chains. *European Journal of Operational Research*, 277(2), 469 - 478.

[18] Lee, H. L., So, K. C., Tang, C. S. (2000). The value of information sharing in a two-level supply chain. *Management Science*, 46(5), 626 - 643.

[19] Leng, M., Parlar, M. (2009). Allocation of cost savings in a three-level supply chain with demand information sharing: a cooperative-game approach. *Operations Research*, 57(1), 200 - 213.

[20] Li, G., Zheng, H., Tian, L. (2021). Information Sharing in an Online Marketplace with Co-opetitive Sellers. *Production and Operations Management*. DOI: 10.1111/poms.13460.

[21] Liu, Z., Zhang, D. J., Zhang, F. (2021). Information sharing on retail platforms. *Manufacturing & Service Operations Management*, 23(3), 606 - 619.

[22] Mishra, B. K., Raghunathan, S., Yue, X. (2009). Demand forecast sharing in supply chains. *Production and Operations Management*, 18(2), 152 - 166.

[23] Oezer, O., Zheng, Y., Chen, K. (2011). Trust in forecast information sharing. *Management Science*, 57(6), 1111 - 1137.

[24] Oezer, O., Zheng, Y., Ren, Y. (2014). Trust, trustworthiness, and information sharing in supply chains bridging China and the United States. *Management Science*, 60(10), 2435 - 2460.

[25] Raghunathan, S. (2001). Information sharing in a supply chain: a note on its value when demand is nonstationary. *Management Science*, 47(4), 605 - 610.

[26] Shamir, N., Shin, H. (2016). Public forecast information sharing in a market with competing supply chains. *Management Science*, 62(10), 2994 - 3022.

[27] Shamir, N., Shin, H. (2018). The perils of sharing information in a trade association under a strategic wholesale price. *Production and Operations Management*, 27(11), 1978 - 1995.

[28] Shang, W., Ha, A. Y., Tong, S. (2016). Information sharing in a supply chain with a common retailer. *Management Science*, 62(1), 245 - 263.

[29] Steckel, J. H., Gupta, S., Banerji, A. (2004). Supply chain decision making: will shorter cycle times and shared point-of-sale information necessarily help? *Management Science*, 50(4), 458 - 464.

第二节 供应链信息质量

一、方向介绍

“Garbage in, garbage out”是数据分析领域的一句名言。这句话揭示了信息质量的重要性。在供应链环境中，信息质量问题的影响更为严重。一方面，供应链结构的多样性造成供应链中信息流的复杂性；另一方面，供应链结构的多样性造成供应链成员间关系的复杂性。这些都导致信息质量问题在供应链中的传播路径和作用方式更为复杂。进而造成更为严重的后果，根据《哈佛商业评论》的报道，IBM 测算 2016 年仅在美国由数据质量问题造成的损失就有 3.1 万亿美元。这里介绍信息质量的基本内涵和信息质量与供应链决策两方面内容。

二、文献导读

（一）总体情况

现有的供应链信息质量相关研究主要集中在两个方面，一方面是关注于信息质量本身，探讨其定义、评估、成因、改进等方面的研究；另一方面是企业库存信息不准确情况下的供应链决策研究。

（二）信息质量内涵

信息质量被用来刻画信息系统所呈现的世界与真实世界的匹配程度。有些学者将“信息”和“数据”区别看待，将“信息”认为是“数据”经过加工之后的产物（Guo 等，2010），而更多学者对二者不加以区分（Lukyanenko 等，2014；Pipino 等，2002；Shang 等，2016；Wang，1998）。数据质量是指对于数据用户来说数据的适用程度（data that are fit for use by data consumers）。数据质量包括很多维度，例如准确性（Accuracy）、及时性（Timeliness）、完整性（Completeness）和一致性（Consistency）。“准确性”是最重要也是被广泛研究的维度（Ballou 等，1985；Klein 等，1997；Li 等，2005；Parssian 等，2004）。

（三）库存信息不准确情况下的供应链决策研究

目前信息质量在供应链决策领域的研究主要集中在库存信息不准确方面。根据研究方法的不同，可以将这一类文献分为四类，分别是：（1）采用库存理论多期模型的研究；（2）采用博弈论单期模型的研究；（3）采用报童理论单期模型的研究；（4）采用实证、仿真模型的研究。

1. 采用库存理论多期模型的研究

Kok 等（2007）研究了企业在库存信息不准确的情况下如何制定盘点和补货策略。代宏砚等（2013）通过建立解析模型量化分析在库存信息不准确的多级、分散供应链中的牛鞭效应，揭示牛鞭效应在高阶段供应链中的放大情况，以及库存准确性对牛鞭效应的影响。Mersereau（2015）研究了零售商在库存信息不准确的情况下如何进行顾客需求的预测。Dai 等（2016）在包括一个零售商和一个制造商的两级供应链中，研究了库存信息不准确对"牛鞭效应"和供应链成本的影响。代宏砚等（2018）尝试在库存信息不准确的情形下设计一个考虑库存实时信息的利益协同机制以最大化供应链的整体利益。Wang 等（2018）在一个多级生产系统中考虑库存不准确性和时间延迟，研究了稳健性生产控制的问题。

2. 采用博弈论单期模型的研究

Xu 等（2012）在一个包括一个制造商和一个零售商的 Stackelberg 两级供应链中研究了库存信息不准确对供应商和零售商订货决策的影响，并讨论了应对库存信息不准确的三种策略。Zhang 等（2018）在包括一个制造商和两个竞争型零售商的二级供应链中，研究了零售商在面临库存信息不准确的问题时如何进行 RFID（Radio Frequency Identification，无线射频识别技术）策略的选择。制造商向没有采纳 RFID 的零售商提供批发价格合约，向采纳 RFID 的零售商提供成本分担合约；研究得到了关于 RFID 采纳、合约及零售价格的均衡。

3. 采用报童理论单期模型的研究

除了以上采用博弈论单期模型的研究外，还有一些研究运用单期报童模型对这一问题进行了探讨，例如 Sahin 等（2008，2009）、Rekik 等（2008，2009，2011）。

4. 采用实证、仿真模型的研究

DeHoratius 等（2008）通过对 37 家门店的 370000 条库存数据进行分析后发现其中的 65% 都是不正确的，并识别出可以减少错误库存信息的方法，例如库存审核行为，以及可能加剧错误库存信息的因素，例如复杂的门店环境及分销结构。Kang 等（2005）运用解析和仿真模型相结合的方法研究了库存信息不准确对缺货的影响。研究表明，即使由很少的库存损失导致的库存信息不准确，都会扰乱补货过程并造成严重的缺货情况。Hardgrave 等（2013）通过两组实证研究探讨了 RFID 带来的可视性对减少零售商不准确库存信息的作用。Gallino 等（2014）研究了零售商采用线上、线下渠道相结合的方式时，给顾客提供可靠的库存信息对顾客行为的影响，研究表明当共享给顾客的库存信息越准确，就会有更多的顾客愿意在线上搜索库存信息并在线下商店里作出购买决策。Chuang 等（2016）

运用仿真实验的方法研究了库存信息不准确的诱发原因以及其中人力的作用，研究表明库房和货架空间的收缩是造成库存信息不准确的重要原因。Cannella 等（2017）运用仿真的方法研究了库存信息不准确对复杂供应链的影响，考虑的运营因素包括库存信息的错误程度、库存审核的频率、提前期的变化、供应链结构等。Barratt 等（2018）采用案例分析和系统动力学的方法研究员工与多渠道分销中心的不同库存系统的交互行为如何影响库存信息的准确性。

三、研究评述

按照研究方法对供应链信息质量的相关研究进行了梳理。虽然采用的方法不同，但学者们都普遍关注到了供应链结构对信息质量的影响，他们在不同的供应链结构中开展了研究。在不同结构中，供应链信息流的传播各不相同，这将导致信息质量问题具有不同的传播路径和作用对象，从而对供应链成员的绩效造成不同影响。在信息质量与供应链决策的相关研究中，除了这里罗列的与库存信息相关的文献，目前也有学者关注到当需求信息存在信息质量问题时对供应链的影响。例如 Lu 等（2021a，2021b）分别在市场需求满足可推与不可推的时间序列过程时，研究了数据准确性对信息共享价值的影响。

虽然新技术的出现提升了信息交换的效率，但也产生了新的信息质量问题，如区块链的快速发展，虽然保证了数据的不可篡改性，但无法确保数据被准确地记录在区块链上，这样会导致错误的数据被更广泛和快速的传播，目前的信息质量研究对诸如此类的问题缺乏关注。如何在技术变革日新月异的数字经济时代有效应对不同的信息质量问题有望成为未来的研究方向。

参考文献

[1] 代宏砚，檀雅静，周伟华．(2018)．库存不准确环境下考虑实时信息的供应链协同机制设计研究．管理工程学报，32（2），228－239.

[2] 代宏砚，周伟华，陈志康．(2013)．多级供应链中库存不准确性对牛鞭效应的影响．管理工程学报，27（2），195－201.

[3] Ballou, D. P., Pazer, H. L. (1985). Modeling data and process quality in multi-input, multi-output information-systems. *Management Science*, 31(2), 150－162.

[4] Barratt, M., Kull, T. J., Sodero, A. C. (2018). Inventory record inaccuracy dynamics and the role of employees within multi-channel distribution center inventory systems. *Journal of Operations Management*, 63, 6－24.

[5] Cannella, S., Dominguez, R., Framinan J. M. (2017). Inventory record inaccuracy-the im-

pact of structural complexity and lead time variability. *Omega*,68,123 – 138.

[6] Chuang, H. H., Oliva, R. (2016). Erratum to 'inventory record inaccuracy: causes and labor effects'. *Journal of Operations Management*,42,96 – 110.

[7] Dai, H., Li, J., Yan, N., Zhou, W. (2016). Bullwhip effect and supply chain costs with low-and high-quality information on inventory shrinkage. *European Journal of Operational Research*,250(2),457 – 469.

[8] DeHoratius, N., Raman, A. (2008). Inventory record inaccuracy: an empirical analysis. *Management Science*,54(4),627 – 641.

[9] Gallino, S., Moreno, A. (2014). Integration of online and offline channels in retail: the impact of sharing reliable inventory availability information. *Management Science*, 60 (6), 1434 – 1451.

[10] Guo, L., Iyer, G. (2010). Information acquisition and sharing in a vertical relationship. *Marketing Science*,29(3),483 – 506.

[11] Hardgrave, B. C., Aloysius, J. A., Goyal, S. (2013). RFID-Enabled visibility and retail inventory record inaccuracy: experiments in the field. *Production and Operations Management*,22 (4),843 – 856.

[12] Kang, Y., Gershwin, S. B. (2005). Information inaccuracy in inventory systems: stock loss and stockout. *IIE Transactions*,37(9),843 – 859.

[13] Klein, B. D., Goodhue, D. L., Davis, G. B. (1997). Can humans detect errors in data? Impact of base rates, incentives, and goals. *MIS Quarterly*,21(2),169 – 194.

[14] Kok, A. G., Shang, K. H. (2007). Inspection and replenishment policies for systems with inventory record inaccuracy. *M&SOM-Manufacturing & Service Operations Management*, 9 (2), 185 – 205.

[15] Li S. H., Rao S. S., Ragu-Nathan T. S., Ragu-Nathan B. (2005). Development and validation of a measurement instrument for studying supply chain management practices. *Journal of Operations Management*,23(6),618 – 641.

[16] Lu, J. (2021a). Information sharing and information errors with noninferable demand. *Operations Research Letters*,49(5),772 – 776.

[17] Lu, J., Feng, G., Shum, S., Lai, K. K. (2021b). On the value of information sharing in the presence of information errors. *European Journal of Operational Research*,294(3),1139 – 1152.

[18] Lukyanenko, R., Parsons, J., Wiersma, Y. F. (2014). The iq of the crowd: understanding and improving information quality in structured user-generated content. *Information Systems Research*,25(4),669 – 689.

[19] Mersereau, A. J. (2015). Demand estimation from censored observations with inventory

record inaccuracy. *M&SOM-Manufacturing & Service Operations Management*, 17(3), 335 – 349.

[20] Parssian, A., Sarkar, S., Jacob, V. S. (2004). Assessing data quality for information products: impact of selection, projection, and cartesian product. *Management Science*, 50(7), 967 – 982.

[21] Pipino, L. L., Lee, Y. W., Wang, R. Y. (2002). Data quality assessment. *Communications of the ACM*, 45(4), 211 – 218.

[22] Rekik, Y. (2011). Inventory inaccuracies in the wholesale supply chain. *International Journal of Production Economics*, 133(1), 172 – 181.

[23] Rekik, Y., Sahin, E., Dallery, Y. (2008). Analysis of the impact of the rfid technology on reducing product misplacement errors at retail stores. *International Journal of Production Economics*, 112(1), 264 – 278.

[24] Rekik, Y., Sahin, E., Dallery, Y. (2009). Inventory inaccuracy in retail stores due to theft: an analysis of the benefits of rfid. *International Journal of Production Economics*, 118(1), 189 – 198.

[25] Sahin, E., Buzacott, J., Dallery, Y. (2008). Analysis of a newsvendor which has errors in inventory data records. *European Journal of Operational Research*, 188(2), 370 – 389.

[26] Sahin, E., Dallery, Y. (2009). Assessing the impact of inventory inaccuracies within a newsvendor framework. *European Journal of Operational Research*, 197(3), 1108 – 1118.

[27] Shang, W., Ha, A. Y., Tong, S. (2016). Information sharing in a supply chain with a common retailer. *Management Science*, 62(1), 245 – 263.

[28] Wang R. Y. (1998). A product perspective on total data quality management. *Communications of the ACM*, 41(2), 58 – 65.

[29] Wang, Z., Chan, F. T., Li, M. (2018). A robust production control policy for hedging against inventory inaccuracy in a multiple-stage production system with time delay. *IEEE Transactions on Engineering Management*, 65(3), 474 – 486.

[30] Xu, J., Jiang, W., Feng, G., Tian, J. (2012). Comparing improvement strategies for inventory inaccuracy in a two-echelon supply chain. *European Journal of Operational Research*, 221(1), 213 – 221.

[31] Zhang, L., Li, T., Fan, T. (2018). Radio-frequency identification(rfid) adoption with inventory misplacement under retail competition. *European Journal of Operational Research*, 270(3), 1028 – 1043.

第三节 供应链信息安全

一、方向介绍

随着越来越多的企业依靠先进的信息技术进行商业活动，企业面临的信息安全问题也越来越严峻。麦肯锡报告预测2020年全球由网络攻击导致的经济损失将达到20万亿美元，中国企业每年因信息安全导致的平均损失高达270万美元。不断增加的信息安全技术复杂度、管理成本、监管要求以及企业战略聚焦的需求促使企业进行信息安全管理。因此，供应链信息安全成为当下理论界和实业界的热门研究问题。

二、文献导读

（一）总体情况

供应链信息安全是综合信息安全经济学和信息系统外包相关研究的交叉领域，按研究内容主要可以分为信息安全投资、信息安全外包、供应链组织及个人的信息安全行为三个方面。

（二）信息安全投资

Gordon 等（2002）最早提出信息安全投资的经济学模型 Gordon-Loeb 模型，并发现信息安全投资最大不应超过预期损失的37%。Anderson 等（2006）在《Science》上发表文章总结了信息安全经济学这一新兴学科的发展历程、学科特色以及研究前景，认为未来研究重点是安全经济和安全外部性两大主题。Jerman-Blažič（2008）提出企业信息安全投资的组合策略，包括购买防火墙、入侵检测系统等来消除安全威胁；通过购买信息安全保险或者信息安全外包来转移安全威胁；将信息安全投资纳入到企业的成本核算等。孙薇等（2008）利用演化博弈分析了企业的信息安全投资问题。当风险相关且证明损失的能力不完善时，Öğüt 等（2011）发现企业用于自我保护和保险的投资少于社会最优水平。网络安全保险被认为是一种可以帮助公司最优化安全开支的有前途的方法，然而网络安全保险在解决由风险相依性所引起的投资无效率上是无效的，基于此，Zhao 等（2013）提出了两种风险管理方法以处理风险相互依赖导致的信息安全投资效率低下的问题。Kolfal 等（2013）提出了一个连续时间马尔可夫链模型用以捕捉需求中的直接和交叉风险弹性对安全漏洞和安全风险相关性的影响，并探讨了信息安全投资决策。有效的安全补丁管理对于确保现代组织所依赖的信息系统的安全性至关重要，面对来自供应商的众多补丁版本，决策者必须权衡频繁修补的成本与补丁应用程序延迟可能产生的安全风险。在这样的背景下，Dey 等（2015）开发了一个严格的量化框架来分析和比较几个具有实际意义的安全补丁修补策略，并为决策者提供相关建议。对于解决由网络安全所引起的企业财务风险，企业管理者和投资者具有不同的偏好，Srinidhi 等（2015）在综合考虑由安全漏洞、借贷和财务困境所引起的成本后，提出了一个分析模型以最优化对于一般生产性资产和网络安全资产之间的投资分配。Wu 等（2018）利用有限策略博弈，建立两个竞争企业和供应链整合企业之间的信息安全决策博弈模型，研究在安全外部性作用下不同市场的客户行为如何影响企业的信息安全决策。分析表明竞争环境下的企业和供应链整合环境下的企业在最优信息安全投资和安全信息共享决策上应该采取不同的决策方式。竞争企业应侧重于信息安全投资以巩固自身的竞争优势，整合企业应侧重于安全信息共享以充分利用供应链整合优势。此外，政府管理者需要根据不同的商业环境和安全环境，采取不同的措施来规范企业的决策行为。Wu 等（2021b）从行业固有脆弱性、黑客意图、企业竞争以及安全技术的相似性等行业特征出发，研究了特定行业中企业与战略黑客之间的交互作用。结果发现，处于过度危险行业的企业应当改变其运营模式而非在安全保护中投入大量资金以减少固有脆弱性。

（三）信息安全外包

关于外包或者信息系统外包的研究有很多，但有关信息安全外包的研究却比较有限。随着信息安全外包需求的不断增长，安全管理服务提供商（Managed Security Service Providers，MSSP）发展迅速。典型的信息安全外包服务包括周边保护（如安装防火墙、入侵检测系统等）和安全事故处理（如应急处理、取证分析等）。作为信息安全外包早期的研究，Rowe（2007）对信息安全外包的定义、意义、优势劣势以及合同设计进行了系统的描述，并分别从宏观和微观层面对企业进行信息安全外包时需要考虑的因素进行了梳理。Hui 等（2012）研究强制信息安全标准对 MSSP 决策的影响，并发现强制的信息安全标准会增加 MSSP 对委托企业的投资并且激励 MSSP 服务更多的企业，但是较高的标准会降低社会整体福利。Gupta 等（2012）分析了企业加入 MSSP 的原因，并讨论了 MSSP 网络规模在垄断和联盟两种不同所有制形式下的增长模式。Cezar 等（2013）将 MSSP 提供的信息安全服务分为预防功能和检测功能，发现将两个功能外包给同一个 MSSP 优于外包给两个不同的 MSSP，并提出了一种新的合约形式，即惩罚—奖励合同来加强预防功能和检测功能的互补性。Lee 等（2013）表明当下流行的信息安全外包领域的合同结构，即双边退款合同，不能解决双边道德风险。同时，增加违约沉没成本或外部支付也不能解决双边道德风险。他们提出了一种称为多边合同的新合同结构，并表明当 MSSP 服务于两个或更多客户公司时，无论外部性如何，它都可以解决双重道德风险并促使所有合同方做出最佳努力。Ji 等（2016）研究了在基于访问量的安全监测环境中出现的操作和管理问题，并重点比较了 MSSP 提供的奖励机制合约和惩罚机制合约。Cezar 等（2017）研究了相互依赖的风险以及与信息安全相关的竞争外部性对企业信息安全外包决策的影响。顾建强等（2016）提出了三种契约模型，即一般惩罚契约、部分外包契约和奖励—惩罚契约，并发现部分外包契约优于一般惩罚契约，但只有奖励—惩罚契约能够诱导 MSSP 最优努力的同时也使委托公司获得最大的回报。Wu 等（2021a）讨论了在安全外部性的作用下，MSSP 和企业在动态协作的环境中如何进行联合信息安全决策。他们首先介绍了 MSSP 和企业各自的安全投资成本结构、即时安全质量增加量、安全外部性以及基准安全投资水平。基准安全投资水平是一种理想状态，即将 MSSP 和企业看作一个联合体从而得出各自最优的安全投资水平；接着通过微分博弈方法和契约理论建立了动态的双边赔偿合同模型，并重点分析了双边道德风险问题。为解决双边道德风险问题，本研究基于安全外部性提出了一种新的合约形式即责任制合同，并给出该合同可以实施的边界条件。

（四）供应链组织及个人的信息安全行为

Liang 等（2010）研究了个人计算机用户的 IT 威胁规避行为。研究发现用户的 IT 威胁规避行为是通过规避动机来预测的，而规避动机又是由感知威胁、保障效果、保障成本和自我效能决定的。谢宗晓等（2013）研究用户（或人员）的参与对信息安全管理有效性的影响。研究表明，用户参与对信息安全意识、业务流程结合有显著正向作用，且用户参与、信息安全意识与业务流程结合对信息安全管理的有效性均有显著的正向作用，用户参与通过信息安全意识和业务流程结合的中介作用影响信息安全管理的有效性。陈昊等（2016）整合威慑理论、奖励机制和面子需求理论，在组织控制机制框架下构建研究模型，揭示基于奖励激励和组织威慑的正式控制机制和基于面子需求的非正式控制机制在引导员工遵守信息安全制度中的关键性作用。林润辉等（2016）以国内通过信息安全管理体系认证的中国企业为研究对象，探讨了制度压力（包括强制压力、模仿压力和规范压力）对信息安全合法化过程（包括制度履行和制度内化）的影响，以及信息安全合法化与组织绩效（包括竞争优势、经济效益和运维效率）之间的关系。员工的信息安全违规行为是企业信息安全管理中需要重点关注的问题。基于应对理论和道德推脱理论，以道德推脱为中介变量、以信息安全意识为调节变量，甄杰等（2018）构建了被调节的中介效应模型，探讨信息安全压力对员工信息安全违规意愿的影响机制。Moody 等（2018）通过实证研究对比了 11 个与信息安全行为有关的模型和理论，并提出一个统一化的信息安全政策遵从模型。Feng 等（2019）通过 314 对来自组织中员工及其主管的成对数据利用社会契约理论探讨家长式领导如何通过影响社会契约的形成从而影响员工的信息安全遵从行为。研究结果表明家长式领导在提高员工信息安全行为方面存在积极作用，并呼吁管理者在信息安全管理中关注自身的领导风格。

三、研究评价

在过去很长一段时间内，信息安全都被认为是一个计算机技术问题，研究的重点在于如何提高信息安全技术，如更高级的防火墙、完善的入侵检测系统、复杂的加密协议以及访问控制机制等。尽管技术在不断完善，但信息安全事故仍然无法遏制，甚至有愈演愈烈的趋势，造成的后果越来越严重，这些现象促使企业管理人员和研究者们开始反思信息安全事故层出不穷的原因。他们逐渐认识到信息安全管理的失败不仅是因为无效的安全技术，更在于无效的经济激励制度和组织及个人的信息安全意识。因此，有关信息安全的管理学方面的研究开始逐渐出现并步步深入，研究领域覆盖信息安全投资、信息安全外包、组织及个人的信息安全行为等方面，采用的方法主要包括信息经济学方法，如博弈论，以及管理学实证模型。

随着《中华人民共和国网络安全法》《中华人民共和国数据安全法》等多部相关法律法规的颁布实施，信息安全已上升为国家战略。这意味着信息安全相关的议题在未来会受到更多关注，也会出现更多研究问题供学者们探索。

参考文献

[1] 陈昊，李立文，陈立荣.（2016）. 组织控制与信息安全制度遵守：面子倾向的调节效应. 管理科学，29（3），1-12.

[2] 顾建强，梅姝娥，仲伟俊.（2016）. 信息安全外包激励契约设计. 系统工程理论与实践，36（2），392-399.

[3] 林润辉，谢宗晓，王兴起，魏军.（2016）. 制度压力、信息安全合法化与组织绩效——基于中国企业的实证研究. 管理世界，（2），112-127.

[4] 孙薇，孔祥维，何德全，尤新刚.（2008）. 信息安全投资的演化博弈分析. 系统工程，26（6），124-126.

[5] 谢宗晓，林润辉，王兴起.（2013）. 用户参与对信息安全管理有效性的影响——多重中介方法. 管理科学，26（3），65-76.

[6] 甄杰，谢宗晓，董坤祥.（2018）. 信息安全压力与员工违规意愿：被调节的中介效应. 管理科学，31（2），91-102.

[7] Anderson, R., Moore, T. (2006). The Economics of Information Security. *Science*, 314 (5799), 610-613.

[8] Cezar, A., Cavusoglu, H., Raghunathan S. (2013). Outsourcing Information Security: Contracting Issues and Security Implications. *Management Science*, 60(3), 638-657.

[9] Cezar, A., Cavusoglu, H., Raghunathan S. (2017). Sourcing Information Security Operations: The Role of Risk Interdependency and Competitive Externality in Outsourcing Decisions. *Production and Operations Management*, 26(5), 860 – 879.

[10] Dey, D., Lahiri, A., Zhang G. (2015). Optimal Policies for Security Patch Management. *INFORMS Journal on Computing*, 27(3), 462 – 477.

[11] Feng, G., Zhu, J., Wang, N., Liang, H. (2019). How paternalistic leadership influences IT security policy compliance: The mediating role of the social bond. *Journal of the Association for Information Systems*, 20(11), 1650 – 1691.

[12] Gordon, L. A., Loeb, M. P. (2002). The Economics of Information Security Investment. *ACM Transactions on Information and System Security (TISSEC)*, 5(4), 438 – 457.

[13] Gupta, A., Zhdanov, D. (2012). Growth and Sustainability of Managed Security Services Networks: An Economic Perspective. *MIS Quarterly*, 36(4), 1109 – 1130.

[14] Hui, K., Hui, W., Yue, W. T. (2012). Information Security Outsourcing with System Interdependency and Mandatory Security Requirement. *Journal of Management Information Systems*, 29(3), 117 – 156.

[15] Jerman-Blažič, B. (2008). An Economic Modelling Approach to Information Security Risk Management. *International Journal of Information Management*, 28(5), 413 – 422.

[16] Ji, Y., Kumar, S., Mookerjee, V. (2016). When Being Hot Is Not Cool: Monitoring Hot Lists for Information Security. *Information Systems Research*, 27(4), 897 – 918.

[17] Kolfal, B., Patterson, R. A., Yeo, M. L. (2013). Market Impact on IT Security Spending. *Decision Sciences*, 44(3), 517 – 556.

[18] Lee, C. H., Geng, X., Raghunathan, S. (2013). Contracting information security in the presence of double moral hazard. *Information Systems Research*, 24(2), 295 – 311.

[19] Liang, H., Xue, Y. (2010). Understanding Security Behaviors in Personal Computer Usage: A Threat Avoidance Perspective. *Journal of the Association for Information Systems*, 11(7), 394 – 413.

[20] Moody, G. D, Siponen, M., Pahnila, S. (2018). Toward a Unified Model of Information Security Policy Compliance. *MIS Quarterly*, 42(1).

[21] Ögüt, H., Raghunathan, S., Menon, N. (2011). Cyber Security Risk Management: Public Policy Implications of Correlated Risk, Imperfect Ability to Prove Loss, and Observability of Self-Protection. *Risk Analysis: An International Journal*, 31(3), 497 – 512.

[22] Rowe, B. R. (2007). Will Outsourcing IT Security Lead to a Higher Social Level of Security? *Sixth Workshop on the Economics of Information Security (WEIS 2007)*, Carnegie Mellon University: Pittsburgh, PA.

[23] Srinidhi, B., Yan, J., Tayi, G. K. (2015). Allocation of resources to cyber-security: The effect of misalignment of interest between managers and investors. *Decision Support Systems*, 75, 49-62.

[24] Wu, Y., Feng, G., Fung, R. Y. (2018). Comparison of Information Security Decisions under Different Security and Business Environments. *Journal of the Operational Research Society*, 69(5), 747-761.

[25] Wu, Y., Tayi, G. K., Feng, G., Fung, R. Y. (2021a). Managing Information Security Outsourcing in a Dynamic Cooperation Environment. *Journal of the Association for Information Systems*, 22(3). DOI: 10.17705/1jais.00681.

[26] Wu, Y., Xiao, H., Dai, T., Cheng, D. (2021b). A game-theoretical model of firm security reactions responding to a strategic hacker in a competitive industry. *Journal of the Operational Research Society*. DOI: 10.1080/01605682.2020.1854631.

[27] Zhao, X., Xue, L., Whinston, A. B. (2013). Managing Interdependent Information Security Risks: Cyberinsurance, Managed Security Services, and Risk Pooling Arrangements. *Journal of Management Information Systems*, 30(1), 123-152.